젊은 대한민국사
: 건국

젊은 대한민국사
: 건국

김 원 지음

젊은 대한민국사 : 건국 (1945-1948)

이 책은 대한민국 건국부터 1987년 시민혁명까지 다룬 현대사 연작의 첫째권이다. 이 시기를 다룬 책이 이미 많이 있다. 여기에 한 권을 더 보태는 필자로서 그 이유를 해명해야 할 것 같다.

내가 태어난 것은 유신(1972년)이 선포된 다음 해였다. 그래서 대통령이 암살되고(1979년) 광주에서 비극적인 사건이 벌어졌을 때(1980년) 나는 너무 어렸다. 하지만 난 또래의 누구보다 일찍이 역사에 눈을 뜰 수밖에 없는 일을 겪었다. 초등학교를 졸업할 무렵이었다. 노동운동 때문에 수배를 당하던 옆집 형이 포대자루 가득 담긴 책을 내 방에 숨겼다. 수사기관이 옆집 초등학생 방까지 뒤지지 않을 것이라고 생각해서 내 어머니에게 부탁한 일이었다. 호기심으로 손대기 시작한 그 책들을 모두 읽게 되었다. 그 나이에 얼마나 소화를 했을까 싶지만, 그 책에 담긴 이야기들은 내가 세상을 보는 관점을 결정지었다.

그 책들은 나에게 부끄럽고 참담한 역사를 가르쳐 주었다. 친일파를 비롯한 매국노들이 만든 역사, 권력에 미친 독재자들과 그 하수인들이 유린한 민주주의, 외세가 제멋대로 좌지우지한 사대의 비굴함, 힘없고 약한 자들의 희생 위에 소수 기득권층이 모든 걸 독식한 정의롭지 못한 사회, 그것이 한국의 현대사였다.

나는 어린 나이에 분노와 함께 냉소를 배웠다. 대학에 들어갔을 때 그렇게 부끄러운 역사는 이른바 '교양'이나 '학습'의 주된 내용이었다. 딱히 운동권이 아니더라도, 그러한 역사는 한 세대가 공유하는 상식이 되어 있었다.

이렇게 비판적인 역사는 내게는 오랫동안 치유되지 않는 상처 같은 것이었다. 하지만 세상을 보는 눈이 성숙하면서 나는 차츰 과거의 시각에서 벗어나기 시작했다. 그리고 나는 깨달았다. 정작 잘못된 것은 이 나라의 역사가 아니라 우리가 역사를, 대한민국을, 우리 자신을 보는 눈이라는 사실을.

내가 한 때 진실이라고 믿었던 그 역사는 철없는 '관념'으로 도배되어 이 나라를 뿌리부터 뒤집어 보겠다는 어설픈 '불온'에서 나온 이야기였다. 역사적으로 시효가 끝난 그 역사관이 지금까지도 한국 사회를 병들게 하고 있다. 우리의 실상과는 거리가 먼 그 불온한 관념이 진실을 가리고 무의미한 갈등과 혼란을 야기하기 때문이다. 분노와 갈등, 투쟁과 증오의 언어는 우리 사회 내면 깊숙이 자리 잡고 파괴 욕구를 부채질한다. 건국과 산업화라는 성공적인 역사와 그 토대가 우리의 출발점이어야 한다. 그 성과 위에 안락하게 살고 있으면서 한국 현대사를 습관처럼 경멸하는 것은 모순이자 분열증이다. 그리고 그 구조화된 '부정의 정신'과 분열의 상태 위에서 악성 종양 같은 세력들이 살아가고 있다. 이제는 그 병리적인 상태를 벗어나야 할 때가 되었다.

3년 반 전에 대한민국 현대사를 공부하자는 제안을 받고 나는 기꺼이 그 기회에 동참했다. 두 분의 선배와 함께 매주 한 차례씩 모여 짧게는 두 시간, 길게는 다섯 시간 가까이 발표와 토론을 해왔다. 그 동안 30대이던 나는 40대가 되었다. 이 책은 그 공부의 결과물이다. 어린 시절의 내게 상처를 준 역사, 어른이 되어서도 그 언저리를 떠나지 못하고 서성대야 했던 역사를 깊이 들여다보고 싶었다. 역사의 진실과 그 속에서의 인간의 삶을 찾는 것은, 지금을 살고 있는 나 자신에 대한 예의이기도 했다.

이 책은 어떤 선입견도 갖지 않고 1945년 해방과 함께 세계 속에 내던져진 한반도를 만나려 했다. 시대의 조건 속에서 우리 역사는 어떻게 반응하고 무엇을 성취했는지를 주목하면서, 그 한 장면 한 장면을 재구성하고 이해하려 애썼다. 그 과정에서 얻게 된 다음과 같은 세 가지를 특히 밝히고 싶다.

1. 관념이 아닌 현실주의여야 한다

이상주의는 역사를 대할 때 가장 피해야 할 악덕이다. 우리 역사에서도 마찬가지다. 현실을 모르고 이상주의에 맹목적으로 빠져든 '서생적 혁명가'들이 세상을 가장 혼란스럽게 했다. '그렇게 했어야 했다'는 당위로 현실을 난도질하고 부정하는 대신, 현실의 조건과 제약 속에서 무엇이 가능하고 어떤 선택이 현명했던가를 보려고 했다. 이것을 '실사구시'의 태도라고 부를 수도 있을 것이다. 그렇게 역사를 보니 무엇보다 이승만이라는 지도자가 왜 소중했는지를 알 수 있었다.

2. 김구의 재평가

독재로 인해 이승만을 부정하려는 마음이 그의 라이벌로서 김구를 신화화하는 결과를 낳았다. 김구의 독립운동은 소중한 역사적 노력이며 칭송해야 마땅하지만, 해방 이후 현실 정치인으로서의 김구에 대해서는 보다 냉정하게 판단해야 한다. 김구의 실수와 한계에 대한 평가가 역사의 금기로 남는 것은 바람직하지 않다.

3. 세계 정세 속의 한국 현대사

현재의 대중적 역사관이 가진 가장 큰 문제는 '민족자주노선'에 있다. 이 노선을 따르는 사람들은 한국이 외세의 식민지라고 생각하거나, 외세로부터 완전히 자유로워지는 게 가능하며 바람직하다고 믿는다. 세계 어느 나라도 다른 나라의 영향력으로부터 자유롭지 않다. 세계 정세나 국제 관계를 간과할 때 현실의 역사 대신 몽상의 판타지를 쓰게 된다. 이 책은 한국 현대사를 만든 역동적인 참여자로 국제 관계를 보려 애썼다.

나는 지난 몇 년 동안의 현대사 공부를 통해 내 안의 상처, 그러니까 분열과 모순을 극복해가는 자신을 발견했다. 대한민국 역시 불필요한 갈등과 분열을 넘어설 날이 올 것이라고 믿는다. 그 시작이 우리의 역사를 다시 쓰는 것이었다. 내 안에서 꿈꾸는 그 낙관적인 미래를 나는 '젊은 대한민국사'라고 부르고 싶었다.

역사는 인간이 만드는 드라마다. 비참하면서도 감동적이고, 숭고하면서도 비루한 것이 인간이기에 역사도 마찬가지다. 역사는 계속 씌어져야 한다.

2015년 4월

김원

차 례

미군이 일장기를 내리고 성조기를 올리고 있다. 1945년의 해방은 일본이 물러가고 미군정이 시작된 때였다. 일본의 점령이 끝나니까 미국이 점령하러 왔다고 역사를 왜곡하는 자들이 있지만, 이는 대한민국을 미국이 점령하러 온 게 아니라 패전국인 일본을 승전국인 미국이 점령했다고 표현해야 맞다. 아직 '대한민국'은 태어나지도 않았고 세계 어디에도 존재하지 않는, 그 무렵의 한반도는 단지 일본의 식민지일 뿐이었다.

제1장

마침내 조선 인민 해방의 날은 왔소이다 1945년 8월 15일

- 1945년 8월 6일 히로시마 원폭 투하, 8월 9일 나가사키 원폭 투하
- 1945년 8월 10일 일본, 연합국에 항복의사를 전달
- 1945년 8월 15일 일본 천황 항복 선언
- 1945년 8월 16일 한국인들 해방을 만끽하다
- 1945년 8월 18일 일본의 지배가 끝나지 않았음을 확인하다
- 1945년 8월 22일 소록도에서 병원 직원과 자치대가 한센인 84명 학살

15년 전쟁의 끝

1945년 8월 15일. 이 날은 수요일이었다. 전날 도쿄의 라디오는 다음날 중대 방송이 있을 것이라고 하루 종일 선전을 했다. 같은 내용의 방송이 한반도의 경성 방송국에서도 흘러 나왔다. 그러나 이 '미증유의 중대 방송'이 무엇일지에 대해서는 아무런 힌트가 없었다.

수요일이 되자 아침 일찍부터 "금일 정오 중대 발표. 1억 국민 필청"이라는 벽보가 한반도 주요 도시 곳곳에 나붙었다. 이 시기 일본 본토의 인구는 약 7천만이었고, 한반도의 인구는 약 2,500만 정도였다. 1억 국민이라고 한 건 일본 본토와 한반도를 비롯해 일본 제국의 모든 사람들을 다 포함한 것이었다.

의미심장한 방송과 벽보였지만, 뜻밖에도 사람들은 별 동요가 없었다. 오래 지속된 전쟁 탓이었다. 이미 전쟁은 10년이 넘도록 계속 되고 있었

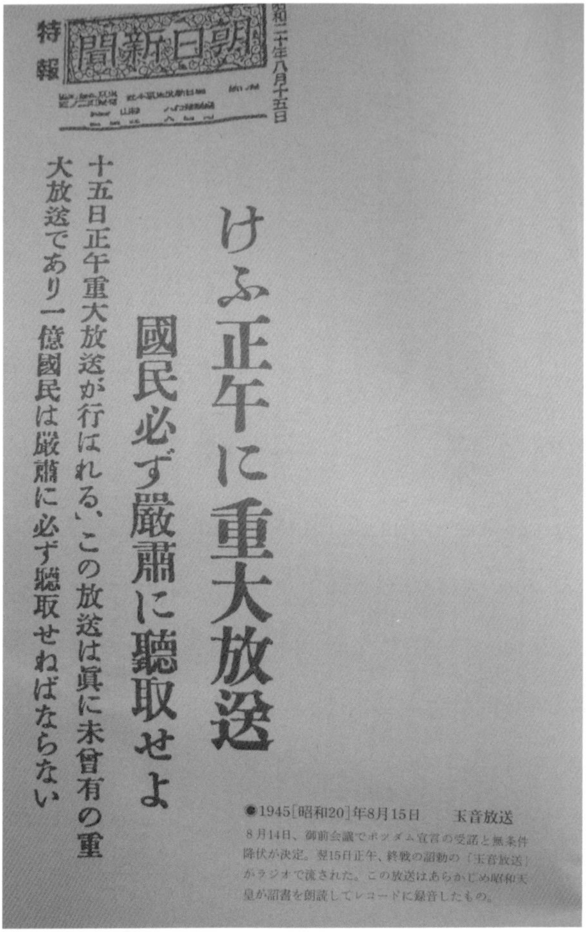

朝日新聞 特報

昭和二十年八月十五日

けふ正午に重大放送

國民必ず嚴肅に聽取せよ

十五日正午重大放送が行はれる、この放送は眞に未曾有の重大放送であり一億國民は嚴肅に必ず聽取せねばならない

●1945[昭和20]年8月15日　玉音放送

8月14日、御前会議でポツダム宣言の受諾と無条件降伏が決定。翌15日正午、終戦の詔勅の「玉音放送」がラジオで流された。この放送はあらかじめ昭和天皇が詔書を朗読してレコードに録音したもの。

1945년 8월 15일 아침의 아사히 신문. 정오에 중대 방송을 하니 국민들은 반드시 경청하라는 제1면 기사.

다. 1931년 만주에 있는 일본 소유의 철도(만주철도)에서 폭파 사건이 벌어졌다. 일본 정부는 이것이 중국의 소행이라며 군대(관동군)를 보내 만주지역을 차지해버렸다(만주사변). 하지만 이것은 일본의 자작극이었다. 이후 일본은 만주국이라는 괴뢰국가를 세우고 본격적으로 대륙을 침략해 들어갔다. 이때(1931년)부터 1945년 제2차 세계대전이 끝날 때까지를 가리켜 일본에선 '15년 전쟁'이라고 한다. 이 정도로 전쟁이 오래 되면 사람들은 무덤덤해지기 마련이다.

한반도 일부가 전쟁터가 되었던 청일전쟁(1894년)이나 러일전쟁(1904년) 때와는 달리 이 시기에 한반도에서 직접 전투가 벌어지진 않았다. 하지만 전쟁은 여력을 쥐어짜 인력과 물자를 조달해야 하는 후방까지 피폐하게 만든다. 15년 전쟁으로 인해 한국인들은 아무런 기대도 하지 않는 것에 익숙해져 있었다. 이런저런 소문도 돌아다녔고 각자 나름대로 짐작은 했겠지만 누구도 확신을 갖고 있진 못했다. 무엇보다 일본이 '중대방송'을 통해 항복선언을 할 것이라고 생각한 사람은 많지 않았다.

한국인과 제2차 세계대전

사실 한 편에서는 진지하게 일본이 전쟁에서 이길 것이라고 생각하는 사람, 더 나아가 일본이 이기기를 바라는 사람들도 없지 않았다. 도대체 그게 무슨 말이 되는 소리냐고? 한국인이 일본의 승리를 기대했다니? 쉽게 받아들이기 어려운 얘기지만, 당시 한국인(조선인)의 정체성이 복잡했다는 걸 이해할 필요가 있다. 우리는 조선인이자 일본 제국의 신민이었고 동시에 아시아인(동양인)이기도 했다.

당시 사람들의 복잡한 정체성을 이해하기 위해 도움이 되는 한 가지 일화가 있다. 『아Q정전』으로 유명한 중국의 위대한 작가 루쉰이 외국에서 유학하고 귀국할 때의 일이다. 이집트에 들렀을 때 그는 갑자기 한 서양인으로부터 "축하한다."는 말을 들었다. 무슨 얘기냐고 물었더니 "일본이 러시아를 물리쳤다."는 대답이 돌아왔다. 동양의 국가가 서구 열강을 물리쳤으니 같은 동양인으로서 축하받을 일이 아니냐는 것이었다. 실제로 루쉰은 감격하고 기뻐했다. 일찍이 중국은 19세기 중반 이래로 서구 열강으로부터 시달려 왔다. 그러니 같은 아시아 국가인 일본이 서구의 일원을 이겼다는 것은 남의 일이 아니었다. '서구의 제국주의'에 대항하는 아시아의 일원이라는 연대감이 있었다는 얘기다.

이 연대감은 일본이 중국을 침략하면서 깨져나갔다. 하지만 한국인의 경우엔 상황이 좀 더 복잡했다. 한국은 일본의 식민지가 되었기 때문이다. 한국인들은 일본을 미워하면서도 운명 공동체로 묶여 있었다. 카이로 선언(1943년)에 따르면 연합국은 한반도를 독립시켜준다고 했다. 일본이 망하면 해방이 된다. 하지만 일본 정부의 선전 효과로 일본이 질 거란 생각을 하긴 어려웠다. 극장에 가면 일본 군인들이 맥아더를 체포해 질질 끌고 다니는 선전 영화를 볼 수 있었다. 일본이 이길 전쟁이라면 일본과 함께 공통의 적과 싸우는 게 낫지 않을까. 한국인이 일본군에 입대해 전쟁에서 공을 세우면 한국의 지위 향상이나 독립에 오히려 도움이 되지 않을까. 일본의 패배를 확신하지 못한 사람들은 그렇게 생각하기도 했다. 이게 친일파의 변명이라고 속단하지 않기를 바란다. 당시 아시아인들에게 일본은 정말 강한 나라로 인식되어 있었다.

물론 1942년 이후 전장의 소식이 우울해졌기 때문에 일본의 패배를 예감하는 사람이 늘어난 건 사실이었다. 하지만 일본이 전쟁에서 질 것이라고 예상했던 사람들도 8월 15일이 바로 그날이라고 확신하지는 못했다. 일본이 언젠가 지긴 질 것이라고 믿었지만, 그게 바로 오늘인 줄은 몰랐던 것이다. 며칠 전인 8월 6일과 8월 9일 일본의 히로시마와 나가사키에 엄청난 위력의 폭탄이 떨어졌다는 소문이 있었다. 그러나 강력한 일본이 폭탄 두 방에 무너져 내릴 거라 상상할 수는 없었다. 일본의 강경파들은 공공연하게 일본 본토가 침공당하면 '1억 신민'이 목숨을 바쳐 결사적으로 싸워야한다고 외쳤다. 본토가 점령당하는 상황이 오지 않는 이상 일본인들이 쉽게 항복하진 않을 터였다.

결국 많은 사람들은 '중대방송'이 소련에 대한 결사적인 항전을 알리는 방송일 것이라고 생각했다. 며칠 전인 8월 9일 새벽 소련은 갑작스럽게 일본을 향해 선전포고를 했다. 이 두 나라는 원래 서로 싸우지 않기로 불가침 협정을 맺고 있었는데, 소련이 갑작스럽게 협정을 깬 것이었다. 소련은 그날 이후 만주 방향에서 빠르게 한반도를 향해 내려오고 있었다. 그러니 소련에 맞서 일본이 맞받아 선전포고를 하는 방송일 것이라는 짐작은 나름 근거가 있었다.

시방 뭐라고 한 것인가

다시 8월 15일 아침의 이야기. 다른 날과 별로 다를 게 없는 평범한 오전이 지나고 드디어 정오가 되었다. 예고된 대로 라디오에서 특별방송이 시작되었다. 라디오를 듣던 사람은 깜짝 놀랐다. 놀랍게도 일본 천황이 직접 등장했기 때문이다. 천황은 떨리는 목소리로 준비한 조서를 읽어나갔다(사실은 전날 녹음된 내용이었다). 방송을 듣고 있던 일본인들이 울음을 터뜨렸다. 천황이 공식적으로 항복을 선언한 것이다.

이 항복 선언이 나오기까지의 사정은 이러했다. 8월 6일에 미국은 일본의 히로시마에 원자폭탄 '리틀 보이'를 떨어뜨렸다. 폭탄 한 방에 도시 하나가 완전히 폐허가 되고 말았다. 폭발의 중심부에 있던 사람들은 말 그대로 '증발'했다. 이 원자탄의 위력은 일본을 경악케 했다. 그러나 그 위력이 너무나 무시무시해서 오히려 상황 판단을 잘못 내리는 결과를 가져왔다. 일본의 군과 정부 각료들은 이런 어마어마한 무기가 미국에 '하나 더' 있을 수는 없을 거라고 생각했기 때문이다. 그래서 그들은 당장 항복하는 대신 항복 협상을 유리하게 이끌기 위해 중재자를 찾았다. 그 대상이 바로 소련이었다. 소련과는 1941년 이래로 불가침조약이 맺어져 있었기 때문이다.

하지만 소련은 중재에 나설 생각이 없었다. 8월 9일 0시를 기해 소련군이 전면 공격을 시작했고, 오전 11시 경 미군 폭격기가 나가사키에 두 번째 핵폭탄 '팻맨'을 떨어뜨렸다. 일본으로서는 더 이상 시간을 끌 수 없었다. 8월 9일 밤 긴급히 황궁에서 내각과 군의 요인들이 대거 참석한 회의가 열렸다. 천황 앞에서 항전파와 항복파가 오랜 시간 논쟁을 벌였다. 결국 총리대신이 천황에게 최종 결정의 몫을 넘겼다. 천황은 항복의 뜻을 알렸다. 이의는 없었다.

다음 날인 8월 10일 일본은 중립국인 스위스를 통해 연합국에게 항복하겠다고 전했다. 그러니까 공식적으로 일본이 항복한 날은 8월 10일 이 날이다. 이때 일본은 연합국 사령부에 천황제를 그대로 유지할 수 있는지 물어보았다. 연합국은 확실하게 대답하지 않았다. 하지만 '일본이 항복한 뒤 어떤 정치 체제를 가질지는 일본 국민의 의사를 존중해서 결정될 것'이라고 답했다. 일본의 입장에서 보자면 천황제를 유지할 수 있다는 대답이나 마찬가지였다. 일본 국민이 천황제를 포기할 리 없을 테니까. 일본 정부는 곧바로 천황의 항복 선언을 준비했다. 8월 14일 방송 장비가 부랴부랴 황궁으로 옮겨졌고 천황은 미리 준비해둔 문서를 직접 읽어 녹음을 했다.

이 항복 발표 문서는 일본 외무성의 관료들이 대학에 있는 한학자의 도

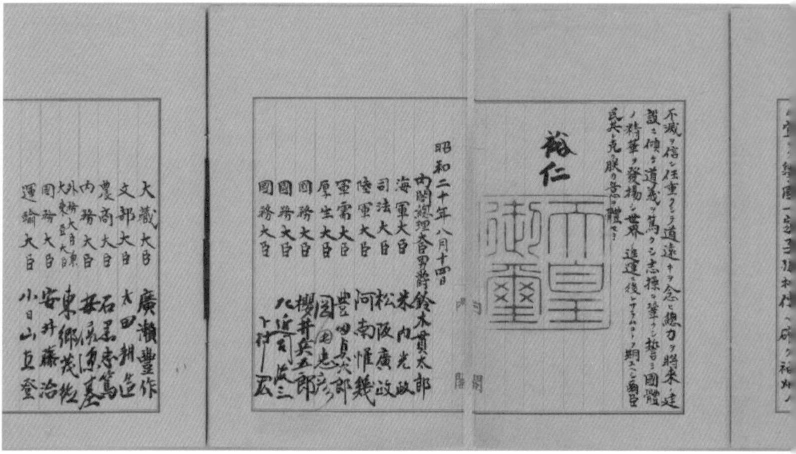

不滅ヲ信シ任重クシテ道遠キヲ念ヒ總力ヲ將來ノ建設ニ傾ケ道義ヲ篤クシ志操ヲ鞏クシ誓テ國體ノ精華ヲ發揚シ世界ノ進運ニ後レサラムコトヲ期スヘシ爾臣民其レ克ク朕カ意ヲ體セヨ

裕仁

天皇御璽

昭和二十年八月十四日

内閣總理大臣男爵 鈴木貫太郎
海軍大臣 米内光政
司法大臣 松阪廣政
陸軍大臣 阿南惟幾
軍需大臣 豊田貞次郎
厚生大臣 岡田忠彦
國務大臣 櫻井兵五郎
國務大臣 近衛文麿
國務大臣 下村宏
大藏大臣 廣瀬豊作
文部大臣 太田耕造
農商大臣 石黒忠篤
内務大臣 安倍源基
外務大臣兼大東亞大臣 東郷茂徳
國務大臣 安井藤治
運輸大臣 小日山直登

천황의 항복 조서는 방송을 녹음한 날짜인 1945년 8월 14일로 되어 있다. 이 문서 어디에도 '항복'이라는 말이 등장하지 않는다.

朕深ク世界ノ大勢ト帝國ノ現狀トニ鑑ミ非
常ノ措置ヲ以テ時局ヲ收拾セムト欲シ茲ニ忠
良ナル爾臣民ニ告ク
朕ハ帝國政府ヲシテ米英支蘇四國ニ對シ
其ノ共同宣言ヲ受諾スル旨通告セシメタ
リ
抑ゝ帝國臣民ノ康寧ヲ圖リ萬邦共榮ノ樂
ヲ偕ニスルハ皇祖皇宗ノ遺範ニシテ朕ノ拳々
措カサル所曩ニ米英二國ニ宣戰セル所以モ
亦實ニ帝國ノ自存ト東亞ノ安定トヲ庶幾

スルニ出テ他國ノ主權ヲ排シ領土ヲ侵スカ如キ
ハ固ヨリ朕カ志ニアラス然ルニ交戰已ニ四歳
ヲ閲シ朕カ陸海將兵ノ勇戰朕カ百僚有司
ノ勵精朕カ一億衆庶ノ奉公各ゝ最善ヲ盡セル
ニ拘ラス戰局必スシモ好轉セス世界ノ大勢亦我ニ利ア
ラス加之敵ハ新ニ殘虐ナル爆彈ヲ使用シテ頻ニ無辜ヲ殺傷シ慘害
ノ及フ所眞ニ測ルヘカラサルニ至ル而モ尚交戰ヲ
繼續セムカ終ニ我カ民族ノ滅亡ヲ招來スルノ
ミナラス延テ人類ノ文明ヲモ破却スヘシ斯ノ
如クムハ朕何ヲ以テカ億兆ノ赤子ヲ保シ皇祖

皇宗ノ神靈ニ謝セムヤ是レ朕カ帝國
政府ヲシテ共同宣言ニ應セシムルニ至レル所
以ナリ
朕ハ帝國ト共ニ終始東亞ノ解放ニ協力セ
ル諸盟邦ニ對シ遺憾ノ意ヲ表セサルヲ得
ス帝國臣民ニシテ戰陣ニ死シ職域ニ殉シ非
命ニ斃レタル者及其ノ遺族ニ想ヲ致セハ五
内為ニ裂ク且戰傷ヲ負ヒ災禍ヲ蒙リ家業
ヲ失ヒタル者ノ厚生ニ至リテハ朕ノ深ク軫念ス
ル所ナリ惟フニ今後帝國ノ受クヘキ苦難ハ

固ヨリ尋常ニアラス爾臣民ノ衷情モ朕善

움을 받아 마련한 것이었다. 그런데 지금 읽어봐도 내용이 참 희한하다. 도저히 항복 선언문이라고 보기 어렵기 때문이다. 예를 들면 '항복'이나 그와 유사한 단어는 여기에 등장하지 않는다. 대신 '짐은 제국 정부로 하여금 미영중소 4국에 대하여 그 공동선언을 수락할 뜻을 통고케 하였다'라고 되어 있다. 참 어렵게 표현하고 있다. 여기서 공동선언이란 연합국이 일본에게 무조건 항복을 권한 포츠담 선언을 말한다. 그러니까 한마디로 항복하겠다는 뜻인데 그걸 그렇게 빙빙 돌려 말한 것이다. 이 문서 전체가 이런 식이다. 이런 해괴한 문서가 만들어진 건 일본인에게 천황은 인간이 아니라 신이기 때문이었다. 어떻게 신이 인간들에게 항복하겠다고 말하겠는가. 그 송구스러움을 문장에 담다보니 표현이 아주 애매해져 버렸다.

표현을 이리저리 어렵게 꼬아놓은 것도 기가 막히지만 그 내용을 들어보면 어이가 없어 쓴웃음이 나올 정도다. 이에 따르면 전쟁을 벌인 것은 타국의 주권과 영토를 침범하려는 것이 아니라 '제국의 자존과 동아시아의 안녕'을 위한 것이었다. 반면 연합군에 대해서는 '새로이 잔학한 폭탄을 사용하여 무고한 인명을 살상하니 그 참담한 피해가 참으로 측량할 수 없'을 정도라며 비난하고 있다. 누가 보면 정의로운 전쟁에서 억울하게 패한 입장이라고 보일 정도다. 이 뒷부분의 요지를 정리하면 다음과 같다. '군인과 민간인, 관리들이 열심히 싸우고는 있다, 하지만 상황이 불리하다, 게다가 전쟁을 계속하면 일본 민족이 멸망할 것 같다, 뿐만 아니라 결국 인류의 문명까지도 파괴될 것 같다, 그래서 전쟁을 그만두기로 했다.' 세계

평화를 위해 결단을 내려준 천황에게 모두 모여 감사패라도 드려야 할 것 같다.

이렇게 말을 꼬아놓았기 때문에 이 '항복 방송'을 듣고 어리둥절해하는 사람이 꽤 많았다. 게다가 녹음 상태도 좋지 않았고 천황 히로히토의 발음도 분명하지 않았다. 일본사람들도 알아듣기 힘든 지경이었다 한다. 일본 본토에서조차 천황의 항복방송 직후 아나운서가 전체적인 상황을 설명하고 항복 문서를 다시 낭독했다. 한반도에 있던 경성 방송국에서도 이와 비슷한 해설 방송을 내보냈다.

지금에 와서 얘기지만, 말을 빙빙 돌리는 버릇은 일본 황실의 특기이기도 하다. 1990년에 노태우 대통령이 일본을 방문했을 때다. 일본의 아키히토 천황은 "우리 일본에 의해 초래된 불행한 시기, 귀국의 사람들이 겪었던 불행을 생각하며, 나는 통석(痛惜)의 염(念)을 금할 길이 없습니다."라고 말했다. 옛날에 일본 때문에 한국이 겪었던 일을 생각하면 마음이 무척 아프다는 뜻이었다. 이때도 이 '통석의 염'이 무슨 뜻인가를 놓고 말들이 많았었다. 사전에도 없는 말이었기 때문이다. 이것은 사죄한다거나 죄송하다는 말을 쓰지 않으려고 한 말장난이다. 1945년에도 마찬가지로 항복한다는 말을 쓰지 않으려고 말장난을 했다.

지금이 어느 때라고 입을 함부로 놀리겠소

일반론이지만 맹목적으로 한 방향을 향해 달리던 사람이 목표를 잃어버리면 허망해지기 마련이다. 15년 동안의 전쟁이 끝났을 때 일본인들의 상태가 그랬을 것이다. 무엇을 해야 할 지, 어떤 방향으로 나아가야 할 지 알 수 없었을 테니 말이다. 하지만 그건 일본 본토에 있었던 일본인들 이야기다. 한반도에서는 상황이 좀 달랐다. 일본이 연합국에 항복했다는 사실을 알았을 때, 한반도의 일본인들과 한국인들은 서로 눈치를 살폈다. 일본인들은 그동안 억눌렸던 한국인들이 폭동이라도 일으키지 않을까 두려워했고, 한국인들은 일본인들이 전쟁에서 진 분풀이라도 하지 않을까 불안해했기 때문이다.

월북작가 이태준의 「해방전후」같은 소설을 보면 그 상황이 잘 묘사되어 있다. 1946년에 발표된 이 소설에서 주인공은 8월 15일이 지나고도 이틀 후에야 일본이 항복했다는 소식을 듣게 된다. 버스 안에서였다. 그런데 같은 버스에 타고 있는 사람들은 아무런 반응을 보이지 않았다. 그냥 무덤덤했다. 그런 모습을 보고 주인공이 당황해하자 승객 중 한명이 이런 말을 건넸다. "어떤 세상이라고 똑똑히 모르는 걸 입을 놀리겠소." 실제로 8월 15일 저녁 입에서 입으로 일본의 항복소식이 전해졌을 때도 그랬다. 젊은 이들이 들떠서 웅성거리자 동네어른들이 입조심을 시켰다. 식민지 시절 내내 겁먹고 주눅 들어서가 아니었다. 몸을 사려야 할 경우도 있었다. 일본 육사에서 벌어진 일이다. 일본의 항복 소식을 듣고 한국인 생도(김재곤, 일본 육사 59기)가 만세를 외치자 그의 소속 부대장이 그를 총으로 쏘아 죽였다. 강경파가 득세하던 일본 육사이기에 벌어진 사건이었다. 그런 일이 다른 곳에서도 벌어지지 말라는 법이 없었다.

8월 15일은 흔히 만세를 외치는 기쁨의 이미지로 묘사되긴 하지만, 실제로 서울의 종로를 비롯해 대도시의 거리는 비교적 한산하고 조용했다. 오히려 다른 때보다도 더 사람이 뜸했다. 지방의 경우엔 더 했다. 지금보다 교통과 통신이 좋지 않았던 시절이어서 8월 17일이나 18일까지 일본의 항복 소식이 전해지지 않은 곳도 많았다. 그러니 한반도 전체가 조용했다고도 할 수 있다. 해방이 된 날의 풍경이 그랬다.

한편으로 누구나 일본이 망한 것을 기뻐한 것은 아니었다. 친일 부역자들은 당연히 세상이 바뀌자 그동안의 잘못 때문에 두려워했을 것이다. 그러나 그것뿐만이 아니었다. 해방을 경험한 개인들에게는 여러 가지 복잡한 사정들이 있었다. 가령 8월 15일 저녁 어떤 마을의 양반촌에서는 만세소리가 울려퍼졌지만 아래쪽의 상민촌은 조용했다는 기록이 남아있다. 왜 그랬을까. 이런 질문이 말하자면 역사의 수수께끼다. 그리고 여기엔 중요한 진실이 있다.

일본의 식민지 지배를 당하기 전까지 한국 사람들은 오랫동안 양반과 상놈을 차별하던 신분제 사회에서 살았다. 많은 사람들이 자신이 태어난 곳을 떠나지 않았다. 조선 말 한반도를 찾은 외국인들이 여행을 위한 시설이 없다는 것에 다들 놀라워 했을 정도다. 대부분의 사람들이 가족과 친척들이 함께 어울려 사는 마을에서 일생을 보냈다. 그걸 '집성촌'이라고 했다.

마을에서는 족보를 따져봤을 때 누가 윗사람인가와 어떤 가문이 유력한가가 중요했다. 조선 왕조 말기에 있었던 개혁(1894)으로 신분제가 철폐되고 노비도 해방되기는 했다. 그러나 양반집에서 부리던 노비들은 일제시대까지도 여전히 존재했고 신분에 따른 위계도 엄연히 남아있었다. 개인들의 삶을 옥죄는 신분제의 굴레는 힘이 아주 강했던 것이다. 일상에서는 이런 힘이 국가나 정부보다 더 강력하게 느껴진다. 사람들은 '조선인'으로 살아간 게 아니라 '무슨 마을'의 '아무개'의 자식으로 살았다.

식민지 시절 일본이 호적제도를 정비하면서 근대적인 신분제도를 한반도에 들여왔다. 그들의 식민지 통치를 위한 행정적 조치이지만, 그 결과로 한국 사회의 신분질서가 상당히 약해지는 결과도 가져왔다. 물론 완전히 없어지지는 않았지만 말이다. 외세에 의해서 근대화가 된 곳은 전통 대 개혁, 자주 대 외세, 보수 대 진보라는 문제가 복잡하게 얽혀 버린다. 외세의 배격과 전통의 옹호를 동일시하는 보수적인 세력이 있고, 반대로 전통의 악습을 반대하면서 자연스럽게 외세를 추종하는 진보주의자들도 생겨난다. 이런 갈등 속에서 해방이 찾아왔으니 어떻게 되겠는가. 과거를 잊지 못한 양반들 일부는 옛날 떵떵거리던 시절이 다시 돌아올 거라고 기대했지만 상민들은 그것이 마냥 기쁠 수만은 없었다. 마을이 반으로 갈라져 해방에 대해 서로 다른 태도를 보인 이유다. 해방이 된 한반도의 풍경 속에는 이런 장면들도 섞여 있었다.

이처럼 해방이 된 한반도의 풍경은 우리가 상상할 수 있는 것과는 무척 달랐다. 한국인들이 모두 감격에 겨워 태극기를 흔들며 거리를 가득 메우기만 한 건 아니었던 것이다. 그렇다고 떨떠름하게 눈치를 보던 사람들 모두가 일제에 협력했던 친일파들이었던 것도 아니었다. 정확하게 딱딱 나누어지지 않았다. 해방은 혼돈이었다. 해방은 일제의 지배로부터 풀려나는 기쁨이었지만 두려움이기도 했다. 기대이기도 했지만 혼란이기도 했다. 그렇게 해방은 왔다.

광복은 진짜 광복이었던가

이렇게 시각을 달리 해서 보면 해방 당일의 풍경 뒤에 숨어있는 이면을 볼 수 있게 된다. 정확히 말하면 1945년 8월 15일은 항복 선언을 한 날이 아니다. 일본이 연합국에 항복한다고 자국민들에게 공포한 날이다. 항복 의사는 이미 8월 10일 연합국에 전달했다. 그리고 엄밀히 말해 이 날은 한국인들이 일본의 지배로부터 벗어난 날도 아니었다.

일본이 실질적으로 한반도를 지배하기 시작한 건 을사조약이 맺어진 1905년 부터였다. 이때부터 일본의 통감정치가 시작되었다. 그리고 한일병합조약이 발표된 1910년 8월 29일부터 대한제국은 지도상에서 사라졌다. 그렇다면 일본이 한반도에서 물러간 건 언제인가? 1945년 9월 9일이었다. 조선 총독부의 최고 책임자였던 조선총독 아베가 이날 연합군 태평양 사령관(맥아더)에게 항복하는 문서에 서명을 했기 때문이다. 그리고 이 날을 기해 한반도는 공식적으로 일본의 식민지에서 소련과 미국의 분할 점령지로 바뀌었다.

그렇다면 8월 15일은 무엇일까. 전 세계에서 제2차 세계대전과 관련해서 8월 15일을 기념일로 지정한 나라는 한국을 제외하면 오직 일본뿐이다. 천황이 항복한다고 발표한 날이기 때문이다. 일본은 이 날을 전쟁이 끝난 것을 기념하는 '종전 기념일'로 지키고 있다. 그런데 연합국에서는 사정이 다르다. 일본의 외상 시게미쓰 마모루가 도쿄만에 세워둔 미주리 호에 올라 항복문서에 사인한 것이 1945년 9월 2일이었다. 그래서 미국은 이 날을 일본에게 이긴 날로 기념하고 있다. 소련과 중국은 어떨까. 소련과 중국은 바로 그 다음 날인 9월 3일을 일본에게 이긴 날로 기념한다.

전쟁을 일으킨 독일, 이탈리아, 일본 중에서 일본이 가장 마지막으로 항복했다. 그래서 일본이 항복한 날은 제2차 세계대전이 공식적으로 끝난 종전기념일이다. 그러나 일본은 국제적인 조약보다 천황의 상징적인 결단을 더 중요하게 생각해서 8월 15일을 일본의 종전 기념일로 정했다. 그건 아마도 일본인들이 천황의 항복 방송을 들었던 날 큰 충격을 받았기 때문일 것이다. 그 집단적인 기억 때문에 이 날을 기념하게 되지 않았을까 싶다. 한국도 비슷하다. 많은 한국인들은 일본 천황이 항복하겠다고 선언한 날을 기억하고 그 날을 자연스럽게 광복절로 기념하게 되었다.

그러나 엄밀하게 말하면 이 날은 그저 천황이 항복한다고 말한 날일 뿐이다. 대한민국 역사를 찬찬히 읽어가는 후배세대의 입장에서 보면 그렇다. 대한민국의 광복절, 해방일은 아니었다. 그렇다면 한국은 언제 해방되었던 것일까?

유감스럽게도 공식적으로는 그 날이 존재하지 않는다고 해야 맞을 것 같다. 8월 15일에 일본이 항복하겠다고 발표했지만, 그 뒤에도 조선 총독부는 한반도에 남아 있었다. 일본의 항복 의사를 전달받은 직후 연합국인 소련과 미국은 이른바 일본 점령지를 분할해 항복을 따로 받기로 합의한다. 중국 본토 지역에서는 중국의 장제스가 항복을 받고, 만주와 한반도 북부, 사할린에서는 소련군 사령관이 항복을 받았다. 일본 본토와 한반도 남부 등에서는 태평양 사령관(미군)이 항복을 받았다. 소련은 한반도에 먼저 입성해 한 지역을 점령할 때마다 그곳의 도지사에게 개별적으로 항복을 받아냈다. 이 과정은 8월이 끝나기 전까지 완료되었다. 소련보다 늦게 한반도에 진주한 미국이 총독부로부터 공식적으로 항복을 받은 것은 앞서 말한 대로 9월 9일의 일이었다.

이렇게 보면 9월 9일이 되어서야 비로소 한반도는 일본의 지배에서 완전히 벗어난 셈이다. '일본으로부터' 해방된 날은 9월 9일이었던 것이다. 그러나 9월 9일은 일본 총독부의 지배가 끝난 날인 동시에 미군정이 시작된 날이기도 했다. 이렇게 보면 한국인은 스스로 독립국가를 다시 세울 때까지는 진짜 광복을 얻은 것이 아니었다. 반쪽의 광복이었다.

거리를 찾아온 해방의 기쁨, 8월 16일

방금 말한 것처럼 8월 15일은 완전한 해방과는 거리가 멀었다. 그 당시 사람들은 이런 사정을 잘 몰랐다. 대부분의 한국인들은 일본이 전쟁에서 졌으니 이제 한국이 해방된 것이라고 생각했다. 그래서 하루 정도 눈치를 보던 한국인들은 8월 16일이 되자 하나둘씩 태극기를 손에 들고 거리로 나왔다. 아침부터 거리에는 만세의 물결이 이어졌다. 일본의 군인들과 경찰들은 더 이상 한국인들을 막지 못했다. 사람들은 더욱 해방을 실감할 수 있었다. 거리마다 몰려나와 벅찬 기쁨을 나누었다.

해방의 감격에 사로잡힌 사람들 앞으로 여운형(1886-1947)이 나섰다. 여운형은 우리 이야기에서 처음으로 등장하는 중요 인물이다. 그는 어떤 인물인가? 여운형은 일찍이 개화파 지식인 안창호의 연설을 듣고 독립운동에 뛰어들었던 독립운동가로 3.1운동을 기획한 청년지도자 중 한 명이었다. 1920년대 해외에서 독립운동을 하던 시기에는 중국의 쑨원(손문)이나 소련의 레닌 등과도 교분이 있었다. 말하자면 국제적인 유명인이었던 것이다. 1930년대 이후 귀국한 후에는 체육활동을 널리 장려한 체육인이자 언론인이었고 민족문화사업 등 다양한 분야에서 활약했다. 간단하게 말해 1945년 해방 무렵 명성이나 인지도로 보면 국내에 있던 지도자 중 둘

해방을 맞이해 만세를 부르는 사진은 대부분 8월 16일의 것이다. 8월 16일 아침 서대문 형무소에서 풀려난 수감자들이 일반 시민들과 함께 만세를 부르고 있다.

째 가라면 서러울 인물이 바로 여운형이었다. 그런 여운형은 1940년대에 일본이 전쟁준비를 위해 전시체제를 강화하자 대중 활동을 그만두고 집 안에 틀어 박혀 있었다. 그러던 그가 해방 다음날부터 심상치 않은 행보를 시작한 것이었다.

8월16일 오전 거리에 몰려나온 시민들은 여운형이 서대문 형무소에 찾아가는 것을 보았다. 여운형은 서대문 형무소로 가서 정치범들을 석방시켰다. 일제의 탄압으로 억울하게 감옥에 끌려들어갔던 사람들이 풀려났다. 그것을 본 사람들은 다시 한 번 해방을 실감할 수 있었다. 사람들 사이에서는 여운형이 일본 총독부로부터 한반도를 다스릴 권한을 넘겨받았다는 소문이 떠돌았다.

정치범들을 석방시킨 여운형은 종로에 있는 자신의 집으로 돌아왔다. 하지만 사람들이 그를 가만 놔두지 않았다. 형무소에서 풀려난 정치범들과 거리로 몰려나온 시민들이 태극기를 손에 들고 그의 집을 찾아왔다. 그의 집 근처 종로구 계동에 있는 휘문중학교 운동장에는 이미 수천 명의 군중이 모여들고 있었다. 명연설가로 알려져 있었던 여운형의 '한 말씀'을 기대하며 몰려든 것이었다. 여운형은 휘문중학교 운동장으로 향했다. 그리고 천천히 단상에 올랐다. 우레와 같은 환호성이 터져 나왔다. 그 전날 여운형은 조선총독부로부터 행정과 치안권력을 넘겨받기 위해 건국준비위원회를 급히 만들어 놓고 있었다. 그 사람들과 함께 단상에 섰다. 그리고 사람들을 향해 말했다.

“마침내, 조선민족 해방의 날은 왔소이다!”

조선총독부와 여운형, 그리고 건준

조선총독부는 8월 10일 일본정부가 연합국에게 항복하겠다고 한 사실을 알고 있었다. 그 당시 조선 총독 아베 노부유키는 건강이 좋지 않았다. 그래서 경무총감인 엔도 류사쿠가 임무를 대행하고 있었다. 엔도는 일본이 항복했다는 소식이 한반도에 알려졌을 때 한국인들이 폭동을 일으킬 것을 두려워했다. 어차피 일본이 항복했으니 당연히 조선총독부도 한반도에서 물러나야 했다. 남은 과제는 한반도에 살고 있는 약 70만 정도의 일본인의 생명과 재산을 안전하게 보호해 일본으로 데리고 돌아가는 것이었다.

8월 10일부터 14일 사이 조선총독부는 이렇게 예상했던 것 같다. ‘연합국이 한반도를 점령하게 될 것이다. 그렇게 되면 한반도를 접수하는 것은 소련일 가능성이 높다. 소련은 8월 9일 0시 일본에 대해 선전포고를 하고 한반도 북쪽으로 빠르게 내려오고 있다. 이건 큰일이다. 소련은 반제국주의를 내세우는 사회주의 국가다. 아마 한반도를 점령하자마자 정치범을 석방할 것이다. 그러면 풀려난 사람들과 한국인들은 일본인들에게 보복하려고 할 것이다. 폭동이 일어날 수도 있다. 그럴 바에는 소련과 조선총

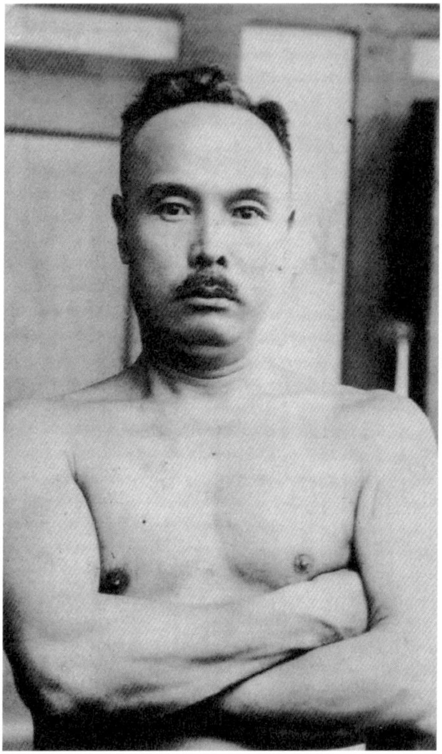

여운형은 키가 크고 운동으로 다져진 몸매로 훤칠한 인물이었다.
수려한 외모와 함께 말주변도 좋아 대중적인 인기가 높았다.

독부 사이를 중재해줄 사람을 찾자. 한국인들에게 신망 받는 사람을 내세우는 게 좋겠다. 그렇게 하면 치안을 안정시킬 수 있을 것이다.' 이렇게 해서 선택된 사람이 바로 앞에 등장한 여운형이다.

여운형은 경기도 양평의 양반 집안 출신이다. 원래는 형들이 있었지만 일찍 죽은 탓에 맏아들이 되었다. 여운형의 집안은 오래전에 관직에서는 멀어져 있었고, 일찍부터 동학에 빠져들었기 때문에 성리학적 질서를 엄격하게 지키던 집안은 아니었다. 여운형은 그런 분위기에서 어릴 때부터 감리교 선교사들이 세운 배재학당에 다녔다. 그 곳에서 서양식 공부를 하고 영어도 배웠다. 그러는 사이 그는 기독교인이 되었고 열심히 기독교를 선교하는 활동을 하게 되었다. 서서히 서양의 사회개혁사상에도 눈을 뜨게 된 여운형의 가슴에 불을 붙인 것은 안창호였다. 1907년에 여운형은 우연히 안창호의 연설을 들었는데, 감동을 받은 나머지 그길로 집안의 노비를 모두 풀어주고는 재산을 모두 정리해 독립운동에 뛰어들었다. 여운형이 향한 곳은 중국이었다. 이때부터 그의 풍운아 같은 인생이 펼쳐졌다.

여운형은 중국으로 건너가 신한청년당을 만들었는데 우연히 제1차 세계대전의 처리를 위한 파리 강화회의가 열린다는 소식을 들었다. 여운형은 외국어를 잘 하는 미국 유학생 출신의 김규식을 파리로 보내기로 했다. 김규식은 자신이 가서 발언할 때 힘을 얻을 수 있도록 한국인의 독립 의지를 세계에 알릴 사건이 필요하다고 말했고, 이것이 동경의 2.8 독립선언과 중국 지린성의 무오독립선언으로 이어졌다. 이 두 사건이 결국 3.1 만세운동의 도화선이 된 것이다. 만세운동과 그에 뒤이은 임시정부 수립은 일본 정부를 당황하게 만들었고, 결국 대표적인 지도자인 여운형을 불러 회유하고자 했다. 하지만 여운형은 주변의 걱정과 만류에도 불구하고 일본으로 건너가 오히려 일본 정부 요인과 기자들 앞에서 일장 연설을 해 입을 다물게 만들었다. 이 사건이 얼마나 여파가 컸는지, 여운형에게 휘둘린 정부가 '여운형 내각'이라는 조롱을 받다가 사퇴하기에 이르렀다.

다시 중국으로 돌아온 여운형은 소련의 도움을 받을 수 있을 거란 생각에 사회주의에 빠져들었고, '국제 공산주의 운동'에 희망을 걸었다. 여운형은 한국인 최초로 볼셰비키 당원이 되었고 고려 공산당에도 입당했다. 소련이 1922년 아시아의 식민지 국가들을 위한 국제적인 회의를 열었을 때도 여운형은 다른 사회주의자들과 함께 이 대회에 참석해 레닌과 트로츠키 등을 만나 대화를 나누기도 했다. 이런 경험들을 통해 그는 서구제국주의에 저항하는 사회주의 운동에 몰두하게 되었다. 하지만 이를 불편하게 여긴 영국이 일본 경찰에 협력하는 바람에 여운형은 상하이에서 체포되어 한국으로 돌려 보내졌다.

한국으로 잡혀와 감옥살이를 한 뒤 풀려난 여운형은 조선중앙일보를 창간해 언론인이 되었다. 하지만 이 신문은 '일장기' 사건 때문에 곧 폐간되었다. 1936년 한국의 마라톤 선수인 손기정이 베를린 올림픽에서 금메달을 땄는데, 여운형의 조선중앙일보가 손기정 선수의 사진에서 가슴에 있는 일장기를 지운 뒤 신문에 실은 것이다. 조선중앙일보의 사진은 품질이 좋지 않아 별 문제가 없었는데, 그 사진을 동아일보에서 따라하면서 함께 발각이 된 것이었다.

신문사를 그만둔 여운형은 한동안 이렇다 할 직업이 없었다. 하지만 키 크고 잘 생긴 데다 말솜씨도 좋았기 때문에 그를 찾는 사람들은 많았다. 잠깐 동안 경성에서 가장 인기 좋은 결혼식 주례로 쏠쏠하게 용돈도 벌었다. 그런 틈틈이 일본을 오가며 조선인 유학생들을 격려하고 후원하는 일에 몰두했다. 잘 생긴데다 똑똑했기 때문에 여자문제도 종종 터졌다. 어린 유학생과 공공연하게 스캔들이 나서 여러 사람들의 입방아에 오르내리기도 했다. 하지만 그렇게 소일하면서도 가까운 사람들과 언제고 일본이 무너질 테니 그에 대비하자며 연락망을 만들어 놓았다. 그것을 '건국동맹'이라고 불렀다.

그러던 중에 1945년 8월 14일, 조선총독부가 보낸 밀사가 여운형을 찾아왔다. 밀사는 일본이 항복하게 되었다는 소식을 전하며 밀사는 총독부로부터 행정과 치안을 넘겨 받을 생각이 있냐고 물었다. 여운형은 승낙했다. 그리고 다음날인 8월 15일 아침 일찍 조선총독부를 찾아갔다. 총독부가 원한대로 여운형이 움직여준 것이다.

엔도는 여운형에게 한반도에 살고 있는 일본인들이 안전하게 일본으로 돌아갈 수 있도록 도와달라며 치안과 행정을 맡아달라고 부탁했다. 여운형은 5가지 항목을 보장하면 수락하겠다고 했다. 정치범을 당장 풀어줄 것, 식량을 마련해줄 것, 한국인들이 알아서 치안을 담당할 수 있게 할 것, 치안 유지와 건설 공사를 방해하지 말 것, 학생과 청년들을 모으는 것을 막지 말 것.

엔도는 처음부터 정치범을 풀어줄 생각이었다. 하지만 여운형은 자신이 요구해서 정치범을 풀어주는 것으로 하자고 제안했다. 원래 대중을 상대로 한 정치에서는 일정한 쇼맨십이 필요하다. 노련한 여운형은 그것을 잘 알고 있었다. 엔도는 그렇다면 8월 16일에 여운형이 서대문 형무소로 찾아가 정치범을 풀어주는 것으로 하자고 했다. 여운형이 동의했다.

엔도와 헤어진 뒤 여운형은 집으로 돌아와 건국동맹 사람들을 불러 모았다. 총독부와 나눈 협상에 대해 열띤 토론을 벌였다. 총독부의 요청대로 치안유지에만 힘쓸 것인지 아니면 이 기회를 이용해 나라를 세우기 위한 정치활동까지 할 것인지에 대해서였다. 모인 사람들은 대부분은 나라를 세우는 활동도 하자고 주장했다. 오랜 토론 끝에 그렇게 하기로 의견이 모아졌다. 그에 따라 조직의 이름도 '건국준비위원회(이하 건준)'로 바꿨다.

송진우의 건준비판

여운형은 진지하게 나라를 세울 수 있을 것이라고 생각했던 모양이다. 그래서 건준을 명실상부한 대표 조직으로 만들려고 했다. 그가 끌어들이려고 한 대상이 바로 인촌 김성수였다. 김성수는 경성방직의 사장이자 동아일보 사주로 이른바 민족주의 우파 진영에서 가장 거물인 존재였다. 그는 호남의 거부집안 출신으로 기업을 경영하며 부를 축적했고 그 부를 활용해 각종 사회문화 운동 및 교육에 투신해온 큰 지도자였다. 그를 배제한다면 우파 세력을 끌어들일 수 없을 터였다.

여운형 주변의 인물들은 김성수와 힘을 합치는 것에 대해 모두 반대했다. 대부분 사회주의자이거나 좌익이었기 때문이다. 이들은 건국을 하면서 우파와 손을 잡지 않을 생각이었던 것이다. 하지만 여운형은 자신의 뜻대로 김성수와 그의 친한 친구인 송진우를 끌어들이기로 하고 접촉을 시도했다. 신중한 성격의 김성수는 즉답을 하지 않았다. 대신 지기인 송진우를 만나 여운형의 제안에 대해 깊이 논의했다. 결국 단호하게 안 된다고 결론을 내린 것은 송진우였다. 송진우도 여운형처럼 일선에서 물러나 칩거 중이긴 했지만 그도 국제 정세에 대해 식견이 높은 편이었다. 송진우는 연합군이 일본을 몰아내면 김구가 이끄는 임시정부가 돌아올 것이라고 생각했다. 정부 수립은 그때 가서 해도 된다고 보았다. 김성수는 송진우의 뜻을 따르기로 했다.

여운형은 임정에 대해 다르게 생각했다. 여운형이 보기에 임시정부는 이미 유명무실해져 있었다. 그렇게 힘이 빠진 임정을 한민족의 대표로 인정할 수는 없다고 생각했다. 여운형뿐만 아니라 그 당시 좌파 계열의 독립운동가들은 대부분 그렇게 생각했다. 임정은 대표성을 지닌 정부가 아니라 독립단체 중 하나일 뿐이었다. 그리고 그게 사실이기도 했다.

임시정부는 처음 출범할 때만 해도 한국인 전체의 기대를 한 몸에 안았다고 해도 좋을 정도의 단체였다. 천 명이 넘는 독립운동가들이 투신한 거대 조직이기도 했다. 하지만 임정은 곧 이념과 노선의 문제로 갈등을 겪으면서 분열을 일으키고 말았다. 1920년대 중후반 이후 임시 정부를 줄곧 이끌어온 김구는 공산주의를 혐오하는 강경한 우파였고 임시정부도 대체로 우익적인 성향이었다. 종종 좌우합작을 시도했지만 말처럼 쉽지 않았다. 여기에 일본의 독립운동 탄압이 강화되면서 국내와의 연결 고리가 점차 하나둘씩 끊어져 갔다. 일본이 중국 진출을 본격화한 1930년대 이후엔 동부 해안 지대인 상하이에 머무는 것도 힘들어졌다. 결국 임시정부는 장제스의 국민당 정부를 따라 중국 내륙으로 들어가야 했다. 이 과정에서 인원은 대폭 줄어들었다. 해방 무렵 임시 정부는 겨우 독립운동가 수십 명, 가족 등을 합쳐봤자 200여 명 정도가 모인 초라한 규모가 되어 있었다.

여운형은 처음부터 임시정부를 '정부'라고 부르는 것을 망설인 사람이었다. 시간이 흐른 뒤 상황은 더 악화되어 있었다. 심하게 말하면 해외에서 30여 년간 활동했지만 이렇다 할 업적이 없는 단체, 그리고 이제는 유명무실해진 단체였다. 여운형은 일제와 맞서 싸운 것은 임정이 아니라 국내외에 있는 3천만 민중이라고 생각했다. 그랬기 때문에 임시정부를 기다릴 수는 없다고 생각했다.

그러나 송진우는 임정에 대한 명분을 내세워 건준과 합작을 거부했다. 그리고 거기엔 다른 이유도 있었다. 무엇보다 건준이 일본 총독부에 의해서 생겨난 조직이라는 것이 건준의 치명적인 문제였다. 사실 연합국의 입장에서 보면 조선총독부는 전쟁에서 패배한 일본의 기관일 뿐이다. 연합국이 총독부에게서 치안과 행정을 넘겨받은 건준을 정부 혹은 정부 준비단체로 인정한다는 건 사실 어불성설이긴 했다. 그런 의미에서 여운형이 건국준비위원회를 만들고 새 나라를 세우겠다고 나선 것은 성급한 행동이었다.

일본이 항복하고 나면 일본이 점령했던 곳에 있던 일본군인과 관리들은 포로나 다름없었다. 동남아시아에서는 그랬다. 일본의 관리와 군인들은 모두 연합국의 포로가 되었다. 마찬가지로 한국인들은 일본을 무너뜨린 연합국을 환영하는 동시에 일본군인들과 경찰, 관리들은 적이자 포로로 대하는 것이 마땅했다. 그러니 연합국 입장에서 보면 총독부에게서 치안과 행정을 넘겨받은 단체를 인정해줄 필요가 전혀 없었다.

그럼에도 불구하고 이 시기의 역사에 대해 어떤 사람들은 송진우가 건준에 참여하지 않은 것을 비판한다. 그 때문에 좌우 합작의 기회를 날려버렸다는 것이다. 하지만 일제를 무너뜨린 것은 우리 민족이 아니라 전쟁에서 승리한 연합국들이었다. 그리고 그 연합국들은 점령군으로서 한반도에 들어오게 되어 있었다. 그러니 송진우가 건준에 참여했더라도 결과는 마찬가지였을 것이다.

물론 정치에서는 명분도 필요하고 세력도 필요하다. 그리고 처음 시작이 좀 이상해도 결과가 좋으면 성공적인 정치가 될 수도 있다. 그렇게 보면 여운형에게도 명분은 있었다. 조선인들이 일본인에게 보복하는 것을 막기 위해서가 아니었다. 오히려 일본군이 조선인에게 화풀이하는 것을 막아야 한다는 이유에서였다. 여운형은 이런 명분을 내세워 발 빠르게 전국적인 정치조직을 만들어 그 조직으로 해방 공간에서 주도권을 잡으려 했다. 그래서 건준이 실질적인 정부가 되지 못했을 때, 그로 인한 혼란은 무척 클 수밖에 없었다. 건준에 참여한 사람들은 건준이 곧 한반도의 정부가 될 것이라고 생각했기 때문이다. 하지만 실제로 한반도의 운명은 연합국에 달려있었다. 이 시기를 헤쳐나가기 위해선 국제관계를 들여다보는 시각이 필요했다. 여운형의 건준 구상에서 결정적으로 부족했던 것은 바로 이 지점이었다.

총독부의 잔머리에 놀아난 시민들

여운형은 원래 연설 솜씨가 뛰어났다. 그가 연설을 하면 사람들은 모두 그의 기개와 말솜씨에 반해버리곤 했다. 1945년 8월 16일날 휘문 중학교에서 연설을 할 때도 마찬가지였다. 사람들은 모두가 여운형의 연설에 빠져 들고 있었다. 여운형이 한마디 할 때마다 사람들은 저마다 숨을 가다듬었다. 그리고는 다음 이야기를 기대했다. 한창 그렇게 분위기가 뜨거워질 때였다.

군중 속에서 누군가가 소리쳤다. "소련군이 2시에 경성역에 온다!" 사람들이 웅성거리기 시작했다. 여운형은 당황하지 않고 연설을 계속해 나가려고 했다. 하지만 몇몇 사람들이 교문 밖으로 달려 나갔다. 경성역으로 가는 것이었다. 시간이 갈수록 점점 더 많은 사람들이 교문을 빠져나갔다. 하는 수 없었다. 결국 여운형도 연설을 중단하고 군중들과 함께 경성역으로 갈 수밖에 없었다. 안타깝게도 전설적인 여운형의 해방 기념 연설이 중간에 끝나 있는 것은, 이 때문이다.

경성역에는 많은 군중들이 몰려있었다. 그도 그럴 것이 당시 사람들은 소련군을 은인으로 생각했다. 일본을 쫓아내고 한민족을 해방시켜준 장본인이라고 생각했기 때문이다. 사람들은 그들이 도착하는 역사적인 현장에서 그들을 환영하고 싶었을 것이다. 경성역 광장을 가득 메웠던 사람들은 그렇게 호기심반 기대반의 심정으로 소련군이 탄 열차를 기다렸다. 하지만 아무리 기다려도 소련군은 나타나지 않았다. 사람들은 맥이 빠졌다. 기다리다 조금씩 지쳐갔고 결국 하나둘씩 집으로 돌아갔다. 8월 16일 서울의 거리를 뜨겁게 달구었던 만세열풍도 그렇게 잦아들었다.

그런데 이날 소련군이 경성역에 온다던 소문은 좀 묘했다. 모였던 군중들은 몰랐지만 지방의 대도시에서도 비슷한 소문이 떠돌았기 때문이다. 마치 누군가가 일부러 소문을 퍼뜨린 것처럼 말이다. 사실 그건 일부러 퍼뜨린 소문이 맞았다. 역시 나쁜 짓도 하던 놈이 잘 하는 법이라고, 사람들의 심리를 조작하는데 뛰어났던 조선총독부가 기획한 꼼수였다. 총독부는 비교적 조용했던 8월 15일이 지나고 8월 16일이 되면 전국적으로 만세 열풍이 휘몰아칠 것을 예상하고 있었다. 그 만세 열풍이 폭동으로 번질까 두려웠다. 그걸 막기 위해 총독부는 소련군이 도착한다는 소문을 퍼뜨렸다. 총독부가 계획해서 퍼뜨린 소문은 기가 막히게 효과적이었다. 만세를 외치며 거리로 달려나간 군중들은 그대로 일본 행정 기관이나 경찰서, 요인들의 집을 습격하는 폭도가 될 수도 있었다. 그런데 '소련군이 기차를 타고 온다'는 소문 하나에 다들 은인을 영접하기라도 하듯 기다리다 기운을 다 빼고 말았다. 총독부가 갖고 있던 대중 조작술의 수준을 보여주는 일화이기도 하다.

뒤통수를 맞은 여운형

총독부의 꼼수로 건준의 첫번째 행사는 그렇게 흐지부지 끝나 버렸다. 그럼에도 건준의 출발은 순조로워 보였다. 건준은 우선 방송국을 접수해서 공식적인 출범을 알렸다. 그 소식이 지방에 알려지자 각 지역에서는 자발적으로 건준 조직을 만들었다. 순풍에 돛을 단 것처럼 건국사업이 시작되는 듯 보였다. 좌우를 가리지 않고 불과 이틀만에 전국적인 조직이 만들어졌다. 주로 좌익들만 참여한 중앙 조직과는 달리 지방에서는 좌우 합작이 이루어진 곳도 꽤 있었다.

한창 조직 건설에 열을 올리는 바로 그때 일제총독부가 여운형의 뒤통수를 쳤다. 불과 사흘만인 8월 18일 총독부가 여운형에게 약속했던 권한을 모두 빼앗아 가 버린 것이다. 건준은 방송국에서 쫓겨났고 치안도 일본의 경찰과 군대가 다시 맡았다. 총독부는 건준이 약속을 어겼기 때문이라고 했다. 치안과 행정만을 맡기로 했는데 약속하지 않았던 건국활동까지 했다는 것이었다. 건준은 항의를 했지만 어쩔 수 없었다. 자신들의 힘으로 성취한 행정 권력이 아니라 총독부가 시혜적으로 약속한 것에 지나지 않았으니 말이다. 애초에 총독부로부터 당당하게 권력을 이양 받을 자격이나 근거가 없었던 것이다. 그건 내 것이라고 할 수도 없는, 남의 것이었다.

게다가 총독부의 주장이 아주 근거가 없는 것은 아니었다. 총독부로서는 연합군이 들어왔을 때 난처할 수 있었다. 건준이 자신들을 '한국인을 대표하는 정치 조직'이라고 내세울 게 뻔했다. 그 권한을 총독부로부터 넘겨받았다고 하면서. 그러나 항복하고 물러나는 주제에 그런 조직을 승인해주고 후원하는 건 말이 안 되는 일이었다. 연합군 측에서 보면 패전국 주제에 '이들을 인정하시오'라고 추천하는 것이 기가 막힐 일인 것이다.

물론 그건 핑계였다. 진짜 이유는 따로 있었다. 일본군의 장교들이 해방을 맞아 기뻐하는 한국인들을 보며 총독부에 불만을 터뜨렸기 때문이다. 꼴사납다는 것이었다. 우리 입장에서 보면 똥 싼 놈이 화낸다고 할까, 어처구니 없는 노릇이었다. 하지만 총독부로서는 그들을 달래야 했다. 그래서 서둘러 건준에게 부여한 권한을 다시 회수했다. 패배의 공허함에 상처 입은 일본군은 아직 자신들이 끄떡없다는 것을 과시하려고 했다. 8월 20일 일본군은 총칼로 무장하고 시내를 돌아다녔고, 무력시위라도 하듯 기관총을 세운 바리케이트까지 쳤다. 건준에 참여했던 사람 중에 한 명은 이런 모습을 보고 "해방은 8월 16일 하루뿐이었다."고 안타까워 했다. 일반시민들의 심정도 마찬가지였다. 언제 그랬냐는 듯이 위세를 떨치는 일본의 군인들과 경찰들을 보며, 한국인들은 이렇게 생각할 수밖에 없었다. '일본은 연합국에게만 항복한 거였구나. 한반도는 여전히 총독부가 지배하는 식민지일 뿐이구나.' 그리고 그게 사실이었다. 하지만 한국인들은 이 사건을 통해서도 우리 힘으로 얻지 못한 해방이란 게 무슨 의미인지를 충분히 배우지 못했다.

권력의 공백과 혼란

총독부가 여운형에게 넘겼던 권한을 다시 빼앗아 갔지만 건준의 열풍은 가라앉지 않았다. 일본 군인과 경찰들이 울컥해서 총칼을 차고 거리를 돌아다녀 봤지만, 이미 일본의 지배력은 힘이 빠지고 있었다. 특히 지방이 심했다. 지방에서는 일본의 군대와 경찰이 거의 손을 놓다시피 하고 있었다. 사람들은 스스로 건준이나 유사한 자치조직을 만들어서 자신이 사는 지역의 치안을 떠맡았다. 그렇게 건준 조직은 비온 뒤에 대나무 자라듯이 빠르게 전국적으로 퍼져나갔다. 한 달도 안 되어 무려 1,000여개 가까운 조직이 만들어졌다. 총독부의 힘이 빠지면서 생긴 치안의 공백을 건준이라는 자치조직이 메운 것이었다.

그런데 이런 자치 조직은 자칫하면 큰 혼란을 가져올 위험이 있었다. 그 당시 자치조직은 건준만 있는 게 아니었다. 마치 유행처럼 만들어졌다. 이렇게 마구 생겨난 자치조직은 잘 통제되지 않으면 무척 위험할 수 있었다. 소록도에서 벌어진 안타까운 학살사건이 그런 경우였다.

소록도는 일본 총독부가 한센씨병, 흔한 말로 나병에 걸린 환자들을 격리시키기 위해 만든 치료소다. 곱게 말해서 치료소지 실제로는 감금시설이나 다름없었다. 이 섬에서는 환자들이 사는 곳과 직원들이 사는 곳이 엄격하게 나누어져 있었다. 병원장은 총독부가 임명했다. 그렇게 임명된 일본인 병원장은 소록도 안에서는 왕이나 마찬가지였다. 심하게 말하면 환자들을 죽일 수도 있고 살릴 수도 있었다. 지금도 소록도를 가보면 일제시대의 환자들이 직접 손으로 만든 아름다운 정원이 남아있다. 한국에는 없는 희귀한 나무들을 일본과 대만에서 가져다 만들었다고 한다. 감탄이 나올 만큼 아름답다. 하지만 슬프게도 이 아름다운 정원은 병원장 중의 한 명이 자신의 업적을 과시하기 위해 만든 것이었다. 당연히 환자들은 강제

노동에 시달려야 했다. 일제시대의 병원장들은 자신들의 욕심을 채우기 위해 환자들을 여러가지 일에 부려 먹었다. 정원을 만드는 경우도 있었고 간척사업을 추진한 경우도 있었다. 어떤 경우든 환자들의 피고름이 묻어났다.

1942년에 소록도의 병원장이었던 수호 마사토도 그런 병원장 중 하나였다. 그는 자기 동상을 세우고 환자들에게 참배를 강요하기까지 했다. 환자들을 노예처럼 부려먹었고 그러는 와중에 함부로 죽이기도 했다. 폭군이었다. 환자들 중에 이춘상이란 인물이 나섰다. 그는 원장을 죽이겠다고 결심했다. 환자들이 살려면 그 길 밖에 없었다. 이춘상은 결국 수호 마사토 병원장을 제거했다. 그는 다음해 사형 당했다. 명백한 항일운동이었다. 하지만 그는 아직 독립유공자로 인정받지 못하고 살인범으로 역사에 남아있다.

그런 역사를 가진 소록도였다. 그곳에도 1945년 8월 15일 일본이 항복했다는 소식이 전해졌다. 그 당시의 병원장은 수호 마사토 병원장을 떠올렸을지도 모른다. 잘못하면 환자들에게 잡혀 죽을 수 있다. 그는 곧바로 한국인 의사를 불러 병원 열쇠를 넘겨주고는 재빨리 도망쳐버렸다. 그러자 병원 운영을 둘러싸고 직원들과 의사들 사이에서 갈등이 생겼다. 소록도의 병원장은 적어도 섬 안에서는 황제였다. 힘이 가장 센 권력자였다. 그 권력자가 사라지자 사람들의 이기적인 마음이 터져 나왔다. 당연한 일이었다. 하지만 그게 얼마나 끔찍한 사태로 이어질 것인지는 아무도 몰랐다.

아름다운 섬 소록도. 해방 직후 이 섬의 해안은 끔찍한 살육의 현장으로 바뀌었다.

소록도의 직원들은 일본인 병원장에게서 창고 열쇠를 받은 의사를 습격했다. 그리고 열쇠를 빼앗았다. 의사들이 환자들에게 먹을 걸 나눠주지 못하게 하려는 것이었다. 자신들의 식량이 부족해질까봐 벌인 사건이었다. 얼마 후 섬에는 직원들이 환자들에게 줄 식량이나 생필품을 섬 밖으로 빼돌린다는 소문이 돌았다. 열쇠를 빼앗긴 의사가 보복을 위해 악의적으로 퍼뜨린 소문이었다. 환자들이 폭발했다. 흥분한 환자들이 직원들에게 몰려갔다. 직원들은 창고를 차지하고 있었기 때문에 총도 가지고 있었다. 그러나 환자들의 수가 훨씬 많았다. 환자들이 거세게 항의하자 직원들은 겁을 집어먹었다. 환자들에게 대표를 뽑아 협상하자고 했다. 그렇게 말해 놓고 직원들은 고향인 여수와 고흥으로 가서 치안대를 데리고 왔다. 치안대는 해방이 된 뒤 지역사람들이 스스로 무기를 가지고 모인 자치조직이었다.

협상을 위한 환자들 대표 수십 명이 모여 있는 곳에 직원들과 치안대가 총을 들고 뛰어 들었다. 닥치는 대로 쏘고 닥치는 대로 때려 죽였다. 거기서 그치지 않았다. 직원들과 치안대는 소록도 안에 있는 여러 마을들을 뒤졌다. 대표 명단에 있는 이들을 찾아내 총으로 쏘아 죽였다. 일부는 산 채로 끌고 와 해안가에서 총살했다. 그리고는 죽은 시체를 구덩이에 던진 뒤 모두 불태워버렸다. 이때 죽은 환자의 수는 확인된 것만 84명이었다.

더 안타까운 것은 이렇게 무자비한 범죄가 저질러졌지만 이를 철저하게 밝히고 처벌할 국가 기관이 없었다는 것이었다. 나중에 치안대는 폭동을 진압했다고 발표했다. 억울한 희생자들의 죽음은 그렇게 묻혀버렸다. 학살을 주도한 직원 두 명은 사건이 끝난 뒤 병원을 그만 두었다지만 파면이나 징계를 받아서가 아니었다. 소록도에서 따가운 눈총을 받으며 계속 버티기 힘들어 자기 스스로 그만 두고 나갔을 뿐이었다. 이 사건으로 인해 처벌을 받은 사람은 아무도 없었다.

이 비극적인 학살극은 병원 직원들의 권력욕과 이기심으로 인해 발생한 사건이었다. 하지만 치안대가 폭동 진압이라는 명분으로 개입한 것을 간과할 수 없다. 국가 권력이 선하게만 작동하진 않지만, 통제할 수 있는 국가 권력이 없는 곳에서 자치 조직이란 이렇듯 사적 폭력의 온상이 될 수 있다. 소록도의 학살은 그런 경우를 보여주는 사건이었다.

치안의 공백이 계속 되면 여기저기서 자기 마음대로 무장한 세력들이 등장하고 이들이 이해관계의 갈등을 빚어 폭력 사태가 발생할 위험이 있었다. 특히 일본인들이 남기고 떠난 재산이 새로운 갈등의 불씨가 될 것이 분명했다. 해방 직후의 혼란은 그래서 하루라도 빨리 극복되어야 할 문제였다.

일본이 패망하던 날

1945년부터 1948년 사이는 특수한 시기다. 일본은 전쟁에 져서 물러갔지만 아직 대한민국은 만들어지지 않았다. 우리는 이 시기를 '해방공간' 혹은 '해방정국'이라고 부른다. 이 시기를 무대로 왕성한 활동을 펼쳤던 인물들

중에서 지금까지 주로 등장한 사람은 여운형이다. 그렇다면 다른 이들은 누가 있었을까. 그리고 그들은 해방이 됐을 때 무엇을 하고 있었을까.

좌우를 통 털어 '빅4'라고 부를 만한 해방정국의 풍운아들이 있었다. 미리 소개하자면 우파 계열의 이승만과 김구, 좌파 계열의 여운형과 박헌영이 그들이다. 여기에 덧붙여 갑자기 등장해 북한의 최고 권력자가 된 김일성도 빼놓을 수 없는 인물이다. 이들만큼은 아니지만 중요한 조연 역할을 한 사람으로 김성수, 송진우, 김규식 등을 꼽을 수 있다. 이들은 각각 어떤 상황에서 해방의 그날을 맞았을까? 이들은 또한 해방 이후 나라를 만들기 위해 어떤 생각을 하고 있었을까?

해방공간의 역사를 한편의 드라마에 비유한다면 앞서 소개한 인물들이 드라마의 주요 배역들이다. 이들의 활약이 이 시대의 역사이기도 하다. 하지만 그들이 어떤 활약을 펼쳤는지 살펴보기 전에 우리는 그들이 활약했던 해방공간이 어떻게 만들어졌는지부터 살펴보아야 한다. 그래야 해방공간에서 벌어졌던 일들을 더 쉽게 이해할 수 있기 때문이다. 그리고 오해와 막연한 기대를 피할 수도 있다. 실제로 가능했던 게 무엇이었는지, 주역들은 어떤 역할을 담당했는지 현실의 눈높이에서 봐야 한다는 얘기다. 그렇지 못하면 역사는 소설이 된다.

예를 들자면, 지금까지의 현대사 책들은 '건준'에서부터 해방정국을 설명하려고 했다. 이것도 불과 30여 년 정도 된 관행이다. 해방정국의 정통성을 이승만이 아닌 세력에서 찾으려는 시각에서 나온 역사였다. 차마 공산주의자인 남로당에서 찾을 수는 없고, 그렇다고 김구의 임시정부 편을 들 수도 없을 때 자치 조직인 건준이 대안이 될 수 있다고 믿고 싶었던 것이다. 하지만 이건 있는 그대로의 역사라기보다는 그렇게 보고 싶은 역사였다.

1945년 8월 15일을 우리 대한민국 사람들은 광복절이라고 부른다. 그렇게 부를 때 우리는 오직 우리 민족과 한반도만을 생각하게 된다. 자연스럽게 시야가 좁아지는 것이다. 하지만 광복이란 말 대신 '일본의 패망'이라는 문구에서 출발해보자. 당연히 '일본을 누가 항복시켰는가?'라는 질문이 나올 수밖에 없다. 그리고 불행하게도 일본에게 패배를 안겨준 것은 우리 민족이 아니었다. 일본을 한반도에서 내쫓은 건 제2차 대전에서 승리한 연합국들이었다. 그렇기 때문에 해방공간에서 한반도의 운명은 전쟁에서 승리한 연합국에게 달려있었다. 이들의 이해관계가 가장 중요한 변수가 될 수밖에 없었다. 그것이 서로 엇갈리면서 한반도의 운명이 만들어졌던 것이다.

이런 세계사적인 시각에서 한국의 현대사를 바라보면 역사가 전혀 다르게 보인다. 일제를 항복시킨 연합국, 특히 한반도의 북쪽과 남쪽에 각각 점령해 들어왔던 소련과 미국의 전략과 활동이 무엇보다 중요한 변수였다. 건준의 시각으로 45년 해방부터 48년 건국에 이르는 기간을 보는 일은 그 시대를 제대로 보는 게 아니다. 냉정하게 말하면, 우리는 45년부터 48년의 기간을 해방공간이라는 말 대신 미소군정기라고 불러야 한다. 우리가 이 시기를 해방공간이라 부르는 이유는 어쩌면 애써 이들 연합국을 머릿속에서 지운 채 역사를 바라보고 싶어서일 것이다. 하지만 그건 역사가 아니라 '그렇게 되었으면' 하고 바라는 소망일 뿐이다. 그러니 '일본이 항복하던 날'까지 강대국들 사이에서 어떤 일들이 벌어졌는지를 잠깐 살펴보도록 하자. 그래야 그 당시를 옳게, 그리고 입체적으로 볼 수 있다.

제2장

한반도를 둘러싼 열강들의 세력다툼

- 19세기 중후반 : 중국이 열강들의 각축지가 됨
- 1894년 : 청일 전쟁을 통해 일본이 한반도에서 청나라를 몰아냄
- 1898년 : 일본의 요동 반도 영유를 막은 러시아가 만주 진출 본격화(철도 부설권)
- 1904년 : 미국과 영국의 후원을 받은 일본이 러일전쟁을 일으켜 러시아를 몰아냄
- 1905년 : 을사조약이 체결되고 이승만의 외교 밀사 임무가 실패로 끝남
- 1910년 : 한일합방

반복되는 역사

1945년 해방부터 1948년 건국까지의 기간 동안 한반도의 운명을 좌지우지했던 건 연합국으로서 승리를 한 강대국들이었다. 특히 그 중에서도 한반도의 북쪽과 남쪽을 각각 점령해 들어왔던 소련과 미국이 중요했다. 제2차 세계대전을 승리로 이끄는데 가장 큰 역할을 했던 이 두 나라는 전쟁 후 첨예하게 부딪쳤다. 이념을 바탕으로 세계 질서를 어떻게 만들 것인가를 놓고 벌인 경쟁이었다. 대한민국은 이 두 나라가 만들어낸, 미래를 예측할 수 없는 혼돈의 틈바구니에서 기적적으로 탄생했다.

그런 기적이 가능했던 건 19세기 말 20세기 초에 겪은 쓰라린 경험이 있었기 때문이었다. 지금으로부터 100여 년 전 조선 말기에도 한반도는 거대한 강대국들 사이에서 풍전등화처럼 흔들렸다. 그리고 결국 일본의 식민지 신세가 되었다. 그 반세기 뒤 그와 비슷한 세계사적 상황이 또 벌어졌다. 즉 강대국들의 이해관계에 의해 한반도의 역사가 결정될 상황에 처한 것이다.

중국 땅으로 모여든 세계 열강들

100년 전 개항기인 19세기 말엽, 중국(청나라)은 세계사의 중심지 중 하나였다. 세계의 내로라 하는 강대국들이 거대한 중국땅을 노리고 모여들었기 때문이다. 서구 열강들은 제국주의의 기치 아래 아프리카와 아시아의 여러 지역들을 나눠 먹고 있었다. 그 경쟁이 마지막으로 향한 곳이 중국이었다. 이 지역은 땅도 넓고 인구도 많았다. 차지할 이권은 큰 반면 청나라는 점점 부패와 무능으로 무너지고 있었다. 좋은 먹잇감이었다.

맨 처음 중국 무역의 주도권을 차지한 나라는 영국이었다. 영국은 18세기 중반 인도를 놓고 프랑스와 경쟁을 벌이다 승리했고 내친 김에 중국과의 무역까지 손을 뻗쳤다. 그런데 영국의 입장에서 중국과의 교역에는 문제가 있었다. 영국 상품의 판매는 지지부진한데 중국 상품(차, 도자기, 약재)의 수입은 엄청나게 늘어난 것이다. 이 막대한 적자를 감당하기 위해 영국은 아편을 중국에 팔기 시작했다. 19세기 중반에 이르자 영국이 중국에 판매하는 아편이 매년 300톤 가량 되는 엄청난 양으로 늘어났다.

아편 중독자들이 큰 문제가 되자 중국은 영국 상인들의 아편을 모두 빼

영국, 프랑스, 러시아, 일본 등 강대국들이 중국을 나눠 먹을 궁리를 하고 있다.
당시의 국제 관계를 풍자한 카툰.

앗아 불태워 버렸다. 그러자 영국은 이에 항의해 군대를 보내어 전쟁을 일으켰고(아편전쟁) 그 결과 중국은 굴욕적인 난징 조약(1842)을 맺어야 했다. 홍콩을 영국에 넘겨줬고 막대한 배상금을 물었으며, 관세도 사실상 폐지해야만 했다. 무엇보다도 이 '아편전쟁'으로 인해 중국은 서구열강들에게 문을 활짝 열 수밖에 없었다. 영국의 뒤를 이어 차례로 프랑스, 독일 등의 나라들과도 불평등조약을 맺어야 했던 것이다. 그런 와중에 또 한 나라가 중국을 노리고 있었다. 러시아였다.

러시아, 철도를 따라 중국으로 오다

철도의 발명은 세계사적 사건이었다. 특히 19세기 말 20세기 초의 동아시아 역사를 결정지은 발명이나 기술을 꼽는다면 철도를 제외할 수 없을 것이다. 한반도의 운명도 철도가 가져온 결과물이다. 왜냐면 철도의 발명이 러시아를 중국과 만주, 한반도로 끌어들였기 때문이다.

러시아는 북쪽과 동쪽이 바다와 붙어있다. 그런데 그 바다는 겨울이면 얼어붙는다. 배를 띄울 수 없으니 해양으로 뻗어나가기가 무척 힘들었다. 그래서 17세기 표트르 대제 이전까지 러시아는 드넓은 해안에도 불구하고 내륙국에 지나지 않았다. 표트르 대제는 '러시아를 만든 사람'이라고 불리는데, 그가 추구한 것은 무엇보다 '서구화'였다. 젊은 시절 유럽 각국을 돌아다니며 발달된 문명을 배워온 그는 '은둔의 왕국'이었던 러시아를 개방적인 서구 문명의 일원으로 발달시키려고 애썼다. 그는 아주 과격한 개혁 정책을 추진했는데, 러시아인들은 지금도 강력한 러시아의 상징으로 그를 기념하고 있다.

표트르 대제의 꿈은 해양으로의 진출이었다. 지중해와 대서양을 둘러싼 지역에서 바다로 나아가지 않고 강해진 나라는 없었다. 그래서 그는 겨울에 얼지 않는 항구를 원했다. 표트르 대제는 스웨덴과의 '북방전쟁'을 벌여 승리한 뒤 발트해의 제해권을 차지할 수 있었다. 하지만 발트해는 대양으로 나가기에는 좋은 장소가 아니었다. 스칸디나비아 반도로 인해 입구가 쉽게 막히기 때문이다.

후대의 니콜라이 1세 황제는 1853년 경 흑해를 통해 지중해로 진출하고자 오스만 투르크(현재 터키)를 침략했다. 그러나 실패했다. 영국과 프랑스 등 유럽의 강국들이 연합해서 투르크를 도왔기 때문이었다. 유럽의 강국들은 러시아가 커지는 것을 원하지 않았다. 결국 '크림전쟁'이라 불리는 이 전쟁에서 러시아는 패했고 니콜라이 1세는 전사했다. 그리고 러시아는 더 이상 흑해에 함대를 배치할 수 없게 되었다. 이처럼 러시아는 발트해와 흑해로 진출하려면 늘 유럽의 강대국들과 맞부딪쳐야 했다.

이렇게 해양 진출에 좌절한 러시아가 새로운 희망을 발견한 것은 '철도'였다. 모스크바를 중심으로 하는 서쪽의 '백러시아' 지방과 태평양을 접하고 있는 연해주 지방을 잇는 대륙 횡단 철도를 구상하게 되었기 때문이다.

강대국들이 득시글거리는 대서양이나 지중해가 아니라 동쪽의 태평양으로 나갈 수 있는 길이 처음으로 보였다. 게다가 시베리아 철도건설은 러시아의 '만병통치약'처럼 느껴졌다. 날로 늘어나는 농업인구를 철도를 따라 분산시킬 수 있을 것 같았다. 또 표트르 대제 이후로 가속화된 공업화를 위해 석탄이나 철, 목재 등을 쉽게 운반할 수도 있을 것 같았다.

그럴 때 마침 2차 아편전쟁이 터졌다. 중국이 무역 개방의 약속을 차일피일 미루자 1857년에 영국이 압력을 가하기 위해 프랑스를 끌어들여 다시 전쟁을 일으킨 것이다. 중국은 다급하게 중재할 세력으로 러시아를 끌어들였다. 러시아는 화해(북경 조약)를 주선하며 나름대로의 이익을 챙겼다. 중재의 대가로 중국의 동쪽 끝 바다와 접해있는 연해주를 얻게 됐던 것이다. 곧바로 러시아는 연해주에 군항 블라디보스톡(동쪽을 정벌하라는 뜻)을 열었다.

러시아는 이제 모스크바부터 대륙을 횡단해 한반도 북쪽 연해주(블라디보스톡)까지 철도를 놓으면 되었다. 무려 9,300Km에 달하는 어마어마한 거리였다. 지금도 7일 밤낮을 달려야 모스크바에서 블라디보스톡에 닿는다. 1888년 프랑스로부터 대규모 차관을 빌린 러시아는 1890년 시베리아 철도 착공에 들어갔다. 그런데 아무르강 유역의 공사 구간이 문제였다. 공사가 매우 어려운 지형이라 작업이 헛바퀴를 돌고 있었다. 우회해야 했다. 그러자 러시아의 눈에 만주가 들어왔다. 늘 광활하지만 버려진 땅으로 있었던 만주는 어느새 러시아의 전략적 요충지가 되고 있었다. 러시아는 내친김에 더 남쪽으로 내려가고 싶었다. 블라디보스톡을 얻었지만 그 역시 겨울이면 얼어붙었기 때문이다. 더 남쪽의 얼지 않는 항구가 욕심났다. 러시아는 이렇게 중국을 노리는 강대국들 대열에 동참했다.

러시아가 중국의 만주를 탐내고 내려오자 유럽의 여러 나라들은 바짝 긴장했다. 유럽은 중국으로부터 거리가 너무 멀었다. 그렇다고 그 알토란 같은 중국을 통째로 러시아에 넘길 수는 없었다. 러시아를 견제할 '대항마'가 필요했다. 그때 눈에 띄는 나라가 있었다. 바로 일본이었다.

급부상한 일본

유럽세력을 대표하는 영국, 그리고 부동항을 노리는 러시아에 이어 중국을 노리는 또 하나의 나라가 일본이었다. 1868년 메이지 유신이 있기 전까지 일본은 크게 강한 나라는 아니었다. 그러나 1853년 미국의 페리 제독이 흑선을 타고 일본 앞바다에 나타나 개항을 요구하면서 역사가 크게 바뀌었다. 개항의 충격은 상상 외로 컸다. 천황을 지지하는 반막부파 영주들이 서구식 근대화를 꿈꾸는 젊은 지사들과 합쳐 막부와 전쟁을 일으켰다. 이 내전에서 유신파가 승리하면서 수백 년간 이어져온 막부 체제를 무너뜨리고 천황을 중심으로 한 입헌군주제를 도입하였다. 그리고는 강력한 중앙집권 국가를 설립해 급격한 근대화를 추진하였다. 엄청난 기세로 서구 문물을 배우고 수입한 일본은 수십 년도 지나지 않아 서구 열강을 따라잡을 저력을 갖추게 되었다. 그렇게 되자 일본 역시 중국 대륙이 눈에 들어왔다. 거대한 원료공급지이자 엄청난 시장인 중국은 후발자본주의 국가에게는 너무도 먹음직한 사냥감이었다.

미국도 가만있지 않았다. 러시아나 일본처럼 뒤늦게 뛰어들었던 나라라 전략만 좀 달랐을 뿐이다. 미국은 후발주자였기에 중국에서 패권을 직접 노리지 않았다. 거리도 멀었다. 대신 중국을 특정한 나라의 영향력 아래 두지 않고 어디에도 속하지 않는 열린 시장으로 남겨두고자 했다. 아울러 미국은 중국 대륙의 철도 부설권이 탐났다. 그래서 남쪽으로 내려오는 러시아가 몹시 신경 쓰일 수밖에 없었다. 이렇게 영국 등의 유럽 열강들과 부동항을 원하는 러시아, 새롭게 부상한 일본, 그리고 뒤늦게 뛰어든 미국은 중국이라는 거대한 땅에서 맞부딪쳤다. 서로의 이해관계에 따라 이합집산을 되풀이할 수밖에 없었다. 중국 대륙 옆에 붙어있는 자그마한 한반도가 그 소용돌이에 휘말려 들어가는 것은 시간문제였다.

열강들의 충돌, 그리고 한반도

역사적으로 일본이 중국에 눈을 돌릴 때 가장 먼저 희생물이 되는 건 한반도였다. 16세기 말엽 도요토미 히데요시가 중국 명나라를 침략하려 마음먹었을 때 임진왜란을 일으켰다. 한반도는 대륙으로 가는 길목이었기 때문이다. 19세기 말의 상황도 그와 비슷했다. 일본이 궁극적으로 노리는 것은 중국이었고, 그래서 먼저 조선을 먹어치우려 했다. 1876년 일본은 자신들이 미국의 흑선에 당한 것과 똑같은 '함포외교'로 조선의 문을 열어젖혔다. 강화도 앞바다에서 일부러 분쟁을 일으킨 뒤 통상조약을 강요해 왔던 것이다. 결국 조선은 굴욕적인 강화도 조약을 체결해야 했다.

이후 한반도의 주도권을 놓고 갈등을 일으킨 것은 중국과 일본이었다. 비록 서구열강에게 물어뜯기고 있어도 중국(청나라)은 오랜 제국이었다. 종주국으로서의 체면이 있었다. 전통적인 중국의 '천하' 지배는 조공 관계의 질서로, 조공국이 신하의 예를 다하면 자비로운 천자가 더 많은 물품을 하사하는 구조였다. 말하자면 아버지가 가족을 거느리듯, 종가가 방계를 거느리듯 하는 질서였던 것이다. 하지만 청나라는 19세기 말 이 질서를 서구 제국주의 국가들처럼 식민지 관계로 바꾸고 싶어했다. 그리고 그 가장 좋은 출발점이자 먹잇감은 한반도였다.

한반도에 대한 지배력을 잃지 않으려고 하는 중국과, 한반도를 거쳐 중국으로 진출하려는 일본이 부딪치는 것은 필연이었다. 1882년 임오군란 때 충돌할 뻔한 두 나라는 '텐진조약'을 맺고 일단 물러났다. 하지만 1894년 조선에 동학농민운동이 일어나자 충돌이 불가피해졌다. 다급해진 조선 조정이 중국에 파병을 요청하자 일본도 '텐진조약'을 빌미로 군대를 파병한 것이다. 처음부터 속셈은 중국과의 일전을 벌일 생각이었다. 동학농민운동이 진압되어가자 일본군이 아산만 앞바다에서 중국 군사를 싣고 들어오는 군함을 격침시켰다. 선전포고도 없는 급습이었다. 결국 8월 1일 양국은 선전포고를 하고 전면전에 들어갔다.

결과는 일본의 압승이었다. 평양과 압록강에서 중국군을 격파한 일본은 랴오둥 반도의 뤼순도 점령했다. 일본 해군은 중국해군의 주력인 북양함대를 전멸시켰다. 전쟁에서 패한 사령관 정여창은 자결했다. 미국이 중재에 나섰고, 1895년 시모노세키에서 일본과 중국이 강화조약을 맺었다. 이 조약을 통해 일본은 랴오둥 반도와 타이완을 빼앗았다. 배상금 2억냥을 비롯해 꽤 큰 이권들을 쏠쏠하게 챙겼다.

여기까지는 좋았다. 그러나 시모노세키 조약의 내용을 알게 된 러시아, 프랑스, 독일이 가만히 있지 않았다. 이 세 나라가 한 목소리로 일본 정부에 강력히 권고했다. '랴오둥 반도를 중국에게 다시 반환하라. 일본이 랴오둥 반도를 차지하면 중국의 수도가 위태롭고 조선의 독립도 우려되며 나아가 극동 지방의 평화가 위태로울 거다.' 이런 내용이었다. '삼국간섭' 사건이었다. 러시아가 프랑스와 독일을 끌어들인 일이었다. 러시아는 일본의 최종목표가 만주라는 걸 눈치챘던 것이다. 이 권고를 받은 일본은 영국과 미국 등에 호소했지만 별 효과가 없었다. 일본은 러시아·프랑스·독일, 세 나라를 상대로 전쟁을 벌일 수 있는 상황은 아니었기에 이 요구를 받아들여 랴오둥 반도를 1895년 5월 5일 중국에 반환했다.

이 '삼국간섭' 사건은 일본에게 큰 충격과 함께 교훈을 줬다. 실익을 얻기 위해서는 다른 강대국들과의 협력도 반드시 필요하다는 것이었다. 무력과 함께 외교력의 중요성을 절감한 사건이었다. 반면 이 전쟁을 보면서 영국과 미국은 일본을 주목했다. 중국은 너무 멀리 떨어져 있었다. 반면에 러시아는 중국과 국경을 맞대고 있었다. 마음만 먹으면 언제든 군사를 동원할 수 있었다. 따라서 러시아를 견제할 세력이 필요했다. 그런 상황에서 중국을 보기 좋게 넉다운시키며 등장한 일본이 당연히 눈에 뜨일 수밖에 없었다. 영국과 미국은 중국땅에서 러시아를 견제하기 위해 일본을 지지하기로 마음먹었다. 그러기 위해서 한반도 정도는 일본에 얼마든지 넘겨줄 수 있었다. 이런 국제관계를 눈여겨 볼 때, 러시아가 철도를 따라 중국으로 진출한 것은 한반도에 비극의 서막을 알리는 일에 다름 아니었다.

러시아와 일본의 갈등

중국이 물러난 이후에는 한반도를 사이에 두고 러시아와 일본이 갈등을 빚었다. 조선 정부가 일본을 견제하기 위해 러시아 세력을 끌어들이려고 하자 일본이 먼저 선수를 쳤다. 조선 정부의 반일 세력의 중심이었던 왕후 민씨, 그러니까 명성황후가 그 목표였다. 1895년 8월 일본 낭인 수십 명이 경복궁으로 난입해 한 나라의 국모를 시해하는 사건이 벌어졌다.

이 사건(을미사변)으로 전국에서 항일 의병이 불같이 일어났다. 그러자 이번엔 러시아가 발빠르게 움직였다. 1896년 2월 러시아 공사 베베르는 한반도에 있는 공사관을 보호해야 한다며 인천에 있던 수병 150여 명을 불러 배치했다. 그런 뒤에 친러파 대신들과 함께 고종을 러시아 공사관으로 데려갔다. 고종은 을미사변 때 왕후가 일본인들의 손에 처참하게 죽는 것을 보고 불안하지 않을 수 없었다. 그는 러시아 군대의 보호를 받기 위해 '아관파천', 즉 러시아 공사관으로 왕의 거처를 옮기기로 결심했다.

이후 조정에서는 친일 정치가들이 제거되고 친러친미파 내각이 들어섰다. 고종이 러시아 공사관에 머문 1년 동안 러시아가 조선 정부를 좌지우지하며 온갖 이권을 챙겨갔다. 일본으로서는 중국을 내쫓자마자 러시아가 끼어들어 훼방을 놓는 형국이었다. 일본과 러시아의 정면 충돌은 점점 불가피해지고 있었다.

그러던 중 1900년 경 중국에서 '의화단 사건'이 터졌다. 백련교의 일종인 '의화단'은 의화권이라는 권법, 봉술 등을 단련하는 종교적 비밀단체였다. 이들은 백 일 동안 권법을 익히고 주문을 외우면 창과 대포도 피할 수 있고 하늘도 날 수 있다고 믿었다. 해괴한 사이비 종교에 가까웠지만, 약 20만 명 정도의 세력이 만들어졌다. 이 의화단이 1900년 4월 천진과 북경에 들어가 '모든 외국세력은 물러가라'며 외국공사관 밀집지역을 포위하고 외국인을 잔인하게 살해했다. 이들은 반외세 자주의 기치 아래 무차별적인 폭력을 휘두르며 외국관련 시설은 닥치는 대로 파괴했다. 그런데 황

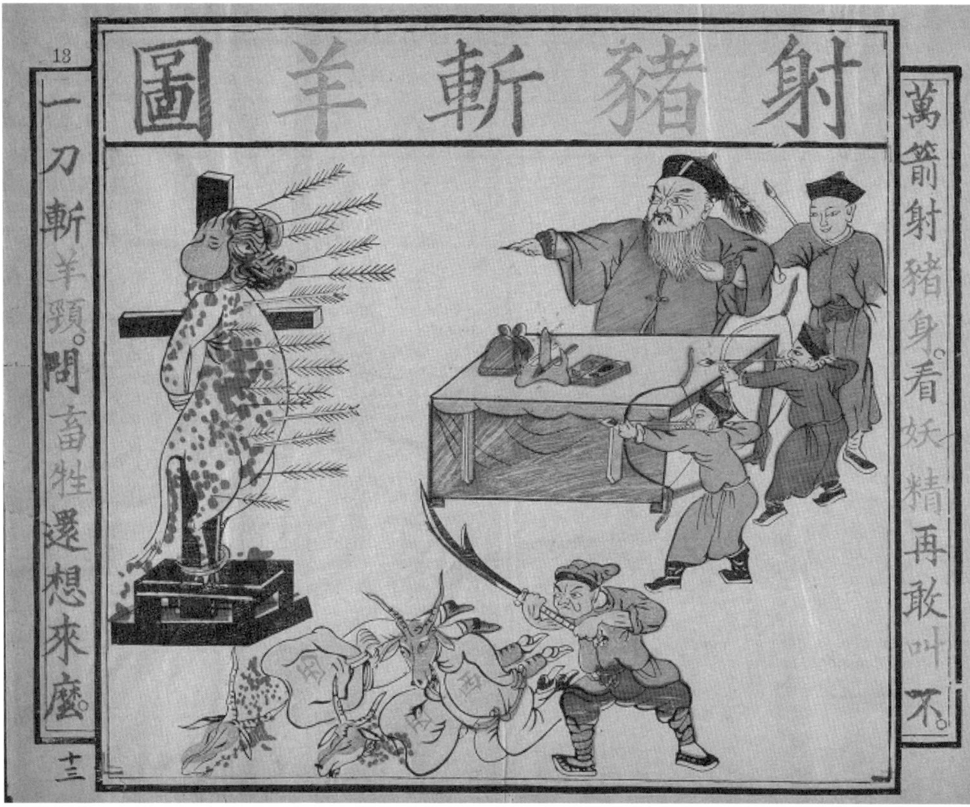

의화단 운동 당시 만들어진 선전 책자. 의화단 운동은 서양 제국주의 세력에 대한 강한 증오의 표출이었으나 결국 서구 열강이 중국을 침략할 빌미를 제공했을 뿐이었다.

실의 서태후가 일을 더 키웠다. 의화단을 진압하는 대신 그들을 북경으로 끌어들인 것이다. 연합국이 그녀를 견제하려고 하자 그녀는 의화단을 이용할 속셈이었다. 서태후의 비호 아래 북경에 들어온 의화단의 무력 행사는 더욱 과격해졌다.

1900년 6월 10일 영국을 비롯한 프랑스, 러시아, 독일, 일본, 미국 등 8개국 연합군 2,000명이 북경으로 진격했다. 결국 8월 14일 북경이 함락되고 서태후는 광서제와 함께 서안으로 도망쳤다. 연합국은 자금성을 비롯해 곳곳을 약탈하며 북경의 귀중한 문화재를 마음껏 가져갔다. 이 의화단 사건은 중국 정부대표 이홍장과 11개국 대표단이 만나서 '북경의정서'에 서명하고 마무리되었다. 중국은 막대한 배상금을 지불하고, 주요 요충지에 외국군대가 주둔하는 것을 허용해야 했다. 반식민지 상태가 되고 만 것이다.

의화단 사건은 마무리되었지만 이것은 새로운 불씨를 가져왔다. 의화단 사건을 핑계로 러시아가 만주에 대군을 파병했던 것이다. 러시아는 자국 소유의 동청철도와 남만주선을 보호한다는 이유를 내세웠다. 하지만 다른 나라들은 러시아의 야욕에 대해 공동으로 대응하기로 결심했다.

1902년 일본은 영국과 '영일동맹'을 맺었다. 영국은 일본을 통해 러시아를 견제하고자 했고, 일본은 자신이 서구 강대국들과 어깨를 나란히 하는 강국이 되었음을 실감했다. 미국의 시어도어 루스벨트 대통령도 측면에서 일본을 지지했다. 그는 일본을 가리켜 '아시아에서 유럽과 어깨를 나란히 할 수 있는 유일한 문명국'이라며 추켜세웠다. 영국과 미국, 둘 다 중국으로 밀고 내려오는 러시아를 막기 위해 일본에 힘을 실어주기로 한 것이었다.

영미의 후원을 배경으로 일본은 러시아에게 철병을 요청했다. 수세에 몰린 러시아는 3차례에 걸쳐 철병하기로 약속했다. 그러나 2차 철병이 다가왔을 때 러시아가 태도를 바꿨다. 러시아 정부 내부에서 온건파가 실각하고 강경파가 들어선 까닭이었다. 일본은 일단 1903년 7월 러시아에게 만주와 조선을 나누는 협상을 제안했다. 그러나 이것은 요식적인 행위였다. 일단 만주를 러시아에 양보하는 듯 했지만 언제고 만주로 진출할 수 있다는 조항을 남겨두었던 것이다. 애초에 일본은 러시아에게 만주를 양보할 생각이 없었고, 그것은 러시아도 마찬가지였다. 결국 전쟁은 시간문제였다.

일본의 러일전쟁 승리, 그리고 을사조약

일본이 결단을 내렸다. 물론 전쟁의 승리를 낙관할 수는 없었다. 그러나 시베리아 철도가 완공된 뒤 붙으면 더욱 불리할 것 같았다. 당시 시베리아 철도는 완공이 임박해 있었다. 유럽에 연해있는 백러시아로부터 물자와 병력이 시베리아 철도를 타고 온다면 전세는 불리해질 게 분명했다. 그

전에 붙는 게 나았다. 당장 맞붙어도 질 것 같지는 않았다. 일본은 이미 영국에 이어 세계 2위의 해군력을 가진 나라가 되어 있었다. 총력전을 펼칠 준비도 되어 있었다. 반면 러시아는 준비가 되어 있지 않았다. 전쟁 지원도 힘들 터였다. 시베리아 철도는 아직 중간에 수십 킬로미터가 끊겨 있었다. 내륙을 통한 지원은 불가능했다. 바다로 해군을 보내려면 발트 해에서 유럽 서쪽과 아프리카, 인도양을 거쳐 수천 킬로미터를 돌아서 와야 했다. 기습공격이 답이었다. 그래서 선전포고도 없었다.

1904년 1월 26일 일본 해군이 랴오둥 반도의 뤼순에 정박해 있던 러시아 군함을 공격하면서 러일전쟁이 시작되었다. 일본은 다시 2월 8일 뤼순을 타격했다. 2월 9일에는 인천에 머물던 러시아 군함 두 척을 침몰시켰다. 그리고 2월 10일에야 비로소 선전포고를 했다. 결과는 일본의 승리였다. 1904년 8월 랴오양 회전에서 일본은 러시아를 격퇴했다. 러시아가 총력을 다해 막던 뤼순 요새도 12월 무너졌다. 일본은 1905년 봉천에서의 전투를 승리로 이끈 뒤 러시아의 발틱 함대마저 쓰시마 해전에서 궤멸시켰다. 발트해를 출발해 7개월 만에 아프리카를 돌아 동해로 들어온 발틱 함대는 힘 한 번 못써보고 일본 해군에 의해 무너졌다.

미국의 시어도어 루스벨트 대통령이 중재에 나섰다. 두 나라 다 더 이상 전쟁을 하는 건 곤란했다. 러시아에서는 1905년 1월 9일 '피의 일요일' 사건이 터졌다. 노동자의 부당해고를 조치해달라며 청원서를 황제에게 제출하려는 행렬을 러시아 군대가 일제사격한 사건이었다. 1천 명 이상의 노동자들이 쓰러졌다. 이로 인해 전국적으로 노동자들의 파업이 이어졌다. 혁명의 불길이 타오르고 있었다. 계속 전쟁을 하는 건 불가능했다. 일본도 마찬가지였다. 전쟁을 계속할 돈이 다 떨어졌던 것이다. 전쟁은 여러모로 끝나야 했다. 미국 북동부 포츠머스에서 8월 23일 일본과 러시아는 강화조약을 맺었다. 포츠머스 조약을 중재한 시어도어 루스벨트 미 대통령은 노벨평화상을 받았다. 일본은 랴오둥 반도와 남만주 철도 부설권, 그리고 사할린 남부를 손에 넣었다. 그리고 한반도에서 러시아를 내쫓았다.

일본은 이로써 한반도에서 다른 강대국들을 모두 물리쳤다. 청을 내보냈고 러시아를 무릎 꿇렸다. 남은 건 영국과 미국이었다. 영국과는 8월 12일 2차 영일동맹을 맺어 관계를 다시 다졌다. 미국과는 1905년 7월 조용한 밀약을 맺었다. 미국 육군장관 태프트와 일본 총리 대신 가쓰라가 맺은 비밀 협약인 '가쓰라 태프트 조약'이었다. 미국이 필리핀을, 일본이 한반도를 각각 나눠 갖자는 것이었다. 우리 민족으로선 땅을 칠 밀약이었다. 그러나 그 당시에는 아무도 이런 밀약이 맺어졌는지 알지 못했다. 1924년에 가서야 '가쓰라 태프트 조약'의 전모가 밝혀졌기 때문이다.

이렇게 일본은 모든 준비를 끝냈다. 한반도를 삼킬 만반의 준비가 끝났던 것이다. 더 망설일 필요가 없는 일본은 같은 해 1905년 11월 대한제국에게 을사조약을 강요했다. 외교권을 빼앗고 통감정치를 시작했다. 그리고 1910년 한반도는 일본의 식민지가 되었다.

이승만, 망국의 치욕에서 배우다

19세기 말 20세기 초의 한국인들은 세계 강대국들의 세력다툼이라는 국제정세에 대해 무지했다. 중국이나 인근 국가들과 오랜 조공 무역을 해왔지만, 근대적 외교와 국제 관계에 대해서는 전혀 아는 게 없었다. 우물 안의 개구리였다. 일본은 메이지 유신 이후 축적된 무력과 외교력으로 한반도를 차지할 계획을 차근차근 진행했다.

중국 청나라가 러시아 세력을 견제하기 위해 조선에 제안한 외교전략이 『조선책략』이다. 일본에 있던 청나라 공사관 황쭌셴이 조선의 수신사였던 김홍집에게 전한 짧은 글이었다. 내용은 간단했다. '중국과 친하게 지내면서 일본과 손을 잡아라, 그리고 미국과 연합해라.' 그래야 탐욕스런 러시아의 공세를 막을 수 있다는 것이었다. 짧은 책자의 영향력은 컸다. 보수적인 유생들이 '양이와 손잡을 수 없다'며 들고 일어났다. 하지만 결국 조선은 그 제안을 따라 1882년 미국과 조미수호통상조약을 맺었다.

일본이 청을 내쫓고 러시아에 승리한 데다 영국과는 동맹을 맺은 상태에서 조선이 마지막 기댈 곳은 미국밖에 없었다. 미국과 맺은 조미수호통상조약이 가느다란 희망이었다. 고종의 지시로 미국의 국무장관 존 헤이에게 밀사를 보내기로 했다. 그 임무를 맡을 사람은 역모 혐의로 옥살이를 하고 있던 개화파 청년 지식인 이승만이었다. 그는 뛰어난 영어 실력과 해박한 식견, 담대한 언변으로 널리 인정받은 인재였다.

결국 이승만의 외교 임무는 실패로 끝났다. 긍정적인 답변을 준 존 헤이가 곧 급사했기 때문이다. 하지만 유학을 고민 중이던 이승만은 귀국하지 않고 하와이에서 머물며 자신의 다음 행보를 고민했다. 그때 미국 대통령 시어도어 루스벨트의 지시를 받고 아시아 순방 차 윌리엄 태프트가 하와이에 도착했다. 이승만은 하와이 교민의 힘을 모아 청원 외교를 펼치기로 마음먹었다. 다행히 이는 성공을 거두는 듯 보였다. 이승만은 태프트의 추천장으로 루스벨트 대통령까지 만나볼 수 있었던 것이다.

당시 이승만은 냉혹한 외교의 세계를 모르는 순진한 지식인 청년이었다. 그는 루스벨트의 말만 믿고 공식적인 청원을 하기 위해서 이리저리 뛰어 다녔다. 나라를 사랑하는 강렬한 마음을 가지고 국제사회의 선의와 도덕, 명분에 호소하면 상황을 돌이킬 수 있다고 믿었기 때문이었다. 그러나 모두가 허사였다. 1905년 11월 17일 대한제국은 일본과 굴욕적인 을사조약을 맺었다. 민영환은 자결했다. 미국에 있던 이승만이 할 수 있는 일은 아무 것도 없었다.

그러나 이승만의 이 경험이 무의미하지는 않았다. 이승만은 이 망국의 경험을 마음에 새겼다. 그런 뒤 한반도의 독립을 위해 외교활동을 펼치는 한편으로 미국의 대학에서 국제정치를 공부했다. 임시정부에서는 수많은 정치적인 갈등을 겪으며 현실정치를 배웠다. 그리고 1924년, 그동안 알려지지 않았던 '가쓰라 태프트 밀약'의 내용이 『커런트 히스토리』 10월호에 발표되었다. 이승만은 치를 떨었다. "1882년에 체결한 조미수호조약은

대한제국 말기의 경험은 청년 이승만에게 힘없는 나라의 설움과 함께 강대국의 이해관계에 따라 움직이는 세계 정치의 현실을 깨닫게 해주었다.

한갓 어리석은 외교적 제스처에 지나지 않았다. 한국인들이 그 조약에 기대를 걸었던 것은 어리석고 순진한 탓이었다." 이렇게 말했다. 미국에게 제대로 뒤통수를 맞았다는 걸 알았을 때, 이승만은 엄청난 충격을 받았던 것이다.

이런 경험들이 이승만에게 힘과 이익에 따라 움직이는 냉혹한 국제정치의 현실적인 논리를 꿰뚫는 눈을 갖게 해주었다. 놀랍게도 한반도의 역사적 경험에서 이런 교훈을 배운 사람은 이승만 외에는 많지 않았다. 그래서 그의 경험과 식견은 훗날 한반도의 역사에서 결정적인 역할을 수행하게 되었다.

제3장

해방 전야의 세계

- 1937년 : 중일 전쟁 발발, 일본의 대륙 진출 본격화
- 1941년 : 일본의 프랑스령 인도차이나 진출, 미국의 일본 견제 (석유/철강 수출 금지)
  독일의 소련 침공, 독소 전쟁 개막
- 1941년 12월 : 진주만 습격으로 미일 전쟁 발발, 미국의 제2차세계대전 참전
- 1942년 6월 : 미드웨이 해전으로 미국이 태평양 전쟁에서 승기를 잡기 시작
- 1943년 2월 : 소련이 6개월에 걸친 스탈린그라드 전투를 승리, 반격의 시작
- 1943년 11월 : 카이로 회담에서 미영중 3국이 전후 처리 원칙에 합의(한반도 해방)
- 1945년 2월 : 얄타 회담 / 4월 루스벨트 사망, 트루먼 대통령 취임
- 1945년 7월 : 포츠담 선언, 맨해튼 계획 완성(핵무기 개발)
- 1945년 8월 : 히로시마(6일), 나가사키(9일) 원폭 투하
- 1945년 8월 : 소련 대일본 전쟁 선포, 일본 어전회의에서 항복 의결
  일본, 연합국에 항복 의사 전달

일본의 팽창

한일합방이 되고 난 뒤 중국을 포함한 동아시아는 일본의 독무대나 다름없었다. 1차 세계대전이 일어나기 이전부터 유럽은 일촉즉발의 긴장상태였다. 그렇게 되자 유럽의 열강들은 중국을 비롯한 동아시아 지역에 관심을 가질 겨를이 없어져 버렸다. 1914년 제1차 세계대전이 발발하자 유럽은 대량살육과 파괴의 장이 되어 버렸다. 그때부터 동아시아에서는 일본이 모든 걸 좌지우지하게 되었다.

제1차 세계 대전이 발발하자마자 일본은 영일동맹을 명분으로 1914년 9월 독일에 선전포고를 했다. 그리고는 곧바로 산둥 반도에 있던 독일 조차지와 독일 상사들이 관련되어 있던 모든 철도, 광산, 공장 시설들까지 점령했다. 일본의 의도는 분명했다. 영국을 돕는다는 건 명분이었다. 목표는 중국침탈이었다. 무주공산에 들어서는 것이나 마찬가지였다.

제1차 세계대전은 유럽을 황폐화시켰다. 동아시아 지역에 무력행사를 할 수 있는 능력이 없었다. 전쟁에서 패한 독일은 말할 것도 없었다. 전승국에 속한 러시아에서는 공산혁명이 일어났다. 프랑스와 영국은 전쟁으로 폐허가 되어 자기 나라부터 복구해야 했다. 일본도 전승국 대열에 끼어 있었다. 전쟁에서 이긴 나라에게 삼킨 땅을 토해내게 할 순 없었다. 이미 식민지가 된 한반도가 독립될 가능성은 없었다.

이제 동아시아에서 일본과 마찰을 빚는 나라는 미국뿐이었다. 1919년 파리강화회의에서 미국과 일본이 부딪쳤다. 일본은 1차 세계대전의 혼란을 틈타 중국의 산둥 반도를 점령했다. 미국의 윌슨 대통령은 산둥 반도를 돌려주고 중국침략을 당장 그만두라는 통첩을 보냈지만 일본은 전혀 들을 생각이 없었다. 결국 윌슨은 일본의 중국침략을 묵과할 수밖에 없었다. 이 이후로 미국과 일본의 갈등은 가끔 있었지만 결과는 비슷했다.

1920년대에도 일본은 팽창주의 기조를 지속했고 미국은 애써 못 본 척하며 방관할 뿐이었다. 1930년대에 일본이 만주사변을 일으키며 중국정복을 위한 본격적인 행동을 개시했지만 되도록 개입하지 않았다. 1937년 중일전쟁이 발발했을 때도 미국은 중국에 재정적 지원을 하고 일본에는 석유와 고철 수출을 금지할 뿐이었다. 먼로 독트린(1823) 이래로 미국이 견지해온 '고립주의' 원칙 때문이었다. 구대륙 일에는 간섭하지 않는다는 것이 먼로 독트린이고, 남의 나라, 다른 대륙의 일로 전쟁을 벌이지 않는다는 게 고립주의 원칙이었다. 하물며 동아시아에 깊이 간여해 일본과 싸울 이유는 없었다. 적어도 1941년 12월이 되기 전까지는 그랬다.

진주만 공습과 미국의 제2차 세계대전 참전

1939년 9월 1일 독일이 폴란드를 침공하면서 유럽에서는 제2차 세계대전이 시작되었다. 1929년부터 1933년까지 전세계에 몰아닥친 대공황의 여파였다. 다른 유럽국가들보다 더 극심한 공황에 빠져든 독일, 이탈리아, 일본의 파시즘 정권은 전쟁에서 탈출구를 찾았다. 전세계가 포연 속에 휩싸이게 되었다. 1937년 7월 이미 중일전쟁을 일으키며 군국주의의 늪으로 빠져들고 있었던 일본은 1941년 6월 독일과 소련의 '독소전쟁'이 시작되자 프랑스령 인도차이나를 점령해버렸다.

이 조치가 미국을 자극했다. 미국은 즉각 자국 내의 일본자산을 동결하고 일본으로의 석유 및 철강 수출을 전면 금지시켜버렸다. 이런 조치는 일본에게는 치명적이었다. 석유와 철강이 없이는 더 이상 전쟁을 수행할 수 없었다. 일본 정부는 필리핀과 말레이 반도를 점령하여 석유를 충당하기로 작심했다. 그럴 경우 미국의 개입이 두려웠다. 일단 동남아시아를 점령할 때까지 시간을 벌어야 했다. 그러자면 미국의 태평양 함대를 무력화시켜 놓아야 했다.

41년 10월 16일 조기개전을 주장하던 일본 육군상 도조 히데키가 수상

일본이 중국과 동남아시아에 진출하자 미국은 견제를 시작했다. 일본은 미국과 전쟁을 일으킴으로써 시간을 벌고 자원을 확보하려 했다. 결국 진주만 공습으로 인해 미국이 제2차 세계대전에 참전하게 된다.

에 부임했다. 침공을 미룰수록 전쟁물자가 부족하게 될 뿐이라고 주장하던 이였다. 마침내 12월 2일 전군에 공격명령이 하달되었다. 그리고 5일 후 12월 7일, 전투기를 잔뜩 실은 일본의 항공모함 6척이 진주만에 잠입했다. 불과 반나절 만에 7척의 미국 군함 중에서 5척이 침몰했다. 200여 대의 전투기가 날아오르지도 못하고 지상에서 괴멸되었다. 영국과의 독립전쟁 이후 한 번도 침공당한 적이 없었던 미국이 일본에 의해 유린되었다. 태평양 전쟁이 시작된 것이다.

연이어 필리핀과 싱가포르, 괌, 홍콩 등의 연합군 기지도 공습을 받아 파괴되었다. 일본은 그런 뒤 동남아시아에 상륙작전을 감행했다. 25만명의 연합군 포로를 생포했다. 문제는 일본이 손에 넣은 동남아시아와 태평양 일대의 영토를 유지할 수 있느냐였다. 원래 일본의 생각은 이랬다. '먼저 연합군 해군력을 무력화시킨다, 그 사이 동남아시아를 장악한다, 그리고 영미와 협상을 통해 기점령지역을 인정받는다.' 하지만 오판이었다. 미국과 영국은 기필코 패배를 만회한다는 방침을 정했다. 일본의 진주만 공습은 잠자던 사자의 콧털을 건드린 격이었다. 미국을 전쟁으로 끌어들였던 것이다. 한반도로서는 행운이었다.

소련의 참전

우리가 자주 접한 제2차 세계대전을 소재로 한 영화들은 대부분 헐리우드에서 만들어진 미국 영화들이다. 그러다보니 제2차 세계대전하면 주로 미국, 영국, 프랑스 등이 활약했던 서유럽에서의 전쟁이나 태평양 전쟁을 떠올리게 된다. 그 때문에 제2차 세계대전에서 상당히 중요한 전쟁터가 소련 땅이었다는 사실을 종종 잊어버린다. 그러나 실상은 다르다. 소련은 제2차 세계대전에서 연합국이 승리하는데 결정적인 역할을 했다. 공은 차치하더라도 제2차 세계대전의 사상자 중 절반 가까이가 독소 전선에서 발생했다는 것만으로도 소련이 담당한 역할이 얼마나 막중했는지 알 수 있다.

원래 소련은 제2차 세계대전이 일어나기 전에 독일과 일본 두 나라와 불가침 조약을 맺어놓고 있었다. 묘한 일이다. 제2차 세계대전은 그러고 보면 전쟁에 참가하기 싫어했던 미국과 소련 두 나라 덕에 승리한 전쟁이었으니 말이다.

소련의 지도자 스탈린은 유럽에서 전쟁이 일어날 것 같자 1939년 8월 23일 독일과 불가침 조약을 맺었다. 독일의 히틀러는 유럽의 동쪽과 서쪽, 두 방향으로 동시에 전쟁을 벌이는 게 부담스러웠다. 그래서 소련에 제안했다. '동유럽을 나누어 줄 테니 서로 싸우지 말자.' 소련으로서는 다행이었다. 스탈린은 1930년대 중후반 권력을 장악하는 과정에서 군대에 있는 반대파들을 모두 숙청했다. 그러다 보니 유능한 지휘관들이 상당수

사라져버렸고 당장 전쟁을 수행하기는 곤란했다. 당연히 소련은 독일과의 불가침 조약을 받아들였다.

또한 소련은 1941년 4월 일본과도 불가침조약을 맺었다. 일본은 중국 본토와 동남아를 차지할 생각이었다. 그러자면 미국과의 한판 전쟁이 불가피했다. 그때 소련이 뛰어들면 매우 곤란할 터였다. 그래서 불가침 조약을 제안했다. 그 대신 아프가니스탄 등 서남아시아 지방으로 소련이 진출하는 것을 눈감아주겠다고 했다. 소련은 이번에도 사양할 이유가 없었다.

아무리 그래도 소련이 전세계적인 전란 속에 휘말려 들어가지 않을 방법은 없었다. 히틀러는 소련과 불가침 조약을 맺자마자 39년 9월 폴란드를 기습침략했다. 제2차 세계대전은 그렇게 시작되었다. 그러나 히틀러의 마음 속에서 소련은 언제나 독일인들이 차지해야 할 땅이었다. 러시아인들을 시베리아로 추방하든가 노예로 삼겠다고 생각하고 있었다. 불가침조약은 잠시 필요해서 맺은 것뿐이었다. 결국 히틀러는 1941년 6월 22일 소련을 침공해 들어갔다. 명분은 유대인들이 만든 공산주의를 세상에서 없애버리겠다는 것이었다. 독일군은 모스크바와 레닌그라드, 키예프 이 세 곳의 소련땅을 향해 거침없이 진격해 들어갔다. 독일이 소련을 전쟁으로 불러들였다.

전쟁의 끝, 전후갈등의 시작

일본과 독일의 공습과 침략으로 미국과 소련이 제2차 세계대전에 뛰어들게 되자 얼마 안 있어 전세가 역전되었다. 진주만 습격 등으로 미국의 태평양 함대가 무력화되어 있는 동안 일본은 동남아시아와 태평양으로 거세게 진출했다. 그러나 전열을 가다듬은 미 해군은 1942년 5월 캘리포니아 산호세 전투와 6월 미드웨이 해전에서 승리를 거두면서 태평양 전쟁의 주도권을 넘겨 받았다. 특히 미드웨이 해전이 결정적인 분수령이 되었다.

이 해전에서 미국은 일본의 암호를 입수, 완벽하게 해독한 뒤 장거리 전투기를 활용한 작전으로 일본의 최강 해군을 격파했다. 일본 해군은 이 미드웨이 해전에서 4척의 항공모함을 모두 잃었고 200기가 넘는 전투기와 숙련된 조종사들을 잃었다. 미 해군은 이 승리로 태평양 전쟁에서 승기를 잡았다.

한편 소련은 1943년 스탈린그라드 전투를 승리로 이끌며 전세를 역전시켰다. 스탈린그라드는 주요공업시설이 몰려있고 캅카스 유전지대의 석유를 수송하는 석유공급로였다. 독일은 33만의 병력과 600기의 전투기로 이 요충지를 차지하기 위해 공격해 들어갔다. 초반에는 민간인만 4만 명이 희생되며 소련이 밀리는 듯했다. 그러나 독일 전차부대가 소련군의 시가전에 막혀 전쟁이 장기화되었다. 이번엔 황량하고 광할하며 혹독한 소련의 영토가 든든한 지원군이었다. 독일군은 곧 혹독한 추위와 식량 및 보

카이로 회담에 참석한 연합국의 수뇌들(장제스, 루스벨트, 처칠). 이 회담에서 한반도의 해방이 결의되었으나, 그것은 완전한 독립이 아니라 신탁통치를 전제로 한 것이었다.

급품 고갈에 시달리게 되었다. 42년 11월부터는 소련군이 반격에 나섰고 마침내 43년 2월 2일 독일 제6군으로부터 항복을 받아냈다. 이 전투에서 독일은 병력 22만 명을 잃었고 9만 명이 포로로 붙잡혔다. 이 전투에서 독일군은 심각한 전력손실을 입고 그 기세가 한풀 꺾였다.

소련군이 독일군 전력의 3/4을 자국 땅에서 감당하고 있는 사이 연합군은 43년 5월 북아프리카에서 독일에게 승리를 거뒀다. 그리고 1943년 9월 이탈리아가 항복했다. 연합군 내에서 앞으로 어떻게 전쟁을 수행할 것인지, 그리고 전후 처리는 어떻게 할 것인지에 대한 회담이 필요해졌다.

일찍이 1943년 3월 워싱턴에서 미국의 대통령 프랭클린 루스벨트와 영국 외상 앤서니 이든이 만나 대략적인 전후 처리 방향에 대해 논의한 바가 있었다. 아직 전쟁이 한창인 와중이었지만 일본 점령지 처리 방향도 논의되었다. 루스벨트는 한반도는 신탁통치를 해야 하지 않겠냐고 제안했고 이든은 동의했다.

본격적으로 전후 처리가 논의된 것은 1943년도 말의 일이었다. 미국의 루스벨트와 영국의 처칠, 중국의 장제스가 1943년 11월 이집트 카이로에서 모였다. '카이로 회담'으로 불리는 이 만남에서 3국의 정상은 일본과의 전쟁에 서로 협력한다는 점을 굳건히 했다. 그와 함께 일본이 패전했을 때 일본의 영토처리에 관해 합의했다. 이 회담은 중요했다. 전쟁 이후 한반도의 처리문제가 연합군의 공식 안건으로 논의됐기 때문이다. 내용은 이러했다.

- 연합국이 승리하더라도 점령지를 식민지로 삼지 않는다.
- 일본이 제1차 세계대전 이후 침략해서 약탈한 영토는 원래대로 되돌린다.

단, 한반도의 경우는 제1차 세계대전 이전에 식민지가 된 경우여서 예외적이다. 그러니 노예 상태에 유의하여 적당한 시기에 독립시킨다.

사실 전쟁이 끝난 뒤 뒤처리를 어떻게 할 것인지는 '이긴 쪽 마음'이다. 카이로 회담에서 한반도를 적당한 시기에 독립시키기로 한 것은 무척 다행한 일이었다. 만약 이 회담에서 일본을 '전쟁이 일어나기 전의 상태로 되돌려놓자'고만 결론을 내렸다면 한반도는 오키나와처럼 일본의 영토로 남게 되었을 것이다. 일본은 이미 제1차 세계대전 이전에 한반도를 식민지로 만들었기 때문이었다. 몇몇 강대국들이 모인 자리에서 '이긴 쪽 마음'은 정말 어디로 튈지 모를 상황이었다. 미국과 영국 등은 과거 일본이 한반도를 차지하게끔 인정해준 전력도 있었다. 하지만 연합국 수뇌들은 카이로 회담에서 일본으로부터 모든 식민지를 빼앗아 해방시키기로 결의했다. 그로 인해 대한민국이 세워질 수 있는 작은 희망이 생겼다.

당연히 이 회담 내용을 알게 됐을 때 한반도의 많은 이들은 독립의 희망에 부풀었다. 물론 카이로 선언의 내용은 한반도에 제대로 알려지지 않았다. 일본이 신문과 방송을 통제했기 때문이다. 그러나 소문으로라도 소식을 들은 사람들의 가슴은 뛰었다. 문제는 '적당한 시기'라는 표현이었다. 적당한 시기에 독립시킨다는 말은 독립이 지연될 수 있다는 것, 바로 '신탁통치'를 뜻했다. 이승만처럼 외교에 정통한 사람이 볼 때는 걱정스러운 표현이었다.

카이로 선언이 끝나자 장제스는 중국으로 돌아갔다. 하지만 영국의 처칠과 미국의 루스벨트는 이란의 테헤란으로 향했다. 거기서 스탈린을 만나기로 했기 때문이다. 좀 번거롭지만 어쩔 수 없었다. 아직 소련은 일본과 불가침 조약을 맺고 있었다. 그래서 일본과의 전쟁에 대해 의논할 때는 스탈린이 공식적으로 참가할 수 없었다. 1943년 11월 28일 미영소의 수뇌가 만났다. '테헤란 회담'이 열린 것이다.

이 회담에서 스탈린이 목소리를 높였다. 유럽에 '제2전선'을 빨리 형성해달라고 루스벨트와 처칠을 들볶았다. 그건 그럴 만 했다. 소련은 유럽에서 독일 전력의 대부분을 상대하고 있었다. 지상군이 맞붙는 전선은 소련이 맡고 있는 '제1전선' 뿐이었다. 미국과 영국은 비행기와 군함으로 싸우고 있었다. 독일군과 직접 맞붙는 거대 전선은 없었다. 그에 따라 소련은 엄청난 인명피해를 감내하고 있었다. 소련과 독일의 싸움은 제2차 세계대전의 전쟁터 중에서 가장 치열했고 처참했다. 양쪽 합해서 3천 만명이 넘는 사람들이 죽었다. 당시 한반도에 살던 인구가 2천 5백만명이었으니 한반도 인구 전체보다 많은 사람이 죽은 것이다. 제2차 세계대전 때 죽은 사람 수의 거의 절반 가까운 숫자였다. 소련은 그토록 엄청난 피해를 입으며 전쟁을 수행했던 것이다. 목소리가 높아질 만했다.

전부터 스탈린은 루스벨트에게 '제2전선' 형성을 강력히 주장했었다.

이에 루스벨트는 1942년 6월 소련 외무장관 몰로토프에게 연말까지 '제2전선'을 형성하겠다고 약속했었다. 그러나 북아프리카에서의 전황이 급박했기 때문에 '제2전선'은 계속 늦춰지고 있었던 것이다. 물론 루스벨트도 할 말은 있었다. 전쟁에 사용되는 연합군의 무기와 군비는 거의 미국이 대고 있었기 때문이다. 그러나 무기와 돈으로 사람의 목숨을 상쇄할 수는 없었다. 이제 북아프리카도 진정됐고 이탈리아도 항복한 마당이었다. 스탈린은 '제2전선'을 더욱 더 강력하게 요구했다. 게다가 달콤한 제안도 덧붙였다. 그때까지 소련은 미국과 영국이 동아시아에서 일본과 상대하는 동안 중립을 지키고 있었다. 그런데 소련은 독일이 항복하면 일본과의 전쟁에 뛰어들겠다는 것을 약속했다. 루스벨트는 그 제안을 덥썩 받아들였다. 미국의 희생을 최대한 줄이고 싶었던 것이다. 당시 루스벨트에게는 만주와 중국 동북부에 있는 일본군이 무척 강하다고 보고되어 있었다. 그 막강한 일본군이 맹렬하게 저항하면 수많은 미군들이 희생될 것 같았다. 그 희생을 소련과 나누고 싶었던 것이다.

그런데 루스벨트에게 전달된 일본 관동군의 전력은 매우 과장되어 있었다. 그 이유가 소련의 계략이었다는 설도 있다. 전쟁이 끝난 뒤 국제사회에서 더 큰 목소리를 내려면 소련은 일본과의 전쟁에 뛰어들어야 했다. 그러자면 가장 좋은 모양새는 미국이 요청해오는 것이었다. 그래야 미국에게 더 많은 것을 요구할 수 있을 것이었다. 그래서 일본군의 병력을 과장해서 정보를 흘렸다는 설이다. 아직 명확하게 밝혀지진 않았지만 충분히 그럴 만했다. 미국이 일본과의 전쟁에 참전을 요청하자 스탈린은 그 대가로 사할린과 쿠릴 열도를 달라고 요구한 것만 봐도 그랬다.

결국 루스벨트와 처칠은 테헤란 회담에서 스탈린에게 제2전선은 1944년 봄에 세워질 것이라고 약속했다. 대신 스탈린은 독일 항복 후 3개월 이내에 일본과의 전쟁에 참전한다고 확약했다. 여기에 간단히 한반도 문제도 덧붙여졌다. 루스벨트가 한반도 신탁통치안을 내놓았다. 스탈린이 여기에 동의했다. '(신탁통치 기간이) 짧으면 짧을수록 좋다'는 말만 보탰을 뿐이었다.

'테헤란 회담'은 일견 미국과 영국이 소련과 한가지씩을 주고 받은 것처럼 보이지만 실제로는 그렇지 않았다. 스탈린의 압도적인 외교 승리였다. 모든 걸 다 챙겼다고 봐도 무방했다. 독일 항복 후 3개월 이내에 참전이라는 약속은 훗날 미국의 발목을 잡았다. 그리고 이 약속의 결과는 한반도에 엄청난 먹구름을 드리웠던 것이다.

노르망디 상륙작전과 얄타 회담

1944년 6월 미국과 영국은 노르망디 상륙작전에 성공했다. 6월 6일 새벽, 연합군은 6,500척의 배와 1만 2천여대의 비행기를 몰고 프랑스 중부 노르망디를 타격했다. 작전명 '오버로드'였다. 타격에 성공한 연합군은 17만

명의 병력을 해안에 상륙시켰다. 서부전선에서 패퇴하여 유럽대륙을 내주고 밀려났던 연합군이 독일 본토로 진격할 교두보를 마련한 작전이었다. 상륙에 성공한 미군은 파죽지세로 밀고 들어가 8월 25일 프랑스 파리를 해방시켰다. 소련과의 약속보다는 조금 늦었지만 '제2전선'이 만들어진 것이었다. 이로 인해 제2차 세계대전의 전세는 연합군 쪽으로 완벽하게 기울게 되었다.

제2차 세계대전은 점점 연합군의 승리로 끝나 가고 있었다. 본격적인 전후 처리를 논의할 필요가 대두되었다. 1945년 2월 4일 그런 목적으로 크림반도의 얄타에서 연합국 지도자들이 모였다. 그리고 독일에 대한 전후 처리 원칙을 세웠다. 패전 후 독일은 미국과 영국, 프랑스, 소련 4개국이 분할 점령하기로 했다. 독일에 대한 태도는 가혹했다. 굶어죽지 않을 정도로만 만드는 수준이었다. 독일의 군수산업은 몰수하고 전범들은 뉘른베르크 국제재판에 넘기기로 했다. 배상금은 따로 위원회를 만들어 거기에 맡기기로 합의를 끝냈다. 여기까지는 순조로웠다. 문제는 폴란드였다.

얄타회담에서는 새로 해방되는 나라들에 대한 처리원칙도 논의되었다. 원칙은 이랬다. '해당지역의 모든 민주세력을 대표하는 인사들로 임시정부를 수립한 뒤, 가능한 한 빠른 시일 내에 자유선거를 통해 인민들이 원하는 정부를 수립한다.' 그런데 폴란드의 경우, 영미 등 서방국가와 소련의 의견이 갈라졌다. 서유럽 연합국은 런던에 망명중인 폴란드 망명정부를 지지한 반면, 소련은 루블린에 있는 폴란드 인민해방위원회를 지지했던 것이다. 결국 폴란드의 이 두 단체를 합작시켜 임시정부를 수립하기로 합의가 이루어졌다.

이와 함께 대일본전쟁에 관한 합의도 있었다. 소련은 테헤란에서 약속한 것처럼 독일 항복 후 3개월 이내에 일본과의 전쟁에 참전하겠다고 했다. 중국의 국민당 정부를 합법적인 정부로 승인해주기로도 약속했다. 대신 연합국은 소련에게 러일 전쟁에서 잃은 영토를 회복시켜주겠다고 했다. 외몽골의 독립도 인정해주기로 했다.

얄타회담은 미국의 루스벨트 대통령이 참가한 마지막 전후처리 회담이었다. 그리고 소련 스탈린에게 외교전에서 또다시 일방적으로 패배한 회담이기도 했다. 폴란드에서는 소련의 개입으로 임시정부에서 우파가 추방되고 좌파가 권력을 장악한 뒤 47년 공산화되어 소련의 위성국가로 전락했다. 그 외에도 외몽골 역시 소련의 지배하에 들어가게 됐으며 중국에는 국민당 정권 대신 마오쩌둥의 공산정권이 들어섰다. 뿐만 아니라 대일본 전쟁에서 소련이 한 일은 거의 없었음에도 쿠릴 열도와 사할린섬 남부를 보장받았다. 한 마디로 소련은 원하는 모든 것을 다 얻었다.

루스벨트와 스탈린

여기서 잠깐 역사의 라이벌이자 협력자였던 루스벨트와 스탈린을 함께 놓고 비교해보자. 루스벨트는 미국의 명문가에서 태어났다. 러일전쟁을 중재했던 미국 제26대 대통령 시어도어 루스벨트가 그의 친척이었다. 하버드 대학을 나왔고 콜럼비아 대학원을 졸업했다. 변호사로 사회에 뛰어들었다가 일찌감치 정계에 진출했다. 상원의원과 주지사 시절 뛰어난 성과를 보였고 그 여세를 몰아 대통령 자리에까지 오른 인물이었다. 그런 한편으로 평소 와인을 즐겼고 인생의 쾌락도 마다하지 않았다. 삶을 누릴 줄 아는 현세주의자이자 명문가 출신의 수재인 '엄친아'였다.

반면 스탈린은 정반대였다. 러시아 제국의 변방인 조지야의 빈곤한 가정에서 태어났다. 어머니는 독실한 정교회 신자였다. 삶을 즐기는 것보다는 금욕을 권했다. 그의 어머니는 훗날 스탈린이 권력을 잡은 뒤에도 아들이 무슨 일을 하는지 몰랐다. 스탈린이 자신을 과거의 짜르 같은 지위에 올랐다고 설명하자 이제라도 신부가 되라고 권할 정도였다. 그런 어머니였기에 스탈린은 일찍부터 신학교를 다녔다. 그러나 민족주의적인 성향, 반체제적인 성향이 강했던 스탈린은 곧 신학교를 때려치웠다. 그리고 혁명가의 길을 걷기로 했다.

하지만 혁명가로서의 스탈린은 그리 대단할 것이 없었다. 오히려 그의 재능은 소비에트 혁명이 일어난 이후 본격적으로 꽃폈다. 일단 소수민족 출신이라는 점을 이용해 당내에서 요직을 차지했다. 그리고 이때부터 스탈린은 마키아벨리적인 면모를 유감없이 발휘해서 권력의 기반을 다져나갔다. 음모와 교묘한 술책으로 반대파들을 제거하고 권력을 잡았다. 소비에트 혁명을 이끌었던 레닌은 스탈린의 그런 속내를 눈치챘던 것 같다. 죽기 전에 스탈린을 조심하라는 유언을 남겼다. 그러나 그 경고는 너무 늦었다. 그때 이미 당권은 모두 스탈린에게 넘어가 있었다. 레닌이 죽고 나자 스탈린은 최고 권력자 자리를 차지했고 반대파를 무자비하게 숙청했다.

루스벨트는 부잣집 아들 유형이다. 좋은 집안에서 최고의 교육을 받고 성공으로 가는 탄탄대로를 걸어 온 사람, 그래서 구김이 없고 낙천적이며 쾌활한 인물 유형이다. 반면 스탈린은 아주 가난한 집에서 아득바득 성공의 사다리를 한칸한칸 밟아 올라온 자수성가형 인물이다. 야심과 목표를 위해 기계처럼 자기자신을 통제하는 금욕주의자다. 원래 아쉬운 것 없이 탄탄대로를 걸어온 사람과 험난한 암벽을 기어오르듯 거칠게 성공한 사람이 서로 만나면 결과는 정해진 것이나 다름없다. 재능의 문제가 아니다. 그건 실전경험의 문제이고, 간절함의 문제다. 결핍은 사람을 망가뜨리기도 하지만 잘 이겨내면 사람을 강하게 만든다.

스탈린에게는 상대방을 압도하는 배짱이 있었고 판을 읽는 눈이 있었다. 그 때문에 루스벨트는 스탈린의 상대가 되기 어려웠다. 이에 대한 흥미로운 일화가 있다. 처칠과 루스벨트, 스탈린은 2차 세계대전이 끝날 때까지 앞에서 말한 대로 여러차례 회담을 가져야 했다. 그럴 때마다 스탈린은 회담장에 늦게 나타났다. 일종의 심리전이었다. 처칠과 루스벨트는 그런 스탈린이 못마땅했다. 어느 날 처칠과 루스벨트는 스탈린에게 면박을 주기 위해 스탈린이 도착해도 모른 척 하기로 했다. 분명 외교적 관례에는 어긋나는 일이었다. 여느 때와 같이 스탈린이 회담장에 늦게 도착했다. 처칠과 루스벨트는 이야기를 나누며 스탈린을 못본 척 했다. 스탈린은 둘이 아는 체를 하지 않자 의자에 앉지 않고 그 자리에 서서 둘을 노려 보기 시작했다. 단 한 마디도 하지 않았다. 그저 묵묵히 노려볼 뿐이었다. 불편한 침묵을 견디지 못한 처칠과 루스벨트는 결국 일어나서 스탈린에게 인사를 했다. 스탈린은 두 사람의 인사를 받은 후에야 자리에 앉았다. 매우 상징적인 장면이다. 스탈린은 사자의 심장과 여우의 머리를 함께 가지고 있었던 인물이었다. 정치적인 책략과 술수라는 측면에서 루스벨트는 스탈린의 적수가 되지 못했다. 그리고 그건 미국뿐만 아니라 한국에게도 불행이었다.

루스벨트의 죽음과 트루먼의 등장

얄타회담의 뼈아픈 외교적 패배 때문이었을까. 공교롭게도 루스벨트는 얄타회담이 열린 뒤 두 달도 안 되어 사망했다. 1945년 4월 12일 산책을 하다 뇌출혈로 쓰러졌던 것이다. 평생 곁에 있었던 애인 루시 머서와 애완견 한 마리가 그의 마지막을 지켜봤다. 부통령이었던 트루먼은 하원의원들과 술잔을 기울이다가 그 소식을 들었다. 백악관의 긴급호출을 받고 들어갔다. 영부인인 엘리너 루스벨트가 그를 맞았다. 그녀는 트루먼을 보자마자 말했다. "대통령이 돌아가셨습니다." 트루먼이 멍하니 있다 대답했다. "제가 무엇을 해드릴까요?" 엘리너는 이렇게 대답했다. "아뇨, 제가 당신을 위해 뭘 해드려야 할까요? 앞으로 골치 아프실 일이 많을 겁니다." 미국에서는 대통령이 사망하면 부통령이 대통령직을 승계하게 되어 있다. 트루먼은 그동안 루스벨트가 벌여놓았던 수많은 일들을 추진하고 마무리해야 하는 입장이 된 것이었다.

사실 트루먼은 '아무도 기대를 걸지 않은' 부통령이었다. 루스벨트는 평소 건강에 문제가 있었다. 하지만 워낙 낙관주의자라 자신이 대통령의 임무를 수행하다가 도중에 죽을 거라고는 전혀 생각하지 않았다. 오히려 루스벨트가 사망했을 때를 걱정한 사람들은 민주당 사람들이었다. 그들은 루스벨트처럼 강력한 지도력을 가진 대통령이 또다시 등장하는 것을 원치 않았다. 당을 쥐락펴락 하는 꼴을 보고 싶지 않았던 것이다. 그래서 그들은 트루먼을 선택했다. 트루먼은 경력이나 역량 면에서 가장 부담없는 인물이었다. 루스벨트 역시 트루먼이 후보들 중에서 유일하게 뉴딜 정책을 옹호했기 때문에 받아들였을 뿐이었다.

루스벨트는 트루먼을 국정을 함께 할 동반자로 생각하지 않았다. 그래서 트루먼은 부통령이었지만 루스벨트의 행정부에서 일어나는 중요한 일들을 거의 알지 못했다. 회의에도 참석하지 못했고, 정보조차 전해 듣지 못했다. 이처럼 트루먼은 '평범해 보여서' 부통령이 된 사람이었다. 그러나 트루먼은 대통령이 되면서 자신의 잠재력을 폭발시켰다. 그는 대학을 나오지 않은 고졸 학력의 대통령이었으나 엄청난 독서량을 자랑하는 책벌레였다. 그리고 자신감과 신념이 강한 사람이었다. '누가 뭐라든, 난 할 일을 한다.' 그런 사람이었다. 그리고 제2차 세계대전이 끝나갈 무렵의 세상은 바로 그런 성향의 미국 대통령을 원했다.

맨해튼 계획과 폴란드 사태, 그리고 포츠담 선언

트루먼이 미국의 대통령으로 등장하자 제2차 세계대전의 마무리와 전후처리 문제는 새로운 국면으로 접어들게 되었다. 우선 소련에 대한 미국의 태도가 바뀌었다. 트루먼은 루스벨트와는 달랐다. 상원의원 시절부터 독일과 소련을 아주 싫어했다. 그런 트루먼이 보기에 루스벨트는 소련을 너무 믿었다. 루스벨트 정부가 계획하던 전후구상이 재검토되어야 한다고 생각했다.

트루먼은 루스벨트가 사망한 당일부터 대통령 직무를 시작했다. 워낙 루스벨트 정부로부터 따돌림을 당했기 때문에 그는 대통령이 된 후에야 중요한 정보들을 들을 수 있었다. 그런데 그 중에 정말 깜짝 놀랄만한 정보가 있었다. 전쟁장관 헨리 스팀슨과 그로브스 장군이 '한 도시 전체를 완전히 파괴할 수 있는 무서운 무기'가 개발되고 있다고 보고했다. 원자폭탄이었다. 몇 년 째 극비리에 추진되어 왔고, 앞으로 4개월 이내에 완성될 것 같다고 했다. 이른바 '맨해튼 계획'이었다.

원자폭탄은 전후 처리의 원칙 자체를 뒤흔들 수 있는 엄청난 무기였다. 루스벨트가 협상해온 전후처리 원칙은 소련의 대일본 전쟁 참전을 전제로 한 것이었다. '일본은 쉽게 항복하지 않고 끝까지 저항할 것이다. 그럴 경우 미군은 일본 본토와 중국 대륙에까지 상륙해서 전쟁을 치러야 할 것이다, 이때 예상되는 피해는 엄청나 보인다, 미국 혼자서는 무리다, 미군의 희생을 줄이기 위해서는 소련의 힘을 빌려야 한다, 대신 소련은 동북아시아에서 상당한 지분을 가져가게 될 것이다, 하지만 어쩔 수 없는 일이다.' 이게 루스벨트의 생각이었다. 그런데 원자폭탄이 완성되면 이런 계산은 필요가 없었다. 미국 혼자서도 일본을 항복시킬 수 있을 것이었다. '맨해튼 계획'을 보고받은 트루먼의 머릿속에서는 이런 생각이 맴돌았다.

그런 가운데 연합군은 노르망디 상륙작전으로 유럽에서 제2전선을 확보한 뒤 제 1전선의 소련군과 함께 독일 본토로 치고 들어갔다. 1945년 4월 25일 동서에서 진격한 연합군은 마침내 베를린을 포위했다. 소련군이 히틀러가 숨어있는 지하벙커 300m앞까지 진격했다. 나치의 지도자 히틀러는 최후의 항전을 명령한 뒤 자신의 오랜 연인이었던 에바 브라운과 결혼식을 올렸다. 그리고 곧바로 신부와 함께 권총으로 머리를 쏘아 자살했다. 4월 30일이었다. 5월 1일 히틀러의 오랜 동지이자 나치의 선전상 괴벨스 역시 가족들과 자살했다. 독일은 5월 7일 랭스에서, 5월 8일 베를린에서 '무조건 항복'했다. 마침내 히틀러의 제 3제국은 무너졌고 유럽의 평화가 찾아온 것이었다.

유럽에서 전쟁이 끝나자 곧바로 소련과 다른 연합군 사이에서 갈등이 생겼다. 베를린을 누가 점령할 것인가를 놓고 이견이 생겼던 것이다. 결국 베를린을 동서로 나눠 동베를린은 소련이, 서베를린은 미국과 영국, 프랑스 3개국이 공동으로 점령하게 되었다. 앞에서도 언급했듯이 45년 6월이 되자 이번에는 폴란드에서 문제가 생겼다. 45년 2월 얄타회담에서 합의한 대로 미국과 영국은 연립정부를 구성할 때 친서방적인 망명정부 각료들을 추천했다. 그러나 소련의 몰로토프 외상은 그들에 대해 거부권을 행사했을 뿐만 아니라 16명의 우파 민주주의자들을 전격 체포해버렸다. 그런 뒤 1945년 6월 폴란드 연립정부를 수립시켰다. 친소련적인 인사들로만 구성된 정부였다. 서방측의 항의도 소용없었다. 소련의 전형적인 '우방국가' 설립방식이었다.

원래 소련은 런던의 폴란드 망명정부와 동맹관계를 맺고 있었다. 독일과의 전쟁에서 망명정부를 지지하는 폴란드 국민들의 협력이 필요했기 때문이었다. 그러나 1941년 경부터 전후 소련과 폴란드의 국경을 조정하는 문제로 망명정부와 틀어졌다. 소련의 국경조정안은 전후 소련의 영토를 소련의 서쪽인 폴란드 지역으로 넓히는 대신 폴란드는 폴란드 서쪽의 독일 동부지역 일부를 흡수한다는 것이었다. 이는 얄타회담에서 미국과 영국도 동의했다. 하지만 폴란드 망명 정부는 그런 조정안을 강경하게 거부했다. 그로 인해 소련은 폴란드 망명정부와의 관계를 단절하기로 결심했던 것이다.

폴란드 사태는 이후 미국의 한반도 정책에 커다란 영향을 미쳤다. 미국은 다음과 같은 교훈을 배운 것이다. 소련이 일단 점령한 지역에서는 소련이 마음대로 조종할 수 있는 공산정권이 수립된다는 것을, 그리고 그것을 막을 가능성이 희박하다는 것을. 그래서 미국은 얼마 뒤 일본이 항복했을 때 소련에게 부랴부랴 38도선 설정을 제안했다. 남쪽만이라도 건지려면 그 수밖에 없었다. 이 내용은 조금 있다 살펴보기로 하자.

그럴 무렵 7월 17일 포츠담 회담 전날 트루먼에게 급한 보고가 올라왔다. 원자폭탄의 시험발사가 성공적으로 끝났다는 놀라운 소식이었다. 그리고 곧바로 포츠담 회담이 시작되었다. 다시 미국, 영국, 중국, 소련의 정상들이 모였다. 트루먼은 먼저 처칠에게 원자폭탄 개발에 성공했다고 전했다. 처칠의 반응은 트루먼의 생각과 같았다. "소련 없이도 전쟁을 끝낼 수 있게 됐군요." 그래서 포츠담 선언은 소련과 미국의 말없는 신경전이 되고 말았다. 결국 포츠담 선언에서는 얄타회담보다 더 진전된 이야기는 오가지 못했다. 정상적으로 회담이 진행되었다면 소련이 일본과의 전쟁에 언제 참전할 것인지가 논의되었어야 했다. 그러나 트루먼은 소련의 참전이 싫었고 소련에게 어떤 약속도 하기 싫었다. 회담 내내 일본에게 무조건 항복을 요구하자고만 했다. 그 이외에는 어떤 실질적인 논의도 하지 않았다.

그래서 해프닝도 벌어졌다. 원래 소련의 스탈린은 미국, 영국, 중국의 공동명의로 되어 있는 포츠담 선언의 문서에 자신도 서명할 계획이었다. 그런 다음 일본과의 불가침 조약을 깨고 전쟁에 뛰어들 생각이었다. 그런데 미국측이 소련에 물어보지도 않고 선언문에서 소련의 서명란을 빼버렸다. 소련 외상 몰로토프가 그것을 보고 즉각 항의하며, 소련의 참전을 공식선언하는 새로운 성명서를 작성하자고 요구했다. 이에 대해 미국측은 이미 기자들에게 선언문을 나눠줬으니 굳이 번거로운 일 만들지 말자고 했다. 그냥 일본과 전쟁을 시작할 때 불가침 조약을 파기하면 될 거 아니냐고 했다. 외교적 결례였고 무리한 요구였다. 그러나 트루먼은 그만큼 간절히 소련의 참전 없이 전쟁을 끝내고 싶었다.

원폭 투하, 그리고 소련의 극적인 참전

일본의 무조건 항복을 촉구한 포츠담 선언이 끝난 뒤 얼마 후 트루먼은 기다리던 소식을 듣게 되었다. 원자폭탄을 실전에 투입할 수 있게 되었다는 보고였다. 트루먼은 지체 없이 실전투입을 결정했다. 일본의 어느 곳에 원자폭탄을 떨어뜨릴 것인지가 긴급히 논의되었다. 교토, 히로시마, 고쿠라, 나가사키 등 주요도시가 후보지로 선정되었다. 이 도시들의 주민들에게 대피하라는 삐라가 뿌려졌다. 그리고 마침내 8월 6일 오전 원자폭탄

원자폭탄과 공습으로 폐허가 된 일본의 풍경. 원자폭탄의 놀라운 위력은 일본의 전의를 꺾었다.

'리틀보이'가 히로시마에 떨어졌다. '리틀보이'는 무서웠다. 7만여 명을 즉사시켰고 비슷한 수의 부상자를 쏟아냈다. 폭탄이 떨어진 주위는 곧바로 폐허로 변해버렸다. 부상자들 중 많은 사람들이 며칠을 못 버티고 사망했다. 인류 역사상 가장 끔찍하고 공포스런 무기였다.

일본 정부는 히로시마에 원자폭탄이 떨어졌을 때 그 위력을 뼈에 사무치게 실감했다. 그 위력이 너무 대단했기 때문에 일본 정부는 아무리 미국이라 해도 이런 폭탄을 '하나 더' 가지고 있지는 못할 거라 믿었다. 그래서 일본 내각은 무조건 항복을 하는 대신 조금 시간을 갖기로 했다. 대신 협상을 유리하게 만들어줄 중재자를 찾았다. 소련이었다. 소련과는 불가침 조약이 맺어져 있었다. 일본은 소련을 통해 연합국과의 협상을 조금이라도 유리하게 진행하려고 했다.

한편 히로시마에 원폭이 떨어졌을 때 스탈린은 무척 화를 냈다. 스탈린은 독일과의 전쟁을 끝낸 뒤 일본과의 전쟁에 참전할 준비를 하던 상황이었다. 하지만 아직 준비가 충분하지 않았다. 이런 상태에서 일본이 대뜸 항복이라도 하면 큰일이었다. 소련이 참전하지 않은 채 일본이 항복하면 동북아시아에서 소련은 아무 지분도 못갖게 되기 때문이었다. 얄타 회담에서 약속받은 사할린이나 쿠릴 열도를 확보할 수 없었다. 그럴 때 원자폭탄이 터진 것이었다. 스탈린의 심기가 좋을 수가 없었다. 안절부절 못했다. 곧 일본이 항복했다는 소식이 들려 올 것 같았다.

그때 스탈린에게 희소식이 날아들었다. 외무성에 모스크바 주재 일본

대사 사토가 찾아와 있다는 것이었다. 몰로토프 외상을 기다리고 있다고 했다. 연합국 측에 항복 조건을 중재해달라고 부탁하기 위해서라는 것이었다. 그 얘기는 아직 일본이 항복하지 않았다는 말이었다. 달리 말해 소련이 일본에게 선전포고를 할 시간이 남아 있다는 얘기이기도 했다. 호박이 넝쿨째 굴러들었다는 건 이런 때를 두고 하는 말인 듯했다. 스탈린은 재빨리 극동전략방면군 사령관 바실렙스키를 불렀다. 극동전략방면군은 일본과의 전쟁을 위해 스탈린이 창설한 군대였다. 그에게 빨리 출동준비를 마치고 일본과의 전쟁을 시작하라는 명령을 내렸다. 이어서 출장갔다 복귀한 몰로토프를 불러 은밀하게 지시를 내렸다.

8월 8일 오후 5시 몰로토프가 그를 기다리던 사토 앞에 나타났다. 사토가 인사를 하려고 하자 손을 들어 막았다. 그런 뒤 가져온 문서를 펼친 채 딱딱하고 건조한 목소리로 읽어 내려가기 시작했다. 일본 대사는 당황했다. 몰로토프가 읽은 문서는 다름 아닌 불가침 조약을 파기한다는 내용이었다. 이어진 내용은 일본 대사의 표정을 사색으로 만들었다. 소련이 대일본 선전포고를 한 것이다. 조력자로 기대한 소련이 일본의 적이 된 순간이었다.

사토는 일본 본토로 연락하려 했다. 하지만 모스크바에서 일본으로 향하는 전신라인이 차단되어 있었다. 본국에 알릴 방법이 없었다. 그리고 8월 9일 0시, 소련의 극동군이 만주 쪽에 있는 일본 관동군을 향해 엄청난 속도로 진격하기 시작했다. 전신라인이 복구되자 사토는 서둘러 본국에 보고문을 타전했다. 그러나 이미 소련의 개전 소식이 먼저 전해진 뒤였다.

그러는 사이 아침이 밝았다. 항복을 미룬 일본에 또 하나의 날벼락이 떨어졌다. 플루토늄으로 만들어진 두 번째 원자폭탄 '팻맨'이 나가사키를 삼켜버렸던 것이다. 두 번째 원폭이 떨어졌다는 소식은 일본 내각을 패닉에 빠뜨렸다. 소련도 이미 불가침 조약을 깨고 전쟁에 뛰어든 참이었다. 일본으로서는 더 이상 버틸 힘도, 비빌 언덕도 없었다. 8월 9일 밤에 긴급히 회의가 열렸다. 뜨거운 토론이 벌어졌지만 결론은 정해져 있는 거나 다름없었다. 천황은 항복을 결정했다. 항복하겠다고 직접적인 표현을 쓰지는 않았다. '포츠담 선언의 뜻을 수락하겠다'고만 했다. 그 말이 그 말이긴 했다. 일본은 이 소식을 다음날 중립국인 스위스에 알렸다. 그리고 연합국은 스위스를 통해 일본의 항복의사를 전해 들었다.

한편 트루먼은 소련군의 참전 소식에 큰 충격을 받았다. 소련이 그토록 빠르게 마치 '007작전'처럼 참전할 줄은 몰랐다. 스탈린은 정말 미국이 다 차려놓은 밥상에 마지막으로 커다란 숟가락을 꽂아버린 것이었다. 실제로 일본은 소련이 전쟁에 뛰어든 지 딱 이틀만에 항복해버렸다. 항복 의사를 전달한 후에도 전장에서는 전투가 이어졌지만 그것도 일주일 정도였다. 41년 12월부터 3년 반을 일본과 싸워왔던 미국은 일주일 정도를 일본과 싸운 소련과 태평양 전쟁 승리의 '공'을 나누게 되었다. 트루먼의 속이 뒤집어졌다. 소련의 참전 소식을 들은 트루먼은 긴급히 기자회견을 가졌지만 놀랄 만큼 짧았다. "소련이 참전했소. 그뿐이오." 그게 다였다. 미국 역사상 가장 짧은 백악관의 기자회견이었다. 트루먼의 실망은 그만큼 컸다.

미국과 소련의 전후구상

만일 소련이 참전하기 전에 일본이 항복해버렸다면 어떻게 됐을까. 역사는 가정을 허락하지 않는다. 하지만 안타깝다. 만약 그렇게 되었다면 한반도 전체가 소련이 배제된 미국의 전후구상 속으로 들어갔을 것이다. 그러면 어떤 미래가 펼쳐졌을까.

사실 미국과 소련 모두 제2차 세계대전이 진행되고 있을 때는 완벽한 전후구상을 하기 힘들었다. 대체적인 윤곽만을 정해둘 뿐이었다. 그러나 원칙 면에서는 커다란 차이가 있었다. 미국은 대서양 헌장(1941)에 따라서 전쟁 이후의 질서를 구상했다. 대서양 헌장은 1941년 8월 14일 대서양에 떠있던 영국군함 프린스 오브 웨일즈 호 위에서 루스벨트와 처칠이 회담한 뒤 발표한 공동선언이었다. 이에 따르면 제2차 세계대전은 파시즘에 대항하는 민주세력의 전쟁이었다. 전쟁 후 이 민주세력이 국제적으로 협력하여 평화적인 세계질서를 만들자는 것이 대서양 헌장의 정신이었다. 미국의 전후구상은 이 대서양 헌장과 궤를 같이 했다.

하지만 스탈린의 생각은 완전히 딴판이었다. 표면적으로는 국제 공산주의를 내세웠다. 하지만 속내는 달랐다. 스탈린이 원한 건 소련 제국주의였다. 소련은 전쟁에서 막대한 희생을 치렀기 때문에 한편으로는 전후 복구를 서둘러야 했다. 그러자면 소련 주변에 적대적인 국가가 없어야 했다. 국경을 맞대고 있는 나라들은 공산화를 시켜 위성국가로 만든다는 구상이 세워졌다.

미국의 전후구상이 민주주의의 확산이라는 원칙에 기반했다면 소련의 전후구상은 공산주의의 팽창이었다. 원칙 면에서 차이가 컸다. 민주주의와 전체주의의 대립이었고 자본주의와 소련 제국주의의 대립이었다. 이 둘 중에서 어떤 전후구상 속으로 한반도가 들어가는가는 너무나 중요했다. 한반도의 미래가 달려있었기 때문이다. 그리고 그로부터 70여 년이 지난 지금 그 결과는 명확해졌다. 그 결정적인 갈림길은 바로 미소의 전후구상 속에 있었다.

소련의 참전 없이 일본이 항복했다면 한반도 전체가 미국의 전후구상 속으로 들어가지 않았을까. 남북이 서로 총부리를 겨누는 전쟁도 없이, 분단없이 한반도 전체가 자유민주주의와 자본주의 시장경제체제를 받아들여 번영할 수 있지 않았을까. 하지만 소련의 참전과 일본의 항복 사이에 있는 그 '이틀의 차이'가 한반도의 운명을 크게 뒤흔들어 버리고 말았다.

한반도 분할점령 계획

하지만 미국은 넋 놓고 있을 수도 없었다. 소련의 극동군이 총알 같은 속도로 한반도 북쪽을 향해 내려오고 있었던 것이다. 가만두면 한반도 전체를 소련이 점령할 기세였다. 하지만 그 시각 미군의 주력부대는 태평양 한가운데에 있었다. 일본을 향해 전속력으로 오는 중이었지만 소련의 진격 속도에는 훨씬 못 미쳤다. 자칫 잘못하면 일본마저도 소련의 손길이 닿을 것 같았다. 미국은 1945년 6월 폴란드에서 벌어진 일을 기억하고 있었다. 한번 소련이 점령한 땅은 반드시 공산화되며 소련의 위성국가로 전락하고 만다는 것을 말이다. 미국은 마음이 급해졌다. 소련이 받아들일 만한 전후처리 계획을 최대한 빨리 만들어야 했다. 8월 11일 마침내 그 계획이 만들어졌다. '일반명령 제1호'였다. 8월 14일 일반명령 제1호가 소련에 전해졌다.

일반명령 제1호란 무엇일까. 이름이 좀 어렵다. 원래 미국의 태평양 전쟁 사령관인 맥아더가 그 밑의 부대들에 내려 보낸 명령이다. 그 내용은 연합군이 일본과의 전쟁을 어떻게 마무리할 것인지 방법을 정해놓은 것이었다. 간단히 말해 연합국이 여러 지역에 있는 일본군들에게 어떻게 항복을 받아낼 것인지가 적혀 있었다. 이에 따르면 38도선 북쪽의 한반도와 만주 지역에 있는 일본군은 소련사령관에게 항복하게 되어 있었다. 당연히 38도선 남쪽과 일본은 미국의 사령관에게 항복해야 했다. 이걸 소련에게 전한 건 38도선을 기준으로 한반도의 남북을 미국과 소련이 분할점령하자는 것이었다.

여기에는 잘 알려지지 않은 뒷이야기가 있다. 8월 11일 밤, 소련이 엄청난 속도로 남하하고 있었기에 시간이 없었다. 최대한 빨리 분할 점령안을 만들어야 하는 과제가 실무자급 영관 두 명에게 떨어졌다. 본 스틸 대령과 딘 러스크 소령이었다. 이 둘은 한반도 지도를 펼치고 30분 만에 자를 대고 38도 선을 그었다. 일반명령 1호는 그렇게 영관급 장교 두 명에 의해 급조된 것이었다.

물론 미국의 국무성은 오래전부터 한반도의 분할 점령을 검토했다. 만일 미국과 소련이 동시에 일본 본토를 침공하는 계획(몰락 작전)이 실행된다면 소련과 일본을 분할 점령해야 했다. 만일 그렇게 된다면 한반도 역시 소련과 동시에 점령하는 게 현실적이었다. 하지만 미국이 핵폭탄을 이용해 단독으로 일본을 항복시킨다면 일본이나 한반도의 분할 점령은 필요하지 않았다. 맨해튼 계획의 완성이 가까워지면서 일본이나 한반도 분할 점령안을 더 진전시키지 않은 것은 그런 이유였다. 하지만 소련이 전쟁 끝 무렵에 기습적으로 참전하는 바람에 분할 점령안이 다시 중요하게 부각되었다. 이리저리 고민해볼 시간도 없었다. 그래서 예전에 정해진 대로 실무자들은 38선을 그어버린 뒤 곧바로 소련에 제안한 것이었다. 제발 38도선 이북만 차지하고 더 욕심을 내어 일본까지 넘보지 말길 바라는 마음이었다.

미국의 염려와는 달리 소련의 스탈린은 일반명령 제 1호의 내용을 흔쾌히 받아들였다. 미국 측이 당황했을 정도였다. 사실 스탈린으로서는 원했던 것을 이미 얻어낸 상황이었다. 일본과의 영토분쟁이 있었던 사할린과 쿠릴 열도는 오래 전 챙겨놓은 대로 손에 넣게 될 것이었다. 얄타회담에서 서방연합군 측으로부터 약속을 받아놓았었다. 또 예전부터 노리던 만주지역도 다시금 중소우호동맹 조약을 통해서 중국의 장제스 국민당 정부에게 보장받아 놓은 상태였다.

소련은 1945년 8월 14일 모스크바에서 중국 장제스 국민당 정부와 중소우호 조약을 체결했다. 얄타회담에서 논의된 내용을 중국이 승인하게끔 미국이 주선한 것이었다. 얄타회담에 중국은 참석하지 않았기 때문이다. 이 조약에서 소련은 중국에서 장제스의 국민당 정부와 협력하고 마오쩌둥의 공산당을 후원하지 않기로 약속했다. 대신 장제스 정부는 몽골을 독립시키고 뤼순 지역과 만주지역 철도에 대한 소련의 이권을 인정하기로 약속했다.

원하는 것을 다 손에 넣은 스탈린에게 한반도의 분할점령은 일종의 '덤'이었다. 아직 일본 본토의 전후처리에 대한 논의는 시작도 안한 상태였다. 굳이 무리해서 일본 본토까지 소련군을 허겁지겁 진군시킬 필요는 전혀 없었다. 미국이 부랴부랴 제시한 일반명령 1호를 받아든 스탈린은 그제서야 한반도 북부를 점령할 책임자를 임명했다. 극동군 25군 사령관 치스차코프였다. 별다른 밀명이나 점령시 주의사항을 일러주는 일도 없었다. 아무 준비가 없었다고 해도 무방했다. 미군도 마찬가지였다. 전쟁이 끝나갈 무렵 일본 점령에 대비해서는 군정 요원들을 다수 훈련시켜 놓고 있었다. 하지만 한반도 점령에 대한 준비나 계획은 전혀 없었다. 8월 19일에야 24군단장인 존 하지에게 한반도 점령 명령이 내려졌을 뿐이었다.

한반도는 이렇게 준비되지 않은 두 나라에 의해 분할 점령되게 되었다. 19세기 말에서 20세기 초 구한말의 조선과 대한제국이 겪었던 외세의 힘겨루기라는 풍랑 속에 한반도가 또다시 휘말려 들어가게 된 것이었다. 구한말처럼 내분을 일삼다가 무기력하게 침몰될 수도 있었다. 그 가운데서 자주 독립 국가를 수립하는 것은 40년 전 국권을 지켜내는 것만큼 거의 불가능해 보였다.

그러나 40년 전과는 다른 점이 있었다. 1945년 해방을 전후한 시기, 이승만은 이제 순진한 20대 청년이 아니었다. 산전수전 다 겪은 70대의 현실 정치인이 되어 있었다. 국민들의 지지를 어떻게 끌고 와야 하는지 알고 있었다. 또 국민들과 함께 강대국들이 만든 체스판 위에서 어떤 '신의 한 수'를 두어야 하는지도 연마해 놓고 있었다. 그게 희망의 작은 불씨라면 불씨였다.

해방은 우리에게 이렇게 왔고 해방공간은 이렇게 만들어졌다.

제4장

어디에서 무엇을 하고 있었나 : 1945년 8월

- 1875년 3월 : 이승만 출생
- 1876년 8월 : 김구 출생
- 1886년 5월 : 여운형 출생
- 1891년 10월 : 김성수 출생 (송진우는 1890년 5월 출생)
- 1900년 5월 : 박헌영 출생
- 1912년 4월 : 김일성 출생
- 1945년 8월 해방 당시 : 이승만 70세, 김구 68세, 여운형 59세, 김성수 53세, 박헌영 45세, 김일성 33세

역사의 주역들

셰익스피어는 이렇게 말했다. "어떤 이는 위대하게 태어나고, 어떤 이는 위대함을 성취하지만, 어떤 사람들은 떠밀려서 위대해진다." 해방정국과 같은 격동기는 많은 사람들을 '떠미는' 시대라고 할 수 있다. 사람들의 간절한 열망이 리더들에게 모이기 때문이다. 그 리더들의 갈등과 타협, 경쟁과 협력이 역사의 물줄기를 만든다. 역사라는 드라마는 그렇게 만들어진다.

해방공간에도 그런 리더가 당연히 있었다. 편의상 빅4라고 불러보자. 그들은 각각 지지자들을 거느렸고 사람들에게 나아갈 길을 제시했다. 우파에는 이승만과 김구가 있었다. 좌파에는 여운형과 박헌영이 있었다. 그리고 또 한 명을 추가하자면, 북한의 최고지도자가 된 김일성이 있었다. 대한민국을 기준으로 하면 빅4고 북한까지 포함하면 빅5다. 바로 이들이 해방공간의 주인공들이었다. 그들은 각각 '어떻게 독립 국가를 세울 것인가'라는 역사적 물음에 대해 나름대로 답을 내놓았다. 이 시기의 역사를 읽다보면 이들이 생생하게 살아나서 묻는 것 같다. "당신이라면 누구를 따랐을 것인가?"

물론 그들은 어느 날 갑자기 툭 튀어나온 인물들이 아니다. 오랜 기간 동안 자격을 갖추기 위해 뼈를 깎는 활동들을 해왔다. 그래서 그 인물들의 살아온 이야기를 살펴보는 건 중요하다. 그 인물들의 됨됨이나 사상, 미래를 바라보는 눈 등을 이해할 수 있기 때문이다. 또 한 가지 중요한 이유가 있다. 그들의 삶은 해방이 되기 이전의 한국사 그 자체였기 때문이다. 그들의 삶을 살펴보면 해방공간의 한국사를 이해하는 몇 가지 열쇠를 얻을 수 있을 것이다.

개화파 청년 이승만

대한민국 국민들은 이승만 대통령을 백발의 할아버지로 기억한다. 대통령 공식 사진 속의 바로 그 모습이다. 시인 김수영은 그 공식 사진을 두고 이렇게 말했다. "그놈의 사진을 떼어서 밑씻개로 쓰자." 4.19 혁명으로 이승만 대통령이 하야했을 때 한 말이다. 자유당 독재 시절의 이승만에 대한 악감정이 컸던 탓이다. 그때 이승만의 나이는 이미 80이 넘었을 때였다.

그 이후로 우리 국민들은 그가 험난한 과정을 거쳐 나라를 세웠다는 사실은 잊었다. 그 사진에 익숙해져서 청년 이승만과 장년 이승만을 상상하지 못하듯, 우리 국민들은 자유당 독재 이전의 이승만을 기억하지 못한다. 필자는 잠시 이승만에 대한 편견을 내려놓자고 권한다. 한 사람의 인생을 80 이후의 행적만으로 다 알 수는 없다. 특히 이승만은 해방공간에서 수많은 위기를 뚫고 나라를 만들었던 건국대통령이었기에 더욱 그렇다.

1945년 8월 15일 이승만이 워싱턴에서 해방의 감격에 잠겼을 때가 이미 70살이었다. 그러니 우리가 이승만을 제대로 이해하려면 시간을 한참 거슬러 올라가야 한다. 한일합방 이전의 개화파 청년 시절, 그때부터 초대 대통령이자 격동기의 리더 이승만이 만들어지고 있었기에 그렇다.

이승만은 왕실의 먼 친척이었으나 당시에는 몰락했던 양반 가문에서 태어났다. 그의 아버지는 무능하고 무책임한 한량이었다. 그래서 그의 어머니는 자식의 성공만을 바랐고 헌신적으로 뒷바라지 했다. 이승만은 가문을 일으켜야 했다. 어머니의 기대에 부응해야만 했다. 다행히 그는 똑똑했다. 과거 급제를 위해 전심전력으로 공부했다. 하지만 개항기라는 시대가 그와 어머니와 가문의 꿈을 꺾어버렸다. 이승만은 열세 살 때 처음으로 과거를 봤다가 떨어졌다. 그리고 그 이후로 과거제도 자체가 폐지되어 버렸다. 관직으로 나아가는 유일한 통로가 사라져버렸던 것이다.

희망이 사라지고 목표가 없어졌다. 목표가 사라지면 누구나 방황할 수 밖에 없다. 한동안 이승만은 무엇을 해야 할 지 모르고 방황했다. 방안에

누워 세월만 보낼 뿐이었다. 그러던 그가 배재학당을 알게 되었다. 거기서 희망을 보았다. 배재학당에서는 과거 시험을 위한 구시대의 공부를 가르치지 않았다. 신학문을 가르쳤다. 바다건너 서양의 근대 문명을 만들어낸 따끈따끈한 공부였다. 다시 희망과 목표가 생겼다.

신학문을 배우던 이승만에게 가장 인상적이었던 것은 '선거제도'였다. 서양, 특히 미국에서는 백성들이 자신들의 지도자를 직접 뽑는다고 했다. 그 당시 이승만의 가슴 속에는 무능한 조선왕조에 대한 실망이 넘쳐나고 있었다. 그런 그에게 핏줄만으로 전해지는 왕권의 세습에서 벗어날 수 있는 길이 보였다. 그건 그대로 우리 민족이 나아갈 길이었다. 이승만은 그때부터 개화파 청년 지식인이 되었다. 신학문을 열심히 공부했다. 배재학당 시절에는 영어 잘하는 청년으로 이름을 날렸다. 그리고 학당을 졸업한 뒤에는 일간지를 만들었다. 논설을 통해 사람들을 깨우치고 싶었다. 그런 이승만의 활동은 당시 여러 지식인들에게 주목을 받게 되었다.

개화파는 조선말기의 가장 역동적인 세력이었다. 하지만 그들의 시도는 대부분 실패로 끝났다. 그 주역들은 망명을 가거나 변절을 하거나 해야 했다. 개화파 지식인 중에서 이승만만이 유일하게 현실 정치인으로 변신했고 성공했다. 그를 키운 건 역경이었다. 똑똑했고 야심찼던 자기중심적인 한 청년은 계속되는 실패에 단련되었다. 숱한 실패에도 불구하고 언제나 활력에 넘쳤다. 그게 이승만의 가장 탁월한 점이었다. 강철은 숱한 망치질을 거쳐야 만들어진다. 단, 숱한 망치질에도 부스러지지 않아야 강철이 된다. 이승만은 숱한 실패에도 부스러지지 않고 더 강해졌다.

이승만의 성장

개화파 청년시절 그는 독립협회의 편에 서서 개화운동을 펼쳤다. 그런 그를 좌절시킨 게 바로 고종이었다. 고종황제는 개화파를 늘 의심했다. 개화파는 입헌군주제를 내세웠다. 현대의 영국이나 일본처럼 왕을 그대로 둔 채 민주주의적 절차를 도입하는 정치체제가 입헌군주제였다. 그러나 고종은 개화파가 실제로는 왕을 쫓아내려 한다고 생각했다.

고종은 한때 중추원을 내세워 개화파 지식인들을 회유하려고 했다. 중추원은 지금으로 치면 국회 같은 곳이었다. 중앙의 관료로 절반을 채웠지만 나머지는 민간의 지식인들로 채웠다. 이때 이승만도 중추원 의관으로 임명되었다. 부모가 그토록 바랐던 관직이었다. 그러나 개화파를 믿지 못했던 고종은 결국 이들을 감옥에 가둬버렸다. 역모를 꾀했다는 죄목이었다. 그 시절 역모에 끼어들었다 발각되면 사형이었다. 앉아서 죽을 수는 없었다. 이승만은 탈옥을 시도했다. 하지만 실패했고 다시 감옥에 갇혔다. 언제 사형을 당할지 모를 두려움 속에서 하루하루를 보내야 했다.

그러나 고종은 이승만을 죽일 생각까지는 없었던 모양이다. 이승만에게 태형 100대와 종신형이 내려졌다. 태형은 매타작이다. 목을 베어 죽이는 참수형이 아니라 다행이었지만 태형도 만만치는 않았다. 단단한 참나무로 만든 몽둥이로 때리는 형벌이다. 엉덩이든 어디든 100대를 제대로 맞으면 아무리 튼튼한 장정이라도 살아남을 수 없었다. 즉사하지 않는다 해도 태형 100대면 후유증으로 감옥에서 죽기 십상이었다.

고종의 은밀한 지시가 있어서일까. 아니면 6대 독자를 잃을 수 없다는 일념으로 온갖 뇌물을 동원한 아버지의 노력 덕분이었을까. 이승만에게 내려진 태형 100대는 다행히 형식적으로만 집행되었다. 이승만은 살이 터지거나 뼈가 부러지는 험한 꼴을 보지는 않았다. 그러나 다시 언제까지 일지 모를 감옥 생활은 계속되었다.

5년 7개월이었다. 이승만은 그 기간 동안 감옥살이를 했다. 여러 변화가 있었다. 감옥 안에서 이승만은 기독교를 받아들였다. 간수와 죄수들에게 기독교를 알렸고 감옥 안에서 예배를 드렸다. 상부에 요청해서 감옥에 도서관을 만들었다. 그리고 선교사들이 넣어준 책으로 열심히 공부했다. 대한민국 최초의 영한사전을 만들려고도 했지만 시간이 부족해 완성하지는 못했다. 국가가 나아갈 길을 제시한 『독립정신』이란 소책자도 감옥에서 썼다. 이 책은 훗날 출옥했을 때 비밀리에 출간되었다. 당시 필사본으로 돌아다닐 만큼 인기가 있었다.

1904년 다행히 이승만은 석방되었다. 그러나 석방에는 이유가 있었다. 조정의 대신인 민영환과 한규설이 이승만을 불렀다. 미국에 밀사로 가 달라고 했다. 그 당시 러일전쟁에서 이긴 일본은 노골적으로 한국을 삼키려

하고 있었다. 이제 일본을 견제해 줄 수 있는 나라는 미국뿐이었다. 그런 미국에게 도움을 요청하는 편지를 일본 몰래 전달해야 했다. 영어를 잘하되 관직에 있지 않은 인물이어야 했다. 말 그대로 '밀사', 비밀리에 보내는 사절이 필요했다. 고종이 민영환과 한규설을 통해 그 일을 이승만에게 지시했다. 이승만은 고종을 만나는 것은 거부했다. 무능한 군주였고 자신을 감옥에 가둔 사람이어서 그랬다. 그러나 밀사로 가는 특명만은 받아들였다.

미국으로 건너간 이승만은 존 헤이 국무장관을 만났다. 그의 대답은 긍정적이었다. 한국의 독립보존을 위해 최선을 다하겠다는 대답을 들었다. 하지만 불행히도 그는 얼마 안 있어 병으로 숨져 버렸다. 이승만으로서는 난감할 뿐이었다. 밀사의 임무는 실패였다.

이승만은 잠시 하와이로 가서 머물기로 했다. 이후 어떻게 해야 할 지를 고민할 시간이 필요했다. 그런데 때마침 윌리엄 태프트 미 육군장관이 하와이에 들렀다. 루스벨트 대통령의 딸 내외와 함께였다. 동아시아 친선 사절단으로 떠나며 먼저 하와이를 들른 것이었다. 이승만은 교민들과 함께 성금을 모아 그를 환대했다. 미국정부에 조선의 독립을 보존해달라고 부탁하려면 그의 도움이 필요할 것 같아서였다. 이승만은 어디든 작은 틈이라도 있으면 무엇이든 해야 했다. 그래야 나라를 구해낼 수 있다고 믿었다. 경험과 꾀가 많은 태프트는 이승만과 교민들의 청원을 열심히 들어주는 척했다. 시어도어 루스벨트 대통령을 만날 수 있도록 추천서도 써주었다. 분명 아무 소용 없을 것이었지만 그 자리에서 희망을 꺾을 필요는 없었다.

하지만 순진했던 이승만은 그 청원서를 들고 롱아일랜드에 있는 루스벨트의 휴가지로 찾아갔다. 거기서 벅차고 기쁜 마음으로 루스벨트 대통령을 만났다. 루스벨트는 이승만의 말을 듣고는 공사관을 통해 정식으로 청원서를 제출하라고 했다. 이승만은 한달음에 워싱턴의 공사관으로 달려갔다. 그런 절차만 잘 거치면 미국이 정말 조선을 도와줄 것만 같았다. 이미 미국은 일본에게 한반도를 내주고 대신 필리핀을 삼킬 논의를 마친 상태였는데도 말이다(가쓰라-태프트 조약).

워싱턴에 달려온 이승만은 벽에 부딪쳤다. 워싱턴의 한국 공사관은 이승만의 외교관 자격을 확인할 수 없다고 했다. 밀사였으니 당연했다. 상부에서 받은 지시가 없기 때문에 협조해줄 수 없다고 했다. 이승만은 분통을 터뜨렸다. "너희들 때문에 나라가 망하게 생겼다." 그러나 대세를 바꿀 수는 없었다. 실제 대세는 미국과 일본 양국의 속마음에서 이미 결정되어 있었다. 시간이 흘러 1920년대에 미국과 일본이 맺은 가쓰라-태프트 밀약의 내용이 알려졌을 때 이승만은 국제 정치의 냉정한 현실을 깨닫게 되었다. 밀서 한 장으로 바꿀 수 있는 것은 아무것도 없었다.

이승만의 짧은 외교관 활동은 이렇게 실패로 돌아갔다. 대신 이승만은 유학 생활을 시작했다. 미국의 선교사들은 이승만을 한국선교에 이용하고 싶어했다. 그래서 그의 유학을 돕기로 했다. 그 덕에 이승만은 조지 워싱턴 대학에 편입할 수 있었다. 당시 성적은 좋지 않았다. 공부할 시간이 모자랐던 까닭이다. 그는 선교단체에서 강연과 모금을 통해 생활비를 벌어야 했다. 게다가 한국 현실을 알리는 신문기고문도 써야했다. 바쁜 나날들이었고 힘든 시절이었다. 큰 아픔도 겪었다. 미국에 데려온 아들을 디프테리아로 잃었던 것이다.

간신히 마음을 추스린 그는 대학을 졸업하고 하버드 대학원에 진학했다. 미국사와 유럽사를 전공했다. 하지만 공부를 계속할 수는 없었다. 마침 그때 스티븐스 암살사건이 터졌던 것이다. 더럼 화이트 스티븐스는 그 당시 대표적인 친일파 미국인으로 악명이 높았다. 각종 매체를 통해 일본의 한국 침략을 정당화하고 있었다. 그런 그를 장인환과 전명운이 암살한 것이었다.

1908년 3월 23일 스티븐스가 워싱턴으로 가기 위해 샌프란시스코의 페리 선창가에 도착했을 때였다. 그를 기다리며 숨어있던 전명운이 권총을 들고 다가갔다. 스티븐스를 겨누고 방아쇠를 당겼지만 불발이었다. 총을 버리고 달려들었고 격투가 벌어졌다. 그런데 그 자리에 장인환이 나타났다. 장인환은 전명운을 몰랐다. 장인환 역시 '조선은 일본의 보호를 받아야 한다'며 국제사회에서 일본의 침략을 정당화하는 스티븐스를 제거할 생각이었다. 그런 두 사람이 우연히 한 장소에서 만난 것이었다. 장인환은 격투 중인 스티븐스를 향해 권총을 쐈다. 세 발 중 두 발이 명중했다. 나머지 한 발은 전명운의 어깨에 맞았다. 스티븐스는 병원으로 옮겨졌지만 숨졌고 장인환과 전명운은 샌프란시스코 경찰에 체포되었다. 일본의 지원을 받아 천문학적인 선전비를 뿌리며 일본 침략을 미화했던 인물은 그렇게 제거되었다.

문제는 스티븐스가 대통령의 친구로 유명한 인물이었던 데다가 미국인들이 한국 문제를 잘 알지 못했다는 데 있었다. 미국의 여론은 스티븐스 암살사건이 테러리즘이라는 쪽으로 흘러가며 악화되었다. 일제는 그 틈을 놓치지 않았다. '한국인은 흉포한 악당'이라는 소문을 냈다. 여론은 더욱 안 좋아졌다. 하버드 대학의 지도교수는 한국인인 이승만과의 만남 자체를 거부했다. 논문심사도 제대로 이루어지지 않았다. 더 이상 공부를 계속할 수가 없었다. 결국 이승만은 프린스턴 대학의 정치학 대학원으로 옮겨서 공부를 마무리 지을 수밖에 없었다. 그러나 이승만이 교포들의 청을 거절하고 장인환, 전명운 변호에 나서지 않은 것은 두고두고 그의 오점으로 남았다. 다만 그 또한 '테러리스트 한국인'이란 이미지로 인해 어려움을 겪었다는 것이 저간의 사정을 짐작하게 할 뿐이다.

다행스럽게도 프린스턴 대학에서 보낸 시절은 이승만에게 큰 도움이 되었다. 훗날 미국 대통령이 된 우드로 윌슨이 그 시절 대학원의 총장이었다. 게다가 윌슨은 이승만을 무척 아꼈다. 종종 집으로 불러 식사를 함께 하며 이야기를 나누곤 했다. 그러다 보니 이승만은 졸업축하 파티에서 윌슨 총장에게 공개적으로 농담을 던질 정도로 친해졌다. "당신의 충고에 따라 국제법을 전공했다. 그런데 공부를 해보니 국제법 같은 건 없다는 걸 알게 되었다. 내 등록금을 돌려달라." 윌슨 총장을 가리키며 이승만은 그렇게 말했다. 좌중은 폭소를 터뜨렸다. 하지만 뼈가 있는 유머였다. 이승만이 현실과 학업을 통해 알게 된 쓰디쓴 교훈이 그 말속에 고스란히 담겨 있었다.

현실정치인이 되다

이승만이 프린스턴에서 학위를 받은 직후 경술국치가 일어났다. 대한제국이 일본에 합병된 것이다. 다시 방황이 시작되었다. 지키고 고쳐 나가야 할 나라가 없어졌던 것이다. 그때 조선의 선교사들이 그를 YMCA 교사로 초빙했다. 미국의 기독교 단체가 뒷받침해준다면 활동이 보장될 수 있겠다 싶었다. 이승만은 귀국을 결심했다. 그러나 그는 곧바로 돌아오지 않았다. 태평양을 건너는 지름길 대신 대서양을 건너 유럽과 러시아, 만주를 거쳐 한반도로 들어왔다. 큰 세상을 둘러보고 싶었던 것이다. 하지만 망국의 비애가 사무칠 만한 경험을 해야 했다. 미국으로 갈 때와는 달리 한반도로 들어올 때는 일본 정부에 서류를 제출해야 했던 것이다.

이승만의 국내활동은 길게 가지 못했다. 기독교 지도자들에 대한 총독부의 박해가 시작됐던 것이다. 하지만 소득은 있었다. 짧은 기간 동안 이승만은 국내 순회 선교 여행을 했다. 한반도 구석구석을 돌아보며 한반도의 현실을 속속들이 알 수 있었다. 여행을 마친 이승만은 한반도를 떠나 다시 미국 하와이에 자리를 잡았다. 그곳에서 교육과 외교활동에 힘을 쏟기로 했다.

1918년 제1차 세계대전이 끝났을 때 미국의 우드로 윌슨은 민족자결주의를 제창했다. 윌슨의 민족자결주의는 당시 한국의 독립운동가들에게 큰 희망을 주었다. 피식민지 국가의 국민들에게 미래를 결정할 수 있는 권리가 주어져야 한다는 게 민족자결주의였다. 말은 좋았다. 하지만 민족자결주의란 안타깝게도 1차 세계대전에서 패한 나라의 식민지에만 적용되는 것이었다. 일본은 승전국이었다. 그래서 일본의 식민지였던 대한제국에는 적용될 수 없었다. 윌슨도 어쩔 수 없었다. 자신의 이상주의를 접고 일본과 협력해야만 했다. 윌슨은 이승만에게 그런 자신의 입장을 이렇게 전했다고 한다. '개인적으로는 당신의 생각을 공감하고 지지한다. 그러나 미국대통령으로서 공식적으로는 당신을 지지할 수 없다.'

그러나 윌슨의 민족자결주의는 3.1운동을 불러일으켰다. 한민족의 독립에 대한 열망을 세계 각국에 알려야겠다는 생각이 터져 나온 결과였다. 그와 함께 독립운동에서 외교적인 방법의 중요성도 커졌다. 자연스럽게 이승만에 대한 기대도 함께 높아졌다. 그 덕에 만세운동 이후 내각 구성운동이 벌어졌을 때 이승만은 대통령이나 정부 수반으로 여러 번 뽑혔다. 가장 먼저 만들어진 한성정부가 이승만을 대통령으로 추대했고, 상하이에서 만들어진 통합 임시정부에서도 이승만을 대통령으로 추대했다.

하지만 이승만은 그런 과정에서 독립운동의 뼈아픈 한계를 몸으로 겪

오스트리아 태생의 프란체스카는 여행지에서 만난 동양의 독립 운동가에게 한눈에 반했다. 그녀는 조국의 독립이라는 남편의 소원이 이루어지기까지 그의 망명 생활의 동반자가 되기로 결심한다.

어야 했다. 바로 끝없는 분열과 갈등이었다. 그는 강대국들의 틈바구니에서 무장독립 노선은 희망이 없다고 보았다. 국제 정치 질서 속에서 여러 외국의 힘을 적절히 이용하는 것이 독립으로 가는 최선의 길이라고 믿었다. 이승만의 이런 독립운동 노선은 박용만 같은 오래된 동지와도 결별하게 만들었다. 박용만이 무장독립 노선을 지지했던 까닭이었다. 박용만은 청년시절 이승만과 감옥생활을 같이 했던 동지였다. 게다가 그를 하와이로 불러들인 사람이기도 했다. 그만큼 가장 가까운 동지 중 한명이었다. 노선의 차이, 박용만 일파의 공금 횡령 등으로 인해 생긴 갈등은 유혈 사태로까지 이어졌다. 게다가 미국의 감리교회는 교포들에게 민족 교육을 시키는 걸 반대했다. 이승만은 동지들과 결별하고 교회와도 갈라서면서 독자 노선을 걸어야 했다. 그러나 열렬한 추종 세력이 그의 든든한 지지 기반이 되어 주었다. 그는 교육에 전념하며 외교적 노력에 힘썼다.

이승만의 외교적인 노력은 쉽게 성과를 거두지 못했다. 점점 임시정부 내부에서 이승만에 대한 비판과 반대의 목소리가 커졌다. 결국 이승만은 탄핵을 당해 대통령 자리에서 물러나게 되었다. 물론 그것으로 임시정부와 이승만의 관계가 완전히 끊어진 것은 아니었다. 이승만은 구미 외교부라는 명칭으로 하와이에서 임시정부의 외교활동을 계속했다. 교민들의 성금을 모아 임시정부에 독립자금을 보내주는 활동도 계속되었다.

다시 그의 목소리가 울려 퍼지다

1930년대 이후 이승만의 독립을 위한 외교활동은 거의 유명무실한 상태가 되었다. 그런 그가 다시 기운을 내서 워싱턴을 두드리게 된 계기는 중일전쟁이었다. 일본이 1937년 중일전쟁을 일으키며 대륙침략의 야욕을 본격화시켰을 때, 이승만은 『일본 내막기(Japan Inside Out)』라는 책을 썼다. 1941년 책이 처음 나왔을 때는 거의 아무도 이 책을 주목하지 않았다. 『대지』라는 작품으로 세계적인 작가가 된 펄 벅 여사만이 이 책에 주목했을 뿐이다. 펄 벅 여사는 오랫동안 중국에서 생활했기 때문에 동아시아의 상황에 대해 비교적 잘 알고 있었다. 그랬기에 『일본 내막기』가 얼마나 일본의 야욕을 정확하게 지적하고 있는지 알아 챌 수 있었다. 그러나 그녀 이외의 미국인들은 달랐다. 일본의 제국주의적 야욕으로 인해 미국과 일본이 전쟁을 치르게 될 것이라는 이승만의 예언은 미국 사람들을 불편하게 했다. 그러나 1941년 일본이 미국 하와이를 기습한 진주만 사건이 터졌다. 이승만이 『일본 내막기』에서 한 예언은 현실이 되었다. 당연히 책은 순식간에 매진되었다. 그리고 그로 인해 이승만의 앞날을 내다보는 예리한 시선은 다시 주목받게 되었다.

이승만에게 가장 큰 관심을 가진 것은 미국의 군부였다. 미 군부는 이승만을 통해 태평양 전쟁에서 한국인들의 협조를 얻고 싶었다. 그래서 이승만에게 미국의 소리(VOA) 방송을 맡겼다. 이승만은 방송을 통해 일본과 맞서 싸우자는 연설을 했다. 그 방송은 전파를 타고 한반도로 날아갔다. 당시 한반도에는 단파 라디오가 별로 없었다. 때문에 방송을 직접 들은 사람은 많지 않았다. 하지만 방송을 들은 이들에게 이승만의 목소리는 희망과 감동의 다른 이름이었다. '일본의 패망과 한국의 독립이 멀지 않았다. 끝까지 싸우자.' 비록 소수가 들었지만 방송의 여파는 컸다. 일본 총독부가 '경성 방송국 단파 라디오 청취 사건'을 수사해 300여 명을 체포하기에 이를 정도였다.

미국의 소리 방송은 잊혀 가던 이승만이라는 이름 석 자를 한국인들이 다시 기억하게 만들었다. 대표적인 개화파 지식인이자 한국인 최초의 미국박사로 대중들의 뇌리에 새겨졌던 그였다. 대한민국 임시정부의 초대 대통령이 되었을 때는 이승만이라는 그 이름이 희망이기도 했다. 하지만 시간이 꽤 흘렀다. 이승만은 잊혀졌다. 당시 국내 청년층 중에는 이승만을 모르는 사람이 대부분이었다. 십 수 년이라는 시간은 기억을 희미하게 만들기에 충분한 시간이었다. 그랬던 그가 미국의 소리 방송으로 다시 명성을 얻게 되었다. 이건 중요했다. 해방이 됐을 때 이승만이 전국적인 지지를 받을 수 있는 밑거름이 되었기 때문이다. 미국의 소리 방송은 이승만에게 그런 명성을 다시 안겨줬다.

미국의 소리 방송을 하는 한편 이승만은 임시정부와 미군을 연결시키고자 했다. 미군은 중국을 통해 한반도를 거쳐 일본 본토로 진군할 계획을 가지고 있었다. 바로 그때 한국인 특수부대가 함께 들어가도록 하고 싶었다. 그게 이승만의 복안이었다. 그래야 미약하나마 전승국의 대열에 낄 수 있을 것이었다. 그러나 미 국무부는 이를 탐탁지 않게 여겼다. 임시정부를 실질적인 망명정부로 인정하는 것은 정치적으로 부담스러웠던 것이다. 게다가 미군은 중국을 통한 진격보다 태평양 방면을 통해 진격하는 쪽이 군사전략상 더 효과적이라고 생각했다. 때문에 이승만의 의도는 쉽사리 관철되지 못했다. 그러나 이승만이 다리를 놓아 만들어진 광복군과 연합군의 합동작전은 여전히 준비 중이었다. 실제로 이승만의 기대도 컸다. 기회를 노리고 있었다.

그러다 그날이 왔다. 1945년 8월 14일 밤이었다. 이승만은 워싱턴에 있는 자택에서 라디오에 귀를 기울이고 있었다. 자정이 가까웠던 시각 특별방송이 흘러나왔다. 일본의 항복 소식이었다. 이승만은 앉아있던 소파에서 벌떡 일어섰다. 오스트리아 출신의 아내 프란체스카에게 외쳤다. "이제 돌아갈 수 있게 됐어." 그의 목소리는 떨리고 있었다. 얼마 안 있어 인근의 교포들이 몰려왔다. 그들은 이승만과 해방의 감격을 함께 나누고 싶어 했다. 그 자리에서 이승만은 몇 번이고 돌아간다는 말을 되풀이했다. 무려 30여 년이 넘는 망명 생활이었다. 가야했다. 바라고 기다리던 독립이 되었으니 보란 듯이 새나라를 만들어야 했다.

하지만 이승만의 귀국은 쉽지 않았다. 기쁨과 감격도 잠시였다. 그를 늘 불편하게 여겼던 미 국무부가 이승만의 발목을 잡았다. 이승만은 지난 수십 년 동안 숱하게 미 국무부를 들락거렸다. 그리고 무수히 많은 청원서를 제출했었다. 미 국무부 입장에서 보면 '독립에 미친 고집스런 늙은이'였다. 그런 그가 한반도로 들어가면 미국의 한반도 정책에 도움이 되지 않을 것 같았다. 미 국무부는 그렇게 생각하고 이승만의 귀국을 도와주지 않았다. 이승만은 이리 저리 뛰어다니며 스스로 귀국할 방법을 찾아야 했다. 그렇게 이승만이 노심초사하는 사이 한반도의 정국은 요지경 속으로 흘러들어가고 있었다.

한이 많은 상민의 자식 김구

김구는 종종 이승만과 역사의 라이벌로 거론된다. 뒤에 이야기하겠지만 실상은 좀 달랐다. 어쨌든 김구의 삶은 이승만과 대조적이다. 그래서 말하기 좋아하는 사람들이 더욱 이승만의 라이벌로 자주 꼽게 되는 것 같다. 김구는 몰락을 거듭한 끝에 상민의 지위로까지 내려간 가문의 태생이었다. 원래 그의 집안은 김자점의 후손이었다. 김자점은 간신 혹은 역적의 대명사였다. 효종시절에 북벌의 움직임이 있자 김자점은 그 사실을 청나라에 누설했다가 귀양을 가게 되었고 아들 익의 역모사건 때 죽었다. 그랬기에 그 가문 사람들은 신분을 숨기고 숨어 살아야 했다. 김구는 어릴 때부터 마을의 양반 성씨인 이씨와 강씨들에게 천대를 받으며 살았다. 울분이 차곡차곡 가슴에 쌓여갔다. 한 번은 수모를 참지 못해 칼을 들고 그 상대를 죽이겠다고 뛰쳐나간 일도 있었다. 그에겐 울분을 풀 곳이 필요했다. 과거를 통해 출세해서 설움을 풀려고 했다. 하지만 구한말의 과거 제도는 이미 타락해 있었다. 결국 김구는 만민평등을 주장했던 동학사상에 몸을 담았다. 썩어빠진 세상을 뒤집고 싶었다.

김구는 10대 후반의 나이로 동학의 접주가 되었다. 하지만 동학군의 봉기가 실패하면서 쫓기는 신세가 되었다. 당시 김구가 몸담았던 동학군은 해주에서 봉기했다. 그곳을 진압했던 책임자는 훌륭한 인품으로 유명했던 진사 안태훈이었다. 그는 동학에 참여한 인재들을 아껴 어떻게든 살 길을 찾아주려 했다. 김구는 그에게 몸을 의탁했다. 이 안태훈이 바로 이토 히로부미를 암살한 안중근의 아버지였다. 김구는 안중근과는 친분이 그리 깊지 않았다. 그러나 안태훈의 집안과는 계속 친분을 유지했다.

김구는 안태훈에게 1년 정도 신세를 지며 몸을 피하다 중국으로 떠났다. 의병활동에 참여하려 했던 것인데 상황이 여의치 않았다. 다시 고향으로 향했다. 돌아오던 중에 그는 황해도 치하포에서 수상한 일본인을 만났다. 김구는 그를 국모를 시해하고 도망치던 일본군인으로 짐작하고 살해했다. 그는 자신의 행동이 떳떳하다고 생각했다. 그래서 살인현장에 그 일본인 쓰치다 조스케를 죽인 이유와 자신의 신상을 적어놓고는 태연히 고향으로 돌아왔다. 결국 집에서 체포되어 재판에 넘겨졌다.

그 당시에도 살인은 중죄였다. 하지만 살인의 의도가 국모의 원수를 갚는다는 것이어서 김구는 목숨을 건질 수 있었다. 사실 김구는 죽을 때까지 그가 죽인 쓰치다 조스케는 일본 군인이었다고 확신했다. 하지만 그는 장사를 하던 민간인으로 추정된다. 군인이었다는 기록은 어디에도 없었다. 어찌됐든 구사일생으로 목숨을 건진 김구는 감옥에서 탈옥해 잠시 승려생활을 했다. 불행히도 그의 부모가 대신 잡혀가 김구의 남은 형기를 대신 살았다. 김구는 얼마 안 있어 잠깐 동안의 승려생활을 그만 두고 고향으로 돌아왔다. 그리고는 기독교로 개종한 뒤 교육을 통한 계몽운동에 뛰어들었다.

1910년 김구는 두 번째로 감옥생활을 하게 되었다. 안중근의 사촌동생 안명근이 독립운동을 위해 무관학교를 세우려다 관련자들이 잡혀 들어가게 되었기 때문이다. 그때 이들과 교류가 있었던 김구도 함께 잡혀가 수감되었다. 두 번째 옥고를 치르고 가출옥한 김구는 3.1운동이 일어나자 중국 상하이로 망명했다. 그리고 거기서 대한민국 임시정부에 들어갔다. 그는 처음 들어갈 때 임시정부의 문지기를 시켜달라고 했다. 가장 낮은 곳에서라도 대한민국의 독립을 위해 일하겠다는 각오였다. 그런 그를 안창호가 경무국장에 추천했다. 경무국장은 임시정부 내부의 정보 및 감찰, 경찰업무를 담당하는 자리였다. 일제의 밀정을 색출하여 검거하는 임무가 가장 컸다. 때때로 일제의 밀정을 직접 처형하기도 했다. 거친 직책이었다.

1920년대 초가 되자 임시정부는 내부분열에 시달리기 시작했다. 김구는 좌우 대립에서는 우파였다. 임시정부를 유지하면서 개조할 것이냐 새로 만들 것이냐 대립할 때는 확고한 임정고수파의 입장에 섰다. 김구의 임시정부에 대한 애정은 각별했다. 목숨만큼 아꼈다고 해도 과언이 아니었다. 그러나 그런 김구의 애정에도 불구하고 시간이 갈수록 임시정부는 허약해졌다. 독립운동가들이 계속 임시정부를 떠났다. 점점 상황은 악화되어 갔지만, 숱한 어려움 속에서도 김구는 임정을 지켰다. 내무부 총장, 국무총리 대리, 내무총장 등을 차례로 거쳤다. 결국 1926년 임시정부의 수상격인 국무령에 취임했다. 대한민국 임시정부의 중심이 되었다. 김구가 곧 임시정부였고, 임시정부가 곧 김구였다.

김구의 독립투쟁

김구의 독립운동은 손에 피를 묻히는 일이 많았다. 경무국장 시절에는 일제의 간첩을 따라온 10대 소년을 직접 총살하기도 했다. 내무부 총장 시절에는 사회주의 계열 독립운동가 김립을 상하이 시내에서 암살하도록 했다. 그가 독립자금을 훔쳐썼다고 생각해서였다. 하지만 김립이 사용한 돈은 임정의 독립자금이 아니라 소련의 레닌으로부터 한국의 공산당 활동을 위해 받은 지원금이었다. 당시는 독립운동세력에게 돈줄이 마른 시기였다. 경제적으로 무척 어려웠다. 특히 우익 진영에는 돈이 흘러들어오지 않았다. 그러자 김립이 독립자금을 몰래 가져다 쓴다는 소문이 퍼졌다. 김립을 모함하기 위해 생겨난 루머였다. 그런데 김구는 그걸 사실로 믿고 총살

상민의 자식으로 한이 많았던 김구는 동학 운동과 의병 활동을 거쳐 독립운동에 투신했다. 임정의 문지기를 자처했던 그는 결국 임정의 주석이 되어 가장 힘든 시기를 버텨야 했다.

명령을 내렸다. 이 사건으로 인해 독립운동진영의 좌우 갈등은 더 악화되었다.

김구의 투쟁이 극단적일 수밖에 없었던 데는 이유가 있었다. 시대와 상황 탓이었다. 독립군은 무장 노선을 꾀했지만 군대 수준의 무장투쟁은 무리였다. 1920년대 만주지역에 무장 독립기지 건설이 활발하게 이루어지긴 했으나 수십 만의 일본군을 상대할 수 있는 수준은 아니었다. 그마저도 일제의 탄압으로 점점 더 어려워졌다. 게다가 임정은 내부의 노선 차이로 분열되기 일쑤였다. 경제적인 어려움도 컸다. 독립운동자금은 말라버렸다. 임정의 역량도 그에 따라 점점 약화되었다. 이승만 식의 외교노선을 제외하면 임정이 할 수 있는 독립운동은 거의 없었다. 결국 지하조직을 만들어 요인암살, 시설파괴 등 테러를 수단으로 할 수밖에 없었다.

1930년대 초 김구는 한인애국단을 만들었다. 임정에는 친일파 및 일본 정부 요인 암살을 목적으로 한 비밀조직이 기존에 이미 만들어져 있었다. 그걸 한층 강화한 것이었다. 1932년 1월 이봉창이 일본의 천황 암살을 시도했다. 안타깝게도 미수에 그쳤다. 같은 해 4월에는 윤봉길이 상하이 홍커우 공원에서 천장절 기념식이 열렸을 때 폭탄을 터뜨렸다. 한반도 침략의 주범들이 늘어서 있던 자리였다. 시라카와 대장과 카와바다 거류민단장이 그 자리에서 숨졌다. 기타 여러 침략의 주범들도 눈이 멀거나 다리가 부러졌다.

그런 윤봉길의 의거는 세계의 주목을 끌었다. "중국의 백만대군도 못한 일을 일개 조선 청년이 해냈다." 중국 국민당 총통 장제스의 말이었다. 그는 무척 감동했다. 그래서 앞으로 대한민국 임시정부를 전폭 지원하겠다고 약속했다. 그 외에도 김구와 한인애국단은 일본 잠수정 폭파, 조선총독 암살, 만주철도 폭파 등을 기획했다. 아쉽게도 모두 미수에 그쳤다. 그러나 그런 한인애국단의 활동은 임정에 도움이 되었다. 대한민국 임시정부가 건재하다는 사실을 국내외 동포들에게 알릴 수 있었던 것이다. 또 앞에서 말한 대로 중국 장제스 정부로부터 지원을 받는 계기가 되기도 했다.

원래 중국은 기본적으로 민족감정이 강한 나라는 아니었다. 여러 이유가 있다. 원래 큰 땅덩어리에 여러 민족이 뒤섞여 살아 민족의식이 강할 수가 없었다. 게다가 청나라가 망한 뒤에는 무장 군벌 세력들이 각 지역을 실질적으로 차지하고 있었다. 그런 무장 군벌 세력들이 느슨하게 결합된 채 서로 경쟁을 벌이고 있었던 것이다. 그 때문에 일제가 중국으로 진출한다 해도 중국 민중들은 끓어오르지 않았다. 그들에게 일제는 새로운 군벌 그 이상도 그 이하도 아니었다. 그런 중국인들의 반일감정을 자극한 게 윤봉길의 의거였다. 일본이 만주사변을 일으킨 직후에 벌어진 일이라 그 반향은 훨씬 컸다. 장제스가 그토록 감격한 이유는 거기에 있었다.

광복군의 조직과 국내진공작전

중국 정부는 임정을 지원하겠다고 약속했다. 하지만 윤봉길의 의거 이후 독이 오른 일본 경찰의 추적이 집요해졌다. 상하이에서의 활동은 더 이상 어려웠다. 임정은 자싱(강소성 가흥)으로 본거지를 옮겨야 했다. 한인애국단의 활동도 쉽지 않았다. 다행이었던 건 중국 정부의 지원으로 중국의 군관학교에서 한국인들을 훈련시킬 수 있게 되었다는 점이었다.

그 당시 중국정부는 한국의 독립운동세력을 통합시키고자 했다. 일본과 싸울 때 활용하고 싶었던 것이다. 그럴려면 임시정부와 그 밖에 만주지역에 흩어져 있던 독립운동 세력들을 하나로 모으는 것이 필요했다. 중국은 독립운동단체의 통합을 요구했다. 그러나 그러기엔 골이 너무 깊었다. 독립운동 단체 내부의 갈등은 끊이질 않았다.

그러던 와중에 1937년 중일전쟁이 터졌다. 김구는 미국의 이승만과 긴밀한 협조를 유지했다. 그런 한편으로 중국 동북부 지방의 좌익세력들과 통합을 추진했다. 하지만 좌익계열에서는 유명무실해진 임시정부를 무시했다. 협상은 결렬되었다. 1940년 민족혁명당 등 좌파와 무정부주의자들이 통합의 필요성을 받아들여 임시정부에 참여하긴 했다. 그러나 임정내부로 들어와서는 여전히 이념갈등과 파벌싸움을 벌였다. 그런 와중에서도 김구는 정식군대인 광복군을 조직하는 성과를 올렸다. 안타까운 건 이마저도 임정이 독자적으로 운용할 수 없었다는 점이다. 광복군은 중국군의 예하부대로 움직여야 했다.

김구는 그런 한편으로 임시정부의 국제적인 승인을 위해 애썼다. 중국에게 임시정부를 승인해달라고 했다. 그러면서 이승만을 통해 미국 같은 서양 여러 나라에 임시정부를 승인해달라고 요청했다. 중국은 긍정적인 태도를 보였다. 그러나 다른 연합국들은 무반응이었다. 중국도 아주 적극적인 건 아니었다. 우파인 김구가 지휘하는 임시정부를 망명정부로 공식 승인하면 소련이 불편해 할 것이 뻔했기 때문이다. 중국은 조용히 미국에게 이런 의견을 보냈다. '만일 미국과 중국이 임시정부를 지지하면 소련은 자신들이 후원하는 한국의 공산주의자들에게 유사한 정부단체를 조직하라고 지시할 것이다. 그런 다음 그들을 지지할 것이다.' 미국은 그런 중국의 조언이 아니더라도 원칙적으로 임정을 인정하지 않을 생각이었다. 미국의 원칙은 분명했다. 망명정부는 '전쟁 전에 민주적인 방법으로 선출된 정부여야 한다'는 것이었다. 임시정부는 국민들의 선거로 만들어진 정부가 아니란 얘기였다.

장제스의 국민당 정부는 전폭적인 지지를 꺼리면서도 만일 전쟁 이후 한반도에 독립국가가 세워진다면 그 정부는 '임시정부'이길 바랐다. 자신들이 후원하는 임시정부가 들어서면 한반도를 과거처럼 중국이 좌지우지할 수 있을 거라 생각했다. 한반도에 새롭게 들어서는 정부를 미리 장악할 생각이었다. 외교와 군사에 관한 권한을 장악해서 중국 밑에 둘 계획까지 짰다. 그러나 그로 인해 다른 나라들과 불편해진다면 굳이 임시정부를 고

집할 필요까지는 없었다. 그래서 미국이 원하지 않거나 소련이 반대하면 언제고 임시정부를 내팽개칠 준비가 되어 있었다.

하지만 김구는 임시정부의 위상을 세우는데 필사적이었다. 그러자면 군사적인 활동이 반드시 필요했다. 이대로 연합국에 의해 일본이 항복한다면 임시정부는 아무런 전쟁의 공로도 내세울 수 없는 상황이었다. 결국 1945년에 광복군의 지휘권을 중국으로부터 돌려받았다. 그리고 광복군 단독으로 한반도에 진군해 들어간다는 계획을 세웠다. 하지만 그 계획을 중국이 제지했다. 태평양 전쟁이 막바지에 이르자 김구는 이승만과 힘을 합쳐 이번엔 미군과의 합동작전을 준비했다.

'독수리작전'이라는 이름의 한미연합작전이었다. 특수훈련을 받은 광복군 대원들을 한반도 각지에 침투시켜서 미군의 상륙을 준비하게 한다는 작전이었다. 무척 위험한 작전이지만 해야만 했다. 김구는 이렇게 생각했다. '광복군은 공식적으로 미군과 협력해 작전을 수행해야만 한다. 어려운 임무라도 좋다. 작은 공만 세워도 좋다. 만약 그렇게만 된다면 일본이 항복했을 때 임시정부는 연합군의 일원이 된다. 임시정부의 위상을 내세울 수 있게 된다.'

'독수리작전'에 따르면 8월말에 광복군의 특수부대가 한반도에 투입될 예정이었다. 김구는 이 연합작전의 마지막 훈련상황을 점검하기 위해 산시성(섬서성)을 향했다. 산시성의 책임자는 장제스의 오른팔로 김구와는 평소 친분이 있던 쭈싸오쩌오(축소주)였다. 훈련 상황을 돌아본 뒤 김구 일행은 쭈싸오쩌오의 환대를 받고 있었다. 그때 장제스의 전화가 걸려왔다. 통화를 하고 돌아온 쭈싸오쩌오가 환한 얼굴로 김구에게 축하인사를 건넸다. "김주석 축하합니다. 일본이 항복했답니다." 축하를 받는 김구의 표정은 어두웠다. 마음속에서는 땅을 치고 통곡하고 있었다. 해방이 기쁘지 않은 게 아니었다. 임시정부와 광복군이 아무 공을 세우지 못하고 해방을 맞은 게 한스러웠을 뿐이었다.

8월18일 미군의 비행기 한대가 여의도에 착륙했다. 이범석, 장준하, 김준엽 등 독수리작전을 준비했던 독립투사들이 미군과 함께 내렸다. 이범석이 중국에 주둔한 미군 사령관 웨드마이어에게 부탁해서 빌린 비행기였다. 이범석은 총독부에게 일본군의 무장해제를 요구했다. 일본군 군대를 이끌고 떠나라는 말이었다. 미국 웨드마이어 장군의 고문 자격으로 요구한 것이었다. 일본군 측은 맥주와 안주를 대접하며 환대했다. 그러나 무장해제에 대한 요구는 들어주지 않았다. 정식계통으로 내려온 명령이 아니라는 이유였다. 오히려 다시 이륙해서 돌아가 줄 것을 요구했다. 이범석 일행은 힘없이 다시 중국으로 돌아올 수밖에 없었다.

김구는 해방이 됐지만 곧바로 귀국하지 않았다. 대신 중국, 미국 등과 교섭해서 임시정부의 자격으로 귀국하려 했다. 먼저 미국과 교섭을 했다. 김구가 여러모로 애를 썼지만 미국은 협조하지 않았다. 임시정부의 자격을 인정할 수 없다는 것이었다. 이번에는 중국 측에 요청했다. 만주의 일본군을 무장해제 한 뒤 그들 중에 끼어있는 한국인들의 지휘권을 임시정부에 넘겨달라고 했다. 일본 관동군에 끌려와있는 한국인들을 광복군으로 흡수한 뒤 국내로 돌아올 생각이었다. 중국 역시도 끝내 거절했다. 중국이 다른 연합국을 무시하고 혼자서만 요청을 들어줄 리가 없었다. 임시정부의 자격으로 귀국한다는 김구의 희망은 물거품이 되었다. 그리고 그의 귀국도 그만큼 늦어졌다.

또 다른 선택, 여운형의 사회주의

해방공간의 빅4 중 김구와 이승만은 일본이 항복했을 당시 모두 한반도 밖에 있었다. 이승만은 구한말의 대표적인 개화파지식인이자 한국인 최초의 미국박사라는 명성이 있었다. 임정의 초대대통령이기도 했다. 너무 오래되어 잊힐 뻔 했지만 '미국의 소리' 방송을 통해 다시금 명성을 되찾았다. 사람들의 기대도 컸다. 가장 유력한 지도자였다. 하지만 귀국이 늦어지면서 당장은 아무 일도 할 수 없는 처지였다. 오랜 기간 동안 임시정부의 주석을 맡으면서 끝까지 임정을 지켜낸 김구도 마찬가지였다. 그의 귀국도 늦어지고 있었다. 그 사이 가장 먼저 활동을 시작한 인물이 여운형이었다.

여운형과 김구, 이승만은 크게 보면 비슷한 점이 많다. 모두 어릴 적 한학이나 유학을 배웠다. 그리고 전통적인 집안에서 자랐지만, 중앙으로부터 벗어난 주변부에 속해 있었다. 김구와 여운형의 경우, 부모나 조부모가 동학에 심취해 있었다. 그리고 이들 모두는 자라면서 기독교를 받아들였고 서구문명을 배웠다. 개화문물의 수용자들이었다. 나라가 위태로워졌을 때 이들이 택한 길은 계몽을 통한 실력양성이었다. 부국강병을 꿈꿨다. 한 가지 여운형이 김구나 이승만과 달랐던 점이 있다면 사회주의에 대해 우호적이었다는 것이다.

한 가지 짚고 넘어가자. 20세기 초의 한반도에서 사회주의가 갖는 의미는 지금과 좀 달랐다. 19세기의 사회주의자들은 제국주의의 식민지 쟁탈전은 자본주의가 필연적으로 맞게 되는 결과라고 생각했다. 그래서 사회주의야말로 그런 자본주의에 맞서는 사상이자 반제국주의 운동을 위한 사상이라 생각했다. 한편 식민지배를 받는 지역은 그때까지 전근대적인 봉건적 질서가 남아있었다. 신분제 사회였고 여전히 지주가 농민을 지배하고 있었다. 그런 사회에서 사회주의는 낡은 구습을 타파하는 반봉건의 사상이기도 했다. 1980년대 대학가에서 흔히 들을 수 있었던 '반제, 반봉건'이라는 구호는 이미 20세기 초의 한국인에게도 매력적이었다. 일본제국주의와 맞서는 사상이자 봉건적인 질서를 무너뜨리는 평등의 사상이기도 했기 때문이다. 그랬기 때문에 일제시대의 지식인이라면 사회주의에 한번쯤 빠져들지 않을 수 없었다. 유행에 민감했던 이른바 '모단보이'들은 겉멋처럼 마르크스주의에 빠져들곤 했다.

그러나 사회주의 사상에 호감을 보이는 것과 실제 사회주의자가 되는 건 아주 다른 문제였다. 목표가 달랐기 때문이다. 당시 지식인들이 사회주의 사상에 호감을 보였던 건 민족의 독립을 위한 수단으로 여겼기 때문이었다. 그들의 목표는 민족의 독립과 해방이었다. 반면에 실제 사회주의자들은 프롤레타리아트 계급의 해방이 목표였다. '노동자 농민만이 주인이 되는 세상'을 만드는 게 그들의 최종 목표였다. 민족의 해방은 그런 무산자계급의 해방으로 가는 중간 단계에 불과했다. 독립을 위해 사회주의를 받아들였던 이들과는 완전히 다른 목표를 향해 움직이게 되어 있었다. 독립운동 세력 내에서 항상 충돌과 의견대립이 있었던 이유가 여기에 있었다. 게다가 소련과 중국의 공산당은 끊임없이 대한민국의 독립운동세력에 은밀하게 끼어들었다. 자국에 유리하도록 이용하기 위해서였다. 분열이 더욱 커질 수밖에 없었다.

이런 차원에서 보면 여운형이 사회주의를 어떻게 생각했는지 짐작할 수 있다. 그는 중국에 머물 때 공산당에 가입하긴 했다. 하지만 당원으로서의 활동은 미미했다. 공산당 내부의 알력과 갈등에 크게 실망했기 때문이다. 특히 '레닌의 원조금' 문제가 결정적이었다.

1919년에 임시정부는 소련에 조선독립을 위한 원조금을 요청했다. 레닌은 200만 루블을 지원해주기로 했다. 200만 루블이면 황소 6만 마리를 살 수 있는 어마어마한 돈이었다. 장기적으로 공산주의 활동을 지원하기 위해 주기로 한 돈이었지만, 임시정부 입장에서는 큰 도움이 될 돈이었다. 독립운동의 판도를 바꿀 수도 있는 돈이었다. 여운형과 안공근, 그리고 한형권 세명이 모스크바에 가서 받아오기로 결정이 되었다. 그러나 당시 임정의 국무총리였던 이동휘는 비밀리에 심복이었던 한형권만 모스크바로 보냈다.

한형권은 약속된 200만 루블 가운데서 우선 60만 루블만을 받았다. 모두 금화여서 20만 루블은 남겨두고 40만 루블만 챙겨 돌아오고 있었는데 중간에 고려공산당 소속의 김립과 만났다. 그 둘은 그 돈을 임시정부에 넘기는 대신 공산주의자들끼리 나눠 쓰기로 했다. 한형권은 다시 소련으로 가서 남은 20만불을 들고 돌아왔다. 게다가 이들은 받은 돈 중의 일부를 빼돌려 북간도에 토지를 샀고, 상하이에서 중국인 첩을 들이며 호화생활을 했다. 이 사건이 알려지면서 레닌은 남은 140만불의 지급을 중단했다. 더 이상 한국의 독립운동세력도 믿지 않게 되었다. 임시정부는 갈갈이 분열됐고 고려 공산당 역시 분열되면서 약화되었다.

왜 이런 일이 일어났을까. 그건 임정 국무총리였던 이동휘의 생각 때문이었다. 이동휘는 오로지 소련과 제휴해서 독립군을 양성하고 무력으로 일제를 무너뜨리는 것만이 독립운동이라 믿었다. 그러나 임정의 주류였던 이승만, 안창호, 이동녕 등은 미국과 유럽에 독립을 청원하는 외교 운동이나 실력양성운동을 주장하고 있었다. 이동휘는 그런 임정에 레닌의 지원금을 전달할 생각이 애당초 없었다. 다만 소련의 자금을 얻기 위해서는 임시정부 국무총리라는 자격이 필요했기에 임정을 떠나지 않고 있었을 뿐이다. 당연히 자금이 들어오자 이동휘는 임정을 떠났다. 여운형은 이 사건으로 크게 실망했고 결국 당을 떠났다.

필자가 보기에 여운형은 사회주의에 동조하긴 했지만 사회주의 운동가는 아니었던 것 같다. 1920년대의 청년지식인들 사이에서 사회주의의 영향을 받지 않은 사람을 찾기는 어려웠을 것이다. 원래 일본은 메이지 유신 이후 사상의 자유를 통 크게 풀어놓았던 나라였다. 공산주의도 문화의 자양분이 된다고 허용했다. 그러나 1920년대 군국주의가 강화되면서 사정이 달라졌다. 일본 내부에서도 좌익이 탄압을 받았다. 공산주의자들을 강제로 전향시키려 했다.

식민지인 한반도에서도 사정은 비슷했다. 특히 일본은 공산주의가 민족해방 이론으로 유행하는 것에 민감하게 반응했다. 1920년에 만들어진 조선공산당도 일본 정부의 집요한 탄압으로 문을 닫아야 했다. 3년만이었다. 그 뒤로 여러 차례 공산당을 다시 만들려는 노력이 있었지만 모두 실패했다. 그 뒤로 공산주의 운동은 그저 지하단체결성과 소규모의 세포활동만으로 명맥을 유지해야 했다.

그토록 집요했던 일본의 탄압 속에서도 끝까지 살아남아 공산당 조직을 지켰던 이가 박헌영이었다. 그는 20세기 중반 한반도에서 가장 극적인 삶을 살았던 풍운아였다. 일제 패망 당시에는 전라남도 광주에 있는 벽돌공장에서 노동자로 위장해 숨어 살고 있었다. 그러다가 그는 일본의 항복소식을 들었다. 발 빠르게 움직이기 시작했다.

국내파 공산당의 중심 박헌영

박헌영 역시 몰락한 양반가문의 후손이었다. 그런 그에게는 또 다른 아픔이 있었다. 첩의 자식이었던 것이다. 그는 어린 시절부터 똑똑하기로 유명했다. 그러나 그를 뒷바라지할 집안 형편이 아니었다. 미국 유학을 가려고 아르바이트로 돈을 모은 적도 있었다. 하지만 학비를 대기엔 턱없이 부족해 미국 대신 일본으로의 밀항을 시도했다. 그런데 이것도 상황이 여의치 않아 결국 중국 상하이로 건너갔다. 박헌영은 그곳에서 공산주의자가 되었다. 여운형 등과 함께 극동 피압박 민족 대회에 참석한 뒤 소련의 지령대로 한반도로 돌아왔다. 조선 공산당을 세우라는 지시를 받았다. 박헌영은 일단 국내에 들어와 기자생활을 시작했다.

기자 일을 하면서 박헌영은 조선 공산당을 만들기 위해 움직였다. 그러나 처음부터 어려움을 겪었다. 일제가 좌익을 집요하게 색출해냈기 때문이다. 박헌영이 조선공산당 간부 중에서 가장 먼저 체포되었다. 그리고 감옥에 갇혔다. 2년의 시간이 흘러 1927년에 그는 병보석으로 석방되었다. 정신이 온전하지 않다는 이유였다. 실제로 박헌영이 풀려나기 위해 미친 척을 한 것인지 정말 미쳤던 것인지에 대해서는 말들이 많다. 그러나 필자가 보기엔 미친 척 했던 것 같다. 박헌영은 풀려난 지 반 년도 안 되어 모스크바로 탈출했다. 멀쩡하게 아내와 함께 블라디보스토크를 거쳐 소련의 모스크바로 갔던 것이다. 미친 사람이 반 년 만에 제정신을 찾긴 어럽지 않았을까. 그만큼 박헌영은 무서운 사람이었다.

모스크바로 건너간 박헌영은 국제레닌대학과 동방근로자 대학을 다녔다. 그곳에서 공산주의를 체계적으로 학습할 수 있었다. 그가 레닌대학에 다닐 때 베트남의 독립영웅 호치민도 같은 학교를 다니고 있었다. 호치민은 훗날 베트남 공산화의 주역이 된 인물이다.

박헌영은 소련에서 학업을 마치고 중국 상하이로 돌아왔다. 그러나 그가 돌아왔을 때 중국은 윤봉길의 의거로 일본 경찰의 감시가 무척 심해져 있었다. 그로 인해 박헌영은 일본 경찰에게 체포되어 국내로 압송되었다. 다시 1939년까지 감옥살이를 해야 했다. 형기를 마치고 출옥한 뒤에도 그는 끈질기게 공산당 조직을 재건하려 시도했다. 다시 일본 경찰이 일제히 단속을 시작했다. 여러 사람들이 잡혀 들어갔다. 박헌영은 잠시 일본 경찰의 눈을 피해야 했다. 전라남도 광주로 갔다. 그리고 벽돌공장 노동자로 위장해 지하로 숨어들었다.

박헌영은 광주의 벽돌공장에서 일본이 항복했다는 소식을 들었다. 8월 15일이었다. 곧바로 그는 편지 한 장만을 남기고 서울로 떠났다. 놀랍게도 그날 저녁 서울의 거리 곳곳에 이런 벽보가 붙었다. '박헌영 선생은 어서 나타나서 우리를 이끌어 주시오.' 놀라운 일이었다. 만일 그 벽보가 본인이 지시해서 붙인 것이라면 세계적인 광고전문가도 두손 두발 다 들었을 아이디어였다. 그게 아니라면 한반도의 공산주의자들은 진심으로 박헌영을 원하고 있었다는 말이 된다.

훗날 김일성은 박헌영을 조롱하며 '리론가(이론가)' 라고 불렀다. 책으로 세상을 배운 서생적 혁명가는 개인적으로도 비극적인 일생을 살게 되지만 그의 무모한 꿈은 민족 전체에게도 비극이 되었다.

하지만 문제는 박헌영은 오랜 기간 공산당 건설에 힘쓰긴 했지만 실제 당을 만들고 운영한 경험은 없었다는 것이다. 아이러니컬한 일이지만 사실이었다. 일제의 탄압이 심해서 실질적인 활동이 거의 불가능했기 때문이기도 했다. 그러나 그보다는 윗선에 있는 간부들이 모두 감옥에서 죽었거나 건강이 나빠져 병사하는 바람에 자동적으로 지위가 올라간 탓이 컸다. 무능한 직장 상사를 둔 회사원들이라면 잘 아는 사실이지만 원래 조직에서는 오래 버티는 게 이기는 법이다.

그렇지만 박헌영은 자신이 해야 할 일이 무엇인지는 정확히 알고 있었다. 그는 서울에 도착하자마자 곧바로 소련 영사관을 찾아갔다. 앞으로 어떤 일을 해나가야 할지 소련의 생각을 가장 먼저 알아야 했다. 그걸 논의하기 위해서였다. 그런 뒤 곧바로 여운형의 건준에 참여했고 얼마 안 있어 건준을 장악했다. 그러면서 박헌영은 다른 한편으로 조선 공산당 조직을 재건하는 일에 몰두했다.

박헌영은 이론으로 철저히 무장한 데다 공산당 조직의 핵심 간부 출신이었다. 그랬기에 논리와 전략이 탁월했다. 그 앞에서 여운형은 종이호랑이였다. 꼼짝 못하고 건준을 박헌영의 손아귀에 넘겨주고 말았다. 여운형은 심정적으로만 사회주의에 호감을 갖고 있었을 뿐 공산당원으로서 조직활동을 해본 경험이 전혀 없었다. 당연히 박헌영을 감당할 수 없었다. 결국 건준은 더욱 좌경화되어 버렸다.

한편 김일성은

김일성은 8월 15일 러시아에 있었다. 이때까지만 해도 그는 자신이 장차 한반도 북부를 떡 주무르듯 주무르는 인물이 되리라고는 짐작도 못하고 있었다. 그는 평양의 가난한 묘지기 집안에서 태어났다. 평양은 묘한 곳이었다. 초기 선교사들이 중국을 통해 자주 드나들었고 전통적으로 대외무역이 활성화된 중심지였다. 반면 중앙 정부로부터는 늘 소외된 지역이었다. 그런 이유로 평양은 한국 기독교의 요람 같은 곳이 되었다. 김일성의 외가도 여러 명의 목사를 배출한 기독교 집안이었다. 어린 시절 김일성은 그런 평양과 만주를 오가며 성장했다. 그는 만주에서 중학교를 다녔는데 거기서 공산주의를 알게 되었다. 청년 김일성은 곧바로 반일공산주의 활동을 시작했다. 그러다 학교에서 쫓겨나게 되자 그길로 항일 무장운동에 뛰어들었다.

만주지역에서의 독립군 조직은 1920년대 급속하게 무너져갔다. 김일성이 항일 무장 운동에 본격적으로 뛰어든 1930년대 초반 쯤에는 매우 위축되어 있었다. 개별적으로 항일 유격대를 조직해서 드문드문 저항하는 수준이었다. 그러다보니 일부 유격대는 부근의 주민들을 협박해 식량이나 돈을 빼앗기도 했다. 그래서 때때로 마적떼 취급을 받았다.

김일성이 이끌던 유격대도 원래는 그런 정도의 수준이었던 것 같다. 그런 그를 사람들이 기억하게 된 건 1937년에 거둔 작은 승리 덕분이었다.

만주의 유격대 출신인 김일성이 거둔 작은 성과는 일제 말기 무장 투쟁이 거의 소멸된 시기에 전설로 부풀려졌다. 소련은 그것을 이용해 북한 지역을 장악하려고 했고 스탈린은 김일성을 북한 지역을 총괄하는 공산당의 지도자로 돌려 보냈다.

그는 자신의 유격대를 이끌고 일본 경찰 몇 명이 지키던 보천보 마을을 습격했다. 군대가 지키고 있었던 것도 아니었고 엄청난 전과가 있지도 않았다. 그저 경찰 몇 명이 지키던 작은 마을 하나를 잠시 점령했었던 것뿐이다. 그런 전투가 유명세를 탄 건 그 당시의 상황 덕이 컸다.

그 당시 사람들은 무장 독립 운동 자체가 사라졌다고 생각하고 있었다. 그런 때에 항일 무장 유격대의 승리 소식이 전해진 것이었다. 작은 승리도 귀하디 귀한 시절이었다. 신문들은 이 사건을 대서특필했다. 김일성도 어느 틈에 신화적인 인물처럼 되어 버렸다. 훗날 그가 소련을 등에 업고 북에 나타났을 때, 이렇게 얻어진 명성은 요긴했다. 사람들은 실제의 김일성이 아닌 신화화된 김일성을 기억했기 때문이었다. 하지만 김일성의 항일 유격대 활동은 오래 지속될 수 없었다. 일본의 강력한 토벌이 계속됐기 때문이다. 결국 1940년대가 되자 김일성은 소련으로 넘어갔다.

소련에서 김일성은 소련 극동군 제88국제여단에 들어갔다. 그곳에서 일제가 항복할 때까지 소련 군인으로 복무했다. 5년 동안 체계적인 교육과 훈련을 받았다. 스탈린의 계획이었다. 스탈린은 그런 방식으로 김일성과 같은 정치적 망명객을 받아들여 특별부대를 편성했다. 전쟁 후에 그렇게 훈련시킨 이들을 고국에 돌려보낼 계획이었다. 소련에 우호적인 정권을 세울 '꼭두각시'를 양성하려 했던 것이다.

김일성은 천성적으로 과감했다. 또 어린 나이부터 유격대를 이끌었기에 지도력도 갖추고 있었다. 그리고 젊었다. 스탈린의 계획에 딱 들어맞는 인물이었다. 김일성은 사실 스탈린의 그런 의도를 잘 모르고 있었던 것 같다. 해방이 되기 얼마 전까지도 그는 소련군 내에 있는 다른 한국인들과 귀국 후 공산주의 정치활동을 어떻게 할지 논의하고 있었다. 자신이 어떤 방식으로 귀국해서 어떤 활동을 하게 될지 전혀 모르고 있었다는 얘기다.

하지만 본인도 모르는 사이에 운명은 김일성을 선택했다. 스탈린이 미국과의 합의를 통해 한반도를 분할점령하게 됐을 때, 그의 인생길도 함께 바뀌었다. 스탈린은 소련을 대신해 대중들 앞에 내세울 한국인 지도자가 필요했다. 그리고 9월 초 비밀 면담을 통해 스탈린은 김일성을 낙점했다. 김일성 개인에겐 뜻밖에 찾아온 행운이었고 한반도에는 비극의 암운이 드리워진 순간이었다.

국내의 다른 지도자들

이승만, 김구, 여운형, 박헌영 이 네 지도자 이외에도 해방공간에는 그들에 버금가는 인물들이 있었다. 차이가 있다면 시대가 기회를 주지 않았다는 것 뿐이었다. 그들을 살펴보자.

먼저 북쪽에는 조선의 간디라 불렸던 조만식이 있었다. 메이지 대학에서 법학을 전공했고 교육과 사회운동을 통해 한민족의 실력을 양성하고자 했던 인물이었다. 기독교 민족주의자로 분류된다. 그는 일제 말기에 모든 협력을 거부하고 집에 틀어박혔다. 일본 총독부는 그를 이용하려고 여러 번 포섭하려 했다. 그러나 조만식은 단호히 거절했다. 그저 조용히 은거하며 세상이 흘러가는 것을 바라만 보고 있었다. 그런 그에게 일제의 패망 소식이 들려왔다. 곧바로 평양으로 돌아왔다. 그리고 평안남도 건준의 지도자가 되었다. 하지만 그는 서구식 민주주의와 시장경제를 따르는 인물이었다. 그러다보니 비록 건준의 지도자였지만, 자연스럽게 북쪽 지역의 우익세력을 대표하는 인물이 되었다.

남쪽에서 가장 명망이 있는 인물은 김성수였다. 그에 관해 이야기하려면 그의 단짝이자 오른팔이었던 송진우를 빼놓을 수 없다. 김성수는 전남의 거부 집안에서 태어났다. 어렸을 때는 한학을 배웠지만 신학문 역시 일찍부터 접했다. 일찍 결혼한 그는 처가 근처에서 신학문을 배웠는데 그때 송진우를 만났다.

송진우 역시 정통으로 성리학을 배우며 자랐다. 본인은 한학자가 되려 했었다. 그런 그에게 아버지가 신학문을 배우라고 권했다. 그렇게 찾아간 학교에서 송진우는 김성수를 만났다. 송진우는 과묵하고 무뚝뚝했지만 의리가 있었다. 김성수와 만난 지 얼마 안 있어 둘은 절친한 친구가 되었다. 함께 일본으로 건너가 와세다 대학에서 유학을 했다. 김성수 집안의 반대가 컸지만 막을 수는 없었다. 유학을 마치고 돌아온 김성수와 송진우는 함께 실력 양성 운동에 뛰어들었다. 이때부터 김성수는 경성방직을 운영했다. 민족자본을 지키기 위해 김성수는 일제치하에서지만 사업을 끌

앞에 나서서 남들을 이끄는 사람도 큰 인물이지만, 남들 앞에 나서길 좋아하지 않으면서 남들이 공을 세우도록 돕는 사람도 역시 큰 인물이다. 전자의 대표적인 인물이 이승만이라면, 후자의 대표적인 인물이 바로 김성수다. 학교, 언론, 기업 등 민족의 저력을 지켜내야 하는 분야에서 누구보다 큰 공을 세웠고, 한민당을 이끌며 건국에 참여해 비판적인 견제 세력으로서 야당의 길을 갔다.

고 가야 했다. 그래서 실력양성운동의 실무는 대부분 송진우가 도맡아 했다. 돈은 김성수가 대고 일은 송진우가 했다. 그런 방식으로 둘은 중앙학교, 보성학교 등 여러 학교를 인수하거나 새로 세웠다. 또 동아일보를 설립해 운영과 편집을 맡았다.

이들의 활동은 온건한 사회 운동이었다. 식민지 치하에서 기업과 학교, 언론사를 운영하는 사람에게 현실과의 타협은 불가피한 것이었다. 대놓고 독립운동에 참여하거나 지원할 수 없었다. 누군가가 목숨 걸고 독립운동을 해야 했다면 누군가는 그 자금을 대야 했다. 이런 일이 있었다. 해외의 독립운동이 활발할 때였다. 어느날 낯선 이가 김성수를 찾아왔다. 독립운동 자금을 요청하러 찾아온 사람이었다. 김성수가 독립운동 자금을 댄다는 말이 떠돌면 그가 운영하는 기업이건, 학교건, 언론사건 엄청난 제약을 받게 될 게 뻔했다. 김성수는 완곡하게 거절의 뜻을 표했다. 그리고는 방안의 금고문을 활짝 열어놓고 밖으로 나가버렸다. '주고 싶지만 줄 수 없다, 필요한 만큼 가져가라, 훔쳐간 것으로 하자', 이런 의미였을 게다. 김성수의 방식이었다. 이런 방식으로 보내준 독립운동 자금은 지금 돈으로 환산하면 수십억 원 이상이었다. 그랬기에 조선어학회 사건이나 경성방송국 단파라디오 방송 청취 사건 등으로 일본경찰이 날뛸 때면 늘 김성수가 거론되곤 했다. 다만 증거가 없어 처벌을 못할 뿐이었다. 그는 독립운동의 숨은 지원자였다.

식민지 말기 군국주의가 극에 달하자 김성수의 입장은 더욱 곤란해졌다. 총독부의 요구를 묵살하거나 거부할 수 없었다. 그럴려면 모든 걸 던져버리고 은거해야 했다. 그렇게 할 수 없다면 총독부의 요구에 응해야 했다. 김성수는 어쩔 수 없이 각종 친일단체에 이름을 올렸다. 그들이 필요로 하는 글을 썼다. 천황을 위해 조선 젊은이들은 총을 메고 나서라고 권해야 했다. 김성수가 뼛속까지 친일파가 되어 그렇게 협력한 건 아니었다.

일본의 식민지가 된 지 30여 년이 넘은 때였다. 금방 망할 것이라는 생각은 들지 않았다. 어쩌면 일제의 지배가 훨씬 길어질 수도 있겠다는 생각이 들었다. 그렇다면 일본인과 조선인의 차별만은 막아야 했다. 일본인들은 조선 사람들을 차별하면서 이런 이유를 댔다. '너희들은 군대를 가지 않는다. 천황폐하를 위해 싸우지 않는다. 그렇기 때문에 이등 국민이다. 너희들이 착취당하는 건 당연하다.' 언제까지나 이등 국민으로 살며 착취와 수탈에 시달릴 순 없었다. 군대엘 가겠으니 차별을 없애라, 그런 생각이었다. 평등운동이라고 생각했다.

그런 생각이었기에 끝까지 일본의 작위 수여와 창씨개명은 거부했다. '김성수'라는 이름을 끝까지 버리지 않았다. 그 대신 그의 맘을 속속들이 아는 송진우에게는 물러나 몸을 사리라고 했다. 만약 김성수가 없었다면 송진우가 병을 핑계로 창씨개명과 전쟁에 협력하라는 총독부의 요구를 뿌리칠 수는 없었을 것이다. 송진우를 '빛'의 세계에 두기 위해 김성수가 기꺼이 '어둠'이 되기로 했던 것이다.

김성수와 송진우 주변에 있는 인물들은 대부분 그들과 입장이 비슷했다. 식민지 치하에서 사업을 하거나 유학을 다녀온 엘리트 지식인이 많았다. 그들은 사회주의 대신 서구식 민주주의와 시장경제를 신봉했다. 서양의 근대문물을 받아들여 나라의 힘을 키우려는 근대주의자들이었다. 식민지 초기 이들 대부분은 교육과 언론 활동을 통해 민족의 실력을 키우고자 했다. 그러나 그들은 일제 말기가 되면서 김성수처럼 친일협력을 한 전과를 안게 되었다.

해방이 됐을 때 이들은 두 가지 입장으로 갈라졌다. 하나는 독자적인 정치세력을 만들어 건국에 대비하자는 입장이었고, 다른 하나는 임시정부의 귀국을 기다려야 한다는 입장이었다. 송진우는 단호하게 임시정부의 귀국을 기다려야 한다고 했다. 성리학적 의리론이 몸에 배어있던 지사였기 때문이다. 김성수 역시 송진우와 같은 입장이었다. 그래서 좌익이 주도하는 여운형의 건준에 협력하지 않았다. 그저 상황을 지켜보며 기다릴 뿐이었다.

제5장

혼란의 8월

- 1945년 8월 12일 : 소련, 한반도 입성(웅기군)
- 1945년 8월 19일 : 맥아더, 하지를 한반도 점령 사령관으로 임명
- 1945년 8월 24일 : 소련군 사령관 치스차코프 함흥 도착, 임시위원회 첫 설립
- 1945년 9월 1일 : 미군 첫 포고령(삐라) 살포, 9월 5일 제2차 포고령(삐라) 살포
- 1945년 9월 5일 : 미군 선발대 도착
- 1945년 9월 6일 : 건준, 인민공화국 선포
- 1945년 9월 8일 : 미 점령군 인천 도착, 9월 9일 조선총독부 항복문서 조인 (미군정 시작)
- 1945년 9월 12일 : 미영소 런던 회담 시작
- 1945년 9월 20일 : 스탈린 한반도에 관한 비밀 지령 작성 (10월 초 치스차코프에게 전달)
- 1945년 10월 8일 : 치스차코프, 38도선 이북을 '독자적인 정치경제적 단위'라고 선포

점령군인가 해방군인가

미국과 소련은 북위 38도 선을 경계로 한반도를 분할 점령하기로 합의한 뒤 각각 점령 준비에 들어갔다. 준비라고는 했지만 실은 준비가 거의 없었다. 둘 다 한반도에 대해서는 아무런 대책을 세우고 있지 않았다. 사실 준비가 되어 있지 않을 때 드러나는 건 기본 실력이다. 그런 점에서 정치 활동의 훈련이 필수적인 공산주의 소련 군대와 야전 전문가로만 육성된 미국 군대는 비교가 되지 않았다.

먼저 한반도에 진입한 것은 소련군이었다. 일본에 선전포고를 하자마자 8월 12일 소련의 제25군이 웅기에 진입했다. 파죽지세였다. 소련군은 빠르게 일본군을 무장해제시키며 21일에는 원산을 점령했고 24일에는 평양에 진군했다. 일부 소련군은 더 빠르게 남쪽으로 내려와 38선을 넘어 개성까지 진출했다가 다시 올라가기도 했다.

소련군에서 한반도 점령의 임무는 극동군 산하 제25군 사령관 치스차코프 대장이 맡았다. 단, 임무만 맡았을 뿐이었다. 한반도 점령의 구체적인 방법이나 절차에 관한 지시는 그에게 하달되지 않았다. 8월 24일 치스차코프는 함흥에 도착했다. 그리고 그날 처음으로 함경남도의 일본행정관으로부터 항복문서에 서명을 받았다. 총독부로부터 남한 전지역의 권력을 한꺼번에 넘겨받은 미군과는 달랐다. 소련군은 개별적으로 지역책임자들에게서 항복을 받았다. 치스차코프는 항복을 받아낸 후 다음날 25일 오전에 소련 군정이 시작된다고 함경남도 전역에 발표하려 했다. 그런데 그때 소련군 입성 소식을 들은 함경남도의 주요 지도자들이 치스차코프를 찾아왔다. 자신들에게 행정권을 넘겨달라고 요구했다. 일본 패망 직후 좌익과 우익 인사들이 힘을 합쳐 인민위원회를 구성했다는 것이었다.

소련에서 군인으로 성장했다는 건 정치적으로는 살아남았다는 뜻이었다. 또한 공산주의 국가에서 군인으로 대장까지 오르려면 그런 정치감각이 훨씬 뛰어나야 했다. 치스차코프도 최소한의 정치감각은 갖고 있었다. 그는 본능적으로 함경남도의 지도자들이 요구한 것을 받아들여야 한다는 걸 알아차렸다. 실제로는 점령군일지라도 해방군이라는 인상을 줘야 했다. 치스차코프는 흔쾌히 요구를 받아들였다. 그는 야전의 군인이었지만 소련인접국가를 점령했을 때 무엇을 해야 하는지 잘 알고 있었다. 우선 좌우 합작의 권력을 만드는 것이었다. 치스차코프는 함남의 지도자들에게 인민위원회를 좌우익이 각각 같은 수가 참여해서 만들도록 지시했다. 치스차코프는 이 원칙을 다른 지역에도 똑같이 적용시켰다.

8월 26일 치스차코프가 평양에 입성했다. 북한 지역의 대표적인 우익 인사 조만식과 좌익의 거두 현준혁이 곧바로 찾아왔다. 조만식이 치스차코프를 보자마자 따지듯 물었다. “당신네들은 점령군이요 해방군이요?” 소련군이 곳곳에서 약탈과 강간 등 각종 만행을 저지르고 있었기 때문이었다. 치스차코프는 첫눈에 조만식이 만만한 인물이 아니라는 걸 간파했다. 구체적인 대답을 피했다. 그런 문제는 전문가와 이야기 나누라며 다음번 약속을 잡고 만남을 마무리했다. 조만식이 주도한 건준은 소련군의 요청으로 좌우익이 동수로 참여하는 ‘평남인민정치위원회’로 개편되었다.

8월 28일 제25군 군사회의 군사위원인 소장 레베데프가 평양에 급파되었다. 그는 다음날 조만식 등을 만났다. 그 자리에서 조만식은 레베데프에게 한반도에는 민주주의와 시장경제가 자리잡아야 한다는 의견을 내놨다. 그때 레베데프는 그가 반동적이라는 생각을 굳혔다. 조만식이 조금 더 만만한 인물이었다면 소련군정은 아마 그를 선택했을 것이다. 그를 전면에 내세워 좌우익 합작의 연립단체를 만들고 북한 지역을 대표하게 했을 것이다. 하지만 그러기에 조만식의 성향은 너무 우익적이었고 비협조적이었다. 그때부터 소련군정은 그를 배제하거나 제거해야할 인물로 간주했다.

소련 군정은 표면적으로는 인민위원회에 모든 권력을 넘긴 것처럼 보였다. 하지만 몇 가지 사안은 확실히 못 박았다. 인민위원회는 좌우익이

한국인들은 소련군과 미군 모두를 해방군으로 맞이했다. 그러나 그들은 해방군인 동시에 점령군이기도 했다. 차이가 있다면 소련군은 해방군을 자처하면서 약탈을 일삼았고, 미군은 점령군의 고압적인 자세를 버리지 못해 실수를 일삼았다는 것이다.

동수로 참여해야 하고 반드시 소련군의 자문을 거쳐야 한다는 것이었다. 얼핏 보면 인민들에게 자치의 권력을 쥐어준 것처럼 보였다. 그러나 실제로는 소련이 원하는 대로 끌고갈 수 있는 형태였다. 소련뿐 아니라 공산주의자들이 자주 쓰는 전형적인 전략이었다. 달콤한 말 뒤에 망치를 숨기고 있었다. 명분을 주고 실리를 챙겼다. 입으로는 해방군이었지만 실제로는 점령군이었다.

그랬기에 치스차코프의 공식적인 포고문은 달콤했다. "조선인민들이여! 붉은 군대와 연합국 군대들은 조선에서 일본 약탈자들을 내쫓았다. 조선은 이제 자유국가가 되었다. 그러나 이것은 오직 새로운 조선 역사의 첫 페이지가 될 뿐이다. 화려한 과수원은 사람의 땀과 노력의 결과다…. 행복은 이제 당신들 손안에 있다. 당신들은 자유와 독립을 찾았다. 이제는 모든 것이 죄다 당신들에게 달린 것이다." 사람들을 꿈에 부풀게 할 만했다.

그러나 포고문과는 달리 소련군의 행태는 정반대였다. 탐욕스럽고 폭력적이었다. 북한을 점령하자마자 온갖 물자를 뜯어내기 바빴다. 마치 강도처럼 물자를 약탈했다. 여자들을 보면 희롱하고 겁탈했다. 그런 일이 너무 자주 일어났다. 소련군이 멀리서 나타나면 마을에서는 망보던 사람이 미리 꽹가리를 쳐서 알려야 했다. 여자들을 숨겨야 했기 때문이었다. 그렇게 북한 인민들은 '공산주의 해방군'의 실체를 알게 되었다.

분단의 시작

8월 하순까지 소련군은 38선 이북 지역을 거의 대부분 손 안에 넣었다. 가장 먼저 통신, 우편, 철도 등 남북을 잇는 교통통신망을 차단했다. 사실 분할 점령이라고 해서 남북의 교류 자체를 금지시킬 이유는 없었다. 그러나 소련은 그렇게 했다. 외부세력의 간섭 없이 38선 이북 지역을 확고히 지배하겠다는 의도가 드러나는 대목이었다.

소련군은 말로는 해방군이었지만 실제로는 점령군이었다. 당연히 소련군에 대한 불만이 터져 나왔다. 그 때문에 해방공간 최초의 암살사건이 일어났다. 평남 인민정치위원회 부위원장 현준혁이 희생자였다. 그는 조만식과 함께 북한 지역을 대표하는 인물이었다. 사건 당일인 9월 3일 그는 조만식과 함께 트럭을 타고 이동 중이었다. 해방 무렵 한반도의 도로 사정은 그리 좋지 않았다. 자동차도 요즘과는 달리 성능이 떨어졌다. 커브길에서는 속력을 상당히 줄여야 했다. 조만식과 현준혁이 탄 차가 커브길을 돌며 속력을 줄였을 때였다. 그때 정체불명의 괴한이 트럭문을 잡고 올라탔다. 조만식을 흘끗 봤지만 그는 해치지 않았다. 대신 곧바로 현준혁을 향해 가슴에 권총 몇 발을 쏘았다. 그런 뒤 마치 영화처럼 뛰어내려 사라졌다. 현준혁은 현장에서 즉사했다.

현준혁 암살의 배후는 염동진이란 인물이었다. 그는 중국의 장제스가 지원해서 만들어진 한인군관학교 출신으로 중국에서 독립운동을 했다.

그러다 일제 말기 1943년에 북한 지역으로 들어와 반공결사단체인 대동단을 만들었다. 그런 그가 현준혁을 암살하려고 마음 먹은 건 소련군의 만행 때문이었다. 사건이 있기 얼마 전, 염동진의 측근이 소련군 소속의 한인장교 한명과 함께 현준혁을 만나러 갔었다. 그 자리에서 그는 현준혁에게 소련군의 악행에 대해 강력하게 항의했다. 조치가 필요하다고 요청했다. 하지만 함께 간 소련군 장교는 핑계를 대며 소련군을 변명할 뿐이었다. 더 실망스러웠던 건 현준혁이었다. 소련군에게 강력히 항의해야 할 현준혁은 무기력하게 핑계만 댔다. 염동진은 그런 현준혁을 응징해야겠다고 생각했다. 아울러 소련에 훨씬 더 강력한 의사표시를 해야 할 필요도 있다고 믿었다.

암살 사건이 일어나자 소련군이 배후를 추적해 들어왔다. 계속 이북에 있을 수 없었던 염동진은 45년 겨울 서울로 스며들었다. 그리고는 김구의 밑으로 들어갔다. 그 밑에서 대동단과 비슷한 백의사라는 테러 단체를 만들어 활동을 계속했다.

소련 군정은 현준혁 암살사건을 세간에 보도되지 못하게 통제했다. 그래서 민간인들에게는 이 사건이 거의 알려지지 않았다. 현준혁은 공산주의자들 가운데서도 민족주의자들과 힘을 합치자고 주장했던 사람이었다. 남한의 박헌영과 함께 국내파 공산주의자를 대표하던 인물이었기에 북한에서 영향력도 컸다. 그래서 그나마 소련 군정을 상대로 입바른 소리를 할 수 있었다. 하지만 그가 그렇게 일찍 암살되는 바람에 북한 지역에서 소련을 견제할 사람은 더 줄어들고 말았다.

소련군정이 인민위원회를 내세워 북한지역을 실질적으로 장악해가고 있었을 때 남한 지역은 여전히 총독부가 지배하고 있었다. 그러다보니 혼란만 가중되었다. 총독부가 건준의 권한을 다시 빼앗았지만 지방 곳곳에서는 건준의 지부가 치안을 맡고 있었다. 또 건준 지부 중에서 몇몇은 인민위원회로 개편하는 곳도 생겨났다. 북한에서 건준이 인민위원회로 바뀌었다는 소문을 들었기 때문이었다.

당시 남한에는 여러 소문들이 나돌았다. 소련군이 남쪽까지 내려온다는 소문도 있었다. 곧 미군이 상륙한다고도 했다. 아무도 앞으로의 일을 확실하게 말할 수 없었다. 그런 가운데서도 박헌영은 조선공산당을 재건하며 건준 장악에 힘쓰고 있었다. 우파의 김성수와 송진우는 그저 상황을 지켜볼 뿐이었다.

8월 19일 태평양 방면 미육군사령관 맥아더는 드디어 남한 주둔군 사령관을 임명했다. 미군 제24군단장 존 하지 중장이었다. 물론 남한을 점령하는 데 필요한 상세한 계획서 따위는 하달되지 않았다. 소련과 마찬가지였다. 하지만 소련군과 결정적으로 달랐던 점이 있었다. 미군들이 정치적으로 영 서툰 사람들이었다는 것이다. 당시 하지가 남한 지역에 대한 정보를 얻을 수 있었던 곳은 일본총독부 뿐이었다. 일본총독부는 하지에게 남한 지역의 정치적 상황이 무척 혼란스럽다고 보고했다. 악의적으로 과

하지는 '태평양의 패튼'이라 불릴 정도로 뛰어난 야전 군인이었으나 정치적 감각은 크게 부족했다. 역량 부족으로 인해 오점을 남겼다고는 하나 그는 엄연히 미군정기 남한 지역의 최고 실권자였다.

장한 것이었다. 총독부는 미군정이 남한지역을 재빠르게 진정시켜주길 바랬던 것이다. 그래야 일본인의 피해가 없을 터였다. 총독부의 그와 같은 보고는 하지를 긴장하게 만들었다. 첫 단추가 잘못 꿰지고 있었다.

대다수의 남한 사람들은 9월 1일이 되어서야 미군이 들어올 거란 사실을 알게 되었다. 일본에서 날아온 미군 폭격기가 전단지를 뿌리고 돌아갔던 것이다. 전단지에는 하지 중장의 포고문이 인쇄되어 있었다. '미군이 코리아의 재건과 질서 있는 정치를 실현하고자 한반도에 상륙한다' 이런 내용이었다. 전단지는 서울, 부산, 인천 등 남한 전역에 뿌려졌다. 비교적 평범한 내용이었다.

문제는 9월 5일에 뿌려진 두 번째 포고문이었다. 평범했던 첫번째 전단지와는 달랐다. 위협적이고 권위적인 점령군의 말투였다. 치안을 어지럽히거나 연합군에게 적대적인 행동을 하는 조선인들은 '사형'시킬 수도 있다고 적혀 있었다. 그러면서 질서 유지에 대한 강력한 의지를 드러내 놓았다. 소련 군정과는 너무 차이가 나는 정치감각이었다. 똑같은 야전의 군인이었지만 하지는 치스차코프와는 달랐다. 융통성이라고는 찾아볼 수 없었다.

게다가 그는 일본 점령의 기본 원칙인 '대일훈령'을 한반도에 그대로 적용하려고 했다. 대일훈령의 핵심은 기존의 조직을 활용해서 군정을 실시한다는 것이었다. 일본에서야 그렇게 하는 것이 혼란을 가장 빠르게 안정시키는 방법이었을 것이다. 그러나 한반도에 그 원칙을 적용할 경우, 상황은 180도로 바뀐다. 한반도에서 '기존의 조직'은 일본총독부다. 응징하고 처벌해야 할 전쟁범죄자인 일본인들의 조직과 인력을 다시 활용한다는 말이었다. 한국인들에겐 말도 안 되는 얘기였다. 오히려 혼란을 가중시키고 갈등을 야기시킬 조치였다. 그 정도로 하지와 미군당국은 한국인들의 마음과 한반도의 상황에 대해 몰랐던 것이다.

"일본에 주둔한 미군들이 두려워하는 게 세 가지 있다. 첫째 다이어리아(설사), 둘째 고너리아(임질) 그리고 마지막은 코리아(한국)다." 하지가 한반도 도착 직후에 한 연설이다. 그의 덜 떨어진 정치감각을 다시 한 번 확인할 수 있는 대목이다. 훗날 한국을 떠날 때 하지는 한국인에 대한 크나큰 존경심을 표할 만큼 대한민국을 이해하게 되었다. 그러나 그가 재임하던 기간 동안, 그의 무지와 그가 겪은 시행착오는 고스란히 한국인들의 불행으로 남게 되었다.

박헌영과 인민공화국

남한에서 혼란스런 8월을 가장 알차게 보낸 건 박헌영이었다. 소련군은 북한 지역을 확보해나가고 있었던 반면 미군은 오키나와에서 출발준비만 하고 있었다. 남한에서는 오직 건준만이 활동하고 있었다. 박헌영은 바로 그 건준을 장악해 나가면서 공산당을 재건하고 있었던 것이다.

이와는 달리 우익 진영은 조용했다. 연합군이 들어오고 임시정부가 돌아올 때까지 기다려야 한다는 생각밖에 없는 듯했다. 그러는 사이에 미군이 점령할 거라는 포고문이 발표되었다. 좌익성향의 건준은 조직을 계속 확대해나가고 있었다. 그걸 본 우익진영이 다급해졌다. 뭐라도 해야지 아무것도 안하고 있을 수는 없다는 분위기가 만들어지고 있었다.

일부는 민족주의 세력을 합쳐 정당을 만들자고 했다. 송진우는 정당은 시기상조라고 했다. 그보다는 국민대회를 열어 의회조직을 만들어야 한다는 것이었다. '어차피 임시정부가 돌아오면 그들을 따르면 되는 것이다. 정당까지 만들 필요는 없다. 국민대회를 열어 민족의 역량을 집결시키자. 의회를 만들어 의회민주정치의 기반만 닦아놓으면 된다.' 하지만 송진우의 의견은 여러 의견들 사이에서 묻혀버렸고 국민대회는 열리지 못했다.

그 대신 정당 설립에 대해 의견을 교환하던 우익인사들이 가칭 '한국민주당(한민당)' 발기인 대회를 열었다. 9월 6일이었다. 아직 대표나 체제가 준비된 건 아니었다. 발기인들만의 준비모임이었다. 그리고 9월 5일에 인천항으로 들어온 미24군단의 선발대가 총독부와의 협의를 시작하려 하고 있었다.

그럴 무렵, 좌익진영이 옛 경기여고 강당에서 대형 사건을 터뜨렸다. 박헌영이 장악한 건준이 '조선인민공화국'(인공)이라는 이름으로 정부 설립을 선포해버린 것이었다. 동의도 구하지 않고 좌우파 인사를 뒤섞어 정부 인선의 내용을 발표한 게 전부였다. 하지만 그 영향력은 상당했다.

인공과 이승만

조선인민공화국의 설립을 선포한 건 박헌영이 무리하게 추진한 일이었다. 건준 내부에서도 제대로 합의된 게 아니었다. 당시 여운형은 몸이 좋지 않아 계속 집에 머물고 있었다. 그리고 비밀리에 사람들을 시켜 인천 앞바다에 도착해 있던 미군 선발대와 접촉을 시도하고 있었다. 그들도 건준이 조선인민공화국을 선포하리라는 걸 전혀 몰랐다. 전형적인 졸속사건이었다.

왜 그랬을까. 왜 박헌영은 그렇게 무리한 결정을 내렸을까. 그들은 미군이 남한을 단독으로 점령한다는 걸 무시했던 것 같다. 미군 본대는 멀리 오키나와에 있었기 때문이었다. 반면에 소련은 바로 38선 이북에 있었다. 소련도 곧 남한 지역으로 내려올 것이라 생각하기 쉬웠다. 그러니 북한에서처럼 빨리 인민위원회 같은 자치조직을 만들어야 했다. 그래야 그 인민위원회를 통해 권력을 넘겨받을 수 있을 것이었다. 그러자면 생각이 다른 공산주의자 파벌들은 빨리 도태시킬 필요가 있었다.

그런데 여운형은 박헌영 일파가 조선인민공화국을 선포한 사건에 대해 매우 애매한 태도를 취했다. 그는 인민공화국의 선포가 어설픈 시도라는 걸 분명히 알고 있었다. 하지만 그는 다음과 같이 정당화하며 인공 선포를 받아들였다. '비상한 시국에서는 비상한 사람들이 비상한 방법으로 비상한 일을 할 수 있는 법이다.' 여운형은 종종 이런 식으로 자기의견을 내세우지 않고 남의 의견을 따랐다. 우유부단했던 것이다. 건준 역시도 여운형의 그 같은 성격 때문에 박헌영에게 장악당한 것이었다.

조선인민공화국은 무리하게 선포된 만큼 내각의 구성도 절충적이었다. 주석으로는 이승만을 내세웠다. 부주석은 여운형이었다. 김성수 등의 국내우파도 들어가 있었다. 대신 실질적인 집행부는 좌익들로 채워졌다.

이와 같은 인공 선포는 무모한 발상이었지만 역사적으로는 중요한 사건이 되었다. 무엇보다 이들이 이승만을 주석으로 추대했기 때문에 그렇다. 이승만은 한반도에서 거의 잊혀진 인물이었다. 뛰어난 개화파 지식인이었고 최초의 한국인 미국 박사였다는 사실도 사람들에게는 희미해지고 있었다. 그러다가 1942년 '미국의 소리' 방송으로 인해 한국인들에게 다시 명성을 얻게 되었다. 그런 이승만을 인민공화국이 초대 주석으로 추대해 버렸던 것이다.

이때까지만 해도 인공의 구성원들은 이승만에 대해 잘 몰랐던 것 같다. 이승만은 애초부터 강력한 반공주의자였다. 체질적으로 공산주의와 소련을 무척 싫어했다. 인공은 그런 사실은 잘 모른 채 이승만이 해외에서의 인지도가 높다는 점에만 주목했다. 그래서 그를 대통령으로 추대하면 연합국으로부터 인공의 대표성을 인정받기 좋다고 생각했다.

그런 인공의 추대 덕에 이승만의 명성이 더욱 높아졌다. 그 당시 순진한 사람들은 활동이 가장 많았던 건준과 인공이 조선을 대표하는 조직이라고 믿었다. 그런 사람들은 이승만을 '우리 주석'이라고 생각하게 되었다.

국내에는 이렇다 할 지지기반이 없었던 이승만에게 활약할 터전이 만들어졌던 것이다. 이승만과 가장 극렬하게 대립할 좌익 인사들이 이승만을 도와준 셈이다. 역사의 아이러니였다.

미군정의 시작

9월 6일 미군 제24군단의 선발대 장교들은 조선호텔에서 조선총독부 관료들과 일본군 간부들을 만났다. 예비회담이었다. 그때까지만 해도 미군은 일본인들에게 한반도를 맡길 생각이었다. 미군 사령관은 그것을 관리 감독만 하면 된다고 생각했다. 엄청난 착각이었다. 근본적으로 한국과 일본의 관계를 전혀 이해하지 못하고 있었던 것이다.

이틀 뒤인 9월 8일 새벽, 하지를 비롯한 제24군단이 군함을 타고 인천항에 들어섰다. 여운형의 특사가 자신들이 조선의 대표라고 주장하며 하지와의 면담을 요청했다. 하지는 만날 이유가 없다며 거절했다. 그런데 그들 중 미국 유학생 출신이 있다는 말을 들었다. 하지는 미군 장교를 시켜 그와 대화를 나누게 했다. 그는 건준을 인정해달라는 요청을 했다. 아울러 우익 인사 중에 친일매국노들이 있으니 그들을 앞으로 배제해달라는 요구도 덧붙였다. 하지는 코웃음을 쳤다. 하지는 여운형도 총독부에 협력했다는 소문을 들은 적이 있었다. 그랬기에 여운형이 보낸 특사의 말을 조선인들 사이의 유치한 정치투쟁이라고 생각했다.

그런 하지와 남한 지역 사람들의 첫 만남은 너무도 불행했다. 일본군 때문이었다. 사람들은 미군 병사들이 상륙한다고 하자 너도나도 부두로 몰려나왔다. 미군들을 환영하기 위해서였다. 그런데 그들을 향해 일본 특별경비대가 총을 쏘아버렸다. 혹시 폭동이 일어나지 않을까 우려한 과잉대응이었다. 어이없게 그로 인해 두 명이 죽고 여러 명이 다쳤다. 한국인들의 미군에 대한 환영분위기는 그 사건으로 싸늘하게 식어버렸다.

9월 9일, 한반도 주둔 일본군과 조선총독은 항복문서에 서명했다. 공식적으로 모든 권한은 미군정으로 넘겨졌다. 항복문서의 조인식이 끝난 뒤 미군정의 포고령이 발표되었다. 한국인들에게는 매우 실망스런 내용이었다. 한국 사람들은 일본이 항복하면 곧바로 독립이 되는 줄 알았다. 그러나 포고령의 내용은 미군이 점령하면서 당분간은 현상 유지를 목표로 한다는 것이었다. 현상 유지를 한다는 건 일제시대의 일본인 관리들이 그대로 일한다는 뜻이었다. 미군의 입장에서 볼 때는 그게 편했다. 행정관리들을 싹 갈아치우면 골치만 아플 것 같았다.

그러나 한국인들은 아니었다. 일본인 관리들이 그대로 남아 일한다는 것은 받아들일 수 없었다. 지난 시절 그들에게서 엄청난 차별과 탄압을 받았던 기억 때문이다. 그런 그들이 그대로 관리 감독을 한다는 사실은 도저히 용납할 수 없었다. 한국인들의 분노가 끓어올랐다. 곧바로 항의시위가 터져 나왔다. 미국 정부에 그 소식이 전해졌다. 미 국무부는 하지에게 재빨리 일본인 관리들을 해임하고 미군정을 실시하라고 지시를 내렸다. 그러나 이미 늦은 일이었다. 소 잃고 외양간 고치는 격이었다. 첫단추가 아주 잘못 채워졌던 것이다.

첫걸음을 잘못 내디딘 하지의 미군정은 뒤늦게 일본인 관리들을 해임했다. 그리고 조선인들과의 접촉을 시도했다. 한국을 제대로 알아야만 했다. 하지는 우선 한국 파견 선교사 가정에서 자라 한국어에 능통한 장교를 골랐다. 그들을 통해 민심을 살폈다. 그리고 미 국무부에 자신을 보좌할 정치고문의 파견을 요청했다. 그나마 다행이었지만 많이 늦은 한국 공부였다.

분할 점령에서 분할 통치로

이렇게 한반도는 분할 점령되었다. 북한지역에서는 소련군이 전형적인 공산주의자들의 수법으로 인민위원회를 뒤에서 조종했다. 그러면서 북한 지역 전체의 지배권을 장악해 나갔다. 반면 남한지역은 미군정의 준비 부족이 심각했다. 그로 인해 정치세력들이 난립하며 혼란에 휘말려 갔다. 이때부터 분단이라는 비극이 서서히 싹트고 있었다. 하지만 분명 아직 분단이 고착된 건 아니었다.

그렇다면 언제, 그리고 왜 분할점령이 분할통치의 구도로 바뀌었을까.

사람들은 흔히 남북협상이 결렬됐기 때문이라고 생각한다. 남한만의 단독선거가 거의 굳어져 갈 무렵 김구와 김규식이 북의 김일성을 만났던 그 남북 협상만 잘 되었으면 하고 안타까워 한다. 한편 이승만이 남한단독정부론을 들고 나왔기 때문이라며 분단의 책임을 이승만에게 덮어씌우기도 한다. 하지만 과연 그랬을까? 실제로는 그렇지 않다. 오히려 한반도의 운명을 결정한 건 저 먼 소련땅 모스크바에 있던 인물이었다.

해방이 된 8월 15일의 하루 전으로 다시 돌아가보자. 8월 14일 스탈린은 미국이 제안한 일반명령 제1호를 흔쾌히 승낙했다. 한반도의 38선 이북만 점령하라는 미국의 제안을 받아들인 것이다. 같은 날 스탈린은 중국과도 조약을 맺었다. 얄타회담에서 스탈린은 장제스에게 만주지역의 이권을 요구했었다. 장제스는 그 요구를 받아들였다. 8월 14일에 맺은 조약은 바로 그 만주지역의 이권을 중화민국이 보장해준다는 내용이었다. 대신 장제스는 자신이 이끄는 국민당 정부가 중국의 유일한 합법 정부임을 소련이 인정하고 지지해줄 것을 요구했다. 한마디로 마오쩌둥을 지원하지 말라는 요청이었다. 스탈린은 동의했다. 단, 중국에 미군이 단 한명도 들어와서는 안 된다는 조건이 붙었다.

스탈린은 중국을 마오쩌둥이 차지하든 장제스가 차지하든 상관없었다. 공산당이 들어서건 국민당이 들어서건 소련에 의존하는 세력이면 누구라도 상관없었다. 제국주의의 논리 그 자체였다. 스탈린은 이 조약에 따라 마오쩌둥에게 국민당과 합작하라고 지시했다. 장제스 밑으로 들어가라는 것이었다. 마오쩌둥은 그때 국민당과 한판 전쟁을 준비하고 있었다. 마오쩌둥의 스탈린에 대한 배신감은 컸다. 마오쩌둥은 평생을 두고 이 날의 배신감을 잊지 못했다.

아마 그때 마오쩌둥은 알았을 것이다. 스탈린은 국제 공산주의라는 대의 따위는 안중에도 없는 사람이라는 것을. 스탈린은 자국의 이익을 위해서라면 무엇이든 헌신짝처럼 내다버릴 수 있는 사람이었다. 이때만 해도 스탈린에게 제일 중요한 건 만주지역의 이권이었다. 또 중국에서 미국의 영향력을 완전히 제거하는 것이었다. 그걸 위해서라면 한반도의 점령이나 중국의 내전 따위는 관심거리조차 못되었다. 중국 공산당이 좀 위축되면 어떤가. 국민당 정권이 미국 대신 소련과 손잡는다면 그걸로 충분하다. 스탈린은 그런 생각이었다.

하지만 중국 공산당을 내팽개쳤던 스탈린의 태도는 곧 바뀌었다. 전후처리가 소련의 의도대로 돌아가지 않았던 까닭이다. 연합국 내부에서는 더 이상 소련의 요구를 순순히 들어주지 않았다. 9월 12일부터 10월 2일까지 런던에서 연합국들의 외상들이 모여 회의를 열었다. 미국, 영국, 소련의 외상들이 모였다. 전후 처리에 대해 협의에 들어갔다. 회의가 시작되자 소련은 동유럽에서의 권리를 주장했다. 영국과 미국은 동의했다. 소련이 독일과의 전쟁에서 흘린 핏값을 인정하지 않을 수 없었다. 폴란드에는 이미 6월에 공산주의 정권이 들어선 상황이었다.

회의가 진행되면서 소련의 요구는 더 커졌다. 지중해와 태평양 지역에 대한 권리를 주장하고 나섰다. 소련은 영국과 미국이 지중해 지역과 일본에 대한 권리를 독점하는 게 불만이었다. 그러나 영국과 미국의 입장은 달랐다. 태평양에서 치른 전쟁에서는 소련이 한 일이 없었기 때문이다. 전쟁 막바지에 숟가락 살짝 얹은 것에 불과했다. 항복 전에 딱 5일을 싸웠을 뿐이다. 피를 흘린 것도 물자를 쏟아 부은 것도 아니었다. 그래서 영국과 미국은 소련이 동유럽에서의 패권만으로 만족해야 한다고 생각했다.

소련은 물러서지 않았다. 그러면 이탈리아의 식민지였던 북아프리카 리비아의 항구 트리폴리타니아를 달라고 했다. 해양으로 진출할 기지를 건설하려는 것이었다. 러시아 시절부터 소련은 바다로 진출하고 싶어 했다. 남하정책으로 얻은 흑해 연안이 있었지만 만족스러울 수가 없었다. 흑해는 호리병 모양이다. 보스포러스 해협에 의해 입구가 봉쇄되어 있었다. 따라서 지중해로 나가기가 매우 불편했다. 그래서 트리폴리타니아의 항구를 더더욱 얻고 싶었다.

그러자 영국과 미국은 펄펄 뛰었다. 소련이 트리폴리타니아를 얻으면 힘의 균형에 엄청난 변화를 초래할 것이 뻔했다. 다행히 리비아는 국제신탁통치를 거치기로 한 지역이었다. 특정국가의 독점은 받아들일 수 없다는 명분이 있었다. 영국과 미국은 그런 명분으로 소련의 요구를 일축해버렸다.

그러자 소련은 일본 통치에 참여하겠다고 나섰다. 소련도 무리한 주장이라는 걸 알았다. 일본 본토에는 군대를 상륙시킨 적도 없었기 때문이

스탈린과 마오쩌둥. 이 둘이 결국 한반도의 분단을 만들어낸 주역들이다. 스탈린은 전후 회담에서 원하는 성과를 얻지 못하자 마오쩌둥의 국공 내전을 지원하기로 결심하였고 이는 중국 내전의 배후지로서 북한의 중요성을 새롭게 인식하도록 만들었다.

다. 그러나 질기게도 몇 차례에 걸쳐 일본을 공동 관리하고 싶다는 내색을 보였다. 또한 소련은 일본의 홋카이도를 점령해서 태평양으로 나가는 항구를 얻고 싶기도 했다. 뻔뻔하다면 뻔뻔한 요구였지만, 원래 조폭의 영역 싸움 같은 판에서 염치 따질 일은 없는 것이다. 공산주의자들은 이런 일에 늘 능숙했다.

하지만 미국은 이를 단호히 거절하고 단독으로 일본 통치를 하겠다고 했다. 소련이 만주지역과 한반도 북부의 일본군을 무장해제시킨 건 사실이었지만, 일본을 항복시킨 건 미국 혼자만의 힘이었다. 원폭 2발이 일본의 항복을 얻어낸 것 또한 분명했다. 그런 마당에 소련이 일본 본토에 들어오겠다는 건 미국으로서는 말도 안 되는 요구였다.

스탈린은 이 회담에서 미국측이 보인 단호한 태도에 놀랐다. 그가 보기에 미국은 오만했고 비타협적이었다. 미국은 그 당시 유일하게 핵무기를 가진 최강대국이었다. 그런 나라가 힘의 우위를 바탕으로 무례하게 군다고 생각했다. 스탈린은 미국에 대해 경각심을 갖게 되었다. '이제 미국은 더 이상 공동의 적과 함께 싸운 우방이 아니다. 앞으로 숱하게 경쟁하고 갈등하게 될 적대국가일 뿐이다. 이제는 미국, 영국과의 협력을 그만 둘 때가 되었다. 고립주의로 나아가면서 대결구도로 넘어갈 때다. 그러자면 동북아시아에 대한 정책부터 바꿔야 할 것이다.' 스탈린은 이렇게 생각하게 되었다. 그리고 그것이 세계사의 방향을 바꾸어 버렸다. 무엇보다 한반도의 역사가 전혀 다른 방향으로 흘러가게 됐다.

10월 초 스탈린은 마오쩌둥에게 국민당과 합작하라고 했던 지시를 번복했다. 스탈린에게 불만이었던 마오쩌둥은 그때까지 국민당의 장제스 밑으로 들어가라는 지시를 사실상 거부하고 있었다. 반면 장제스는 마오쩌둥에게 스탈린과 맺은 약속을 실행하라고 요구하고 있었다. 그리고 스탈린은 그 팽팽하고 미묘한 상황을 지켜보기만 했다. 그런데 스탈린이 마침내 결단을 내렸다. 마오쩌둥의 손을 들어준 것이다. 마오쩌둥에게 30만 병력을 만주 지역으로 이동시키라고 지시했다. 스탈린은 마오쩌둥의 군대에 일본군으로부터 빼앗은 무기를 지원했다.

스탈린의 이 지시는 실질적으로 중공을 탄생시킨 결정적인 사건이었다. 그리고 한반도의 운명 역시 그로 인해 새로운 전기를 맞게 되었다. 만주를 무대로 장제스의 군대와 싸워야 할 마오쩌둥의 공산군에게 북한 지역이 중요한 배후지가 되기 때문이었다. 이때부터 스탈린은 북한 지역에 대한 소련의 지배력을 강화하며 실질적으로 괴뢰 정권을 수립하기 위한 조치에 착수하게 되는데, 바로 다음 해인 1946년 이 지역이 중요한 역할을 하게 된다. 장제스의 군대에 몰리던 마오쩌둥의 공산군이 북한 지역을 넘나들며 여러 번 위기를 넘겼기 때문이다. 그렇게 북한 지역을 중국 국공내전의 배후지로 활용할 수 있었던 것이다.

마오쩌둥에게 지시를 내리기 전, 런던 회담이 진행중이던 9월 20일 스탈린은 한반도의 역사에서 돌이킬 수 없는 일을 지시했다. 그 내용은 '북한 지역에 단독으로 부르주아 민주주의 정권을 수립하라' 는 지시였다.

공산혁명으로 가기 전 과도기적 성격의 정부를 단독으로 수립하라는 것이었다. 스탈린의 이 지시는 일본의 마이니찌 신문이 1993년 2월 26일 전문을 번역해서 보도한 덕에 알려졌다. 정말 중요한 문건이었다. 이 지령이 한반도의 분단을 고착시킨 것이나 다름없었기 때문이다. 북한 지역을 실질적으로 점령한 소련이 이 지역을 내줄 의도가 전혀 없었다는 것을 드러내는 이 문건은 남북의 통합을 위한 어떤 시도도 성공할 가능성이 애초에 없었다는 것을 의미하기 때문이다. 그런데 여전히 이 사실을 받아들이지 못하는 사람들이 종종 발견된다. 그들은 이 지시가 분단을 의도한 것은 아니었다고 애써 축소하려고 한다.

치스차코프는 이 지시가 무엇을 의미하는지 잘 알고 있었다. 이 지시가 그에게 전달된 때는 10월 초였다. 지시를 전달받은 치스차코프 치하의 소련 군정은 곧바로 미군을 대하는 태도를 바꿨다. 그 당시 대규모의 공업시설은 대부분 북한지역에 있었다. 따라서 미군정으로서는 남한 지역의 경제를 운용하려면 소련 군정과의 긴밀한 협력이 반드시 필요했다. 그에 따라 9월 25일 소련의 장교단이 서울에 파견되었던 것이다. 그런데 2주 만인 10월 11일 치스차코프는 그 연락장교단을 철수시켜 버렸다. 고위급에서 합의가 이루어지지 않은 이상 군정 당국 사이의 교섭은 무의미하다는 이유였다.

연이어 소련 군정 치하의 북한지역에서 남북의 통일을 전제로 한다면 도저히 취할 수 없는 조치들이 내려졌다. 우선 10월 8일부터 10일 사이에 북조선 5도 인민위원회 연합회의에서 치스차코프는 북조선을 '독자적인 정치경제적 단위'라고 말했다. 독자적인 화폐를 찍어낼 조선중앙은행을 창설했다(1946년 1월). 모든 조치들이 남한지역과는 아무런 협의없이 진행된 것이었다. 이 모든 게 치스차코프가 스탈린의 지시를 접수한 직후부터 이루어졌다.

이렇듯 한반도의 운명을 결정지을 변화가 이미 런던과 모스크바에서 일어났다. 그리고 그 변화는 스탈린의 동아시아 정책을 완전히 뒤바꾸었고, 즉각적으로 한반도에 영향을 끼쳤다. 안타깝게도 그때부터 분단은 고착화되기 시작했다. 사실 소련군이 38선 위쪽으로 진주했을 때 북한지역의 공산화는 어쩌면 기정사실화된 것이나 다름없었다. 이제 남은 건 한반도의 나머지 반쪽이었다. 그 반쪽이 바람 앞의 등불처럼 흔들리고 있었다. 더 곤란한 것은, 그 위험성을 알고 있는 사람이 거의 없었다는 사실이었다.

제6장

김일성의 등장과 이승만의 귀국: 1945년 10월

- 1945년 9월 19일 : 김일성 귀국
- 1945년 10월 8일 : 인민위원회 연합회의, 북한 지역이 '독자적인 정치경제적 단위'가 됨
- 1945년 10월 14일 : 붉은군대 환영 평양시 민중대회, 김일성이 대중 앞에 첫 등장
- 1945년 10월 16일 : 이승만 귀국
- 1945년 10월 25일 : 이승만, 독촉(독립촉성중앙협의회) 설립
- 1945년 11월 19일 : 북한 인민위원회 산하 10개 행정국 조직 완료, 실질적인 정부 구성

김일성의 귀국

45년 8월 말 북한지역 정치를 담당하던 레베데프에게 상관인 슈티코프의 지시가 내려졌다. 조선인 대위 한명을 보낼 테니 잘 대우하라는 것이었다. 그에게 집과 자동차를 내주고 북조선 전역을 시찰할 수 있게 안내하라고 했다. 레베데프는 그 지시가 무엇을 의미하는지 몰랐다. 다만 매우 이례적이라고만 느꼈다. 그러나 레베데프는 공산당원이었고, 군인이었다. 공산당원에게 당의 지령은 절대적인 것이었다. 또 군인이라면 무조건 상관의 명령에 복종해야 했다.

그리고 9월 19일 30대 청년 대위 한명이 소련에서 배를 타고 북한으로 들어왔다. 그가 바로 김일성이었다. 사실 슈티코프는 이미 8월부터 김일성을 북한지역에서 소련의 지시에 따라 활동하게 할 주요 인물로 내정해 두고 있었다. 김일성은 소련군 제88여단 소속이었다. 이 부대 소속의 조선인들은 조선이 해방되면 귀국해 친소파 지도자로 활동하도록 훈련받고 있었다. 항일 유격 투쟁 경력과 신화화된 소문 또한 김일성의 좋은 자산이었다. 슈티코프는 그런 김일성을 스탈린에게 소개했다. 당시 스탈린은 각 나라로 돌려보낼 망명 인사들을 면담하고 있었다. 고국으로 돌려보내 친소련적인 정부를 이끌게 하기 위해서였다. 김일성도 그들 중 하나로 선택된 것이었다.

김일성은 스탈린과의 면담을 성공적으로 마쳤다. 뒤이어 소련의 주요 인사들을 차례로 만났다. 소련공산당 중앙위원회 정치국원 겸 서기 쥬다노프, 극동군 사령관 원수 바실렙스키 등을 만났다. 그들과 향후 활동에 대해 논의하고 지시를 받았다. 북한 지역 접수를 위한 준비였다. 그런 뒤 북으로 향했다.

그는 항일유격대 출신으로 소련에 망명해 있던 조선인들과 함께 돌아왔다. 함께 돌아온 이들은 훗날 북한 정권의 주역이 되었다. 북한으로 돌려보내기 전에 슈티코프는 그들을 일일이 만났다. 그들에게 김일성을 절대적으로 따르고 사람들 앞에서 김일성을 떠받들라는 지시를 꼼꼼하게 내렸다. 유격대 출신의 30대 대위를 북한의 지도자로 만들려면 세세한 관리가 필요했다. 슈티코프는 그걸 너무 잘 아는 전문가였다.

귀국한 김일성은 곧바로 대중 앞에 나서지 않았다. 대신 북한 전 지역을 시찰하면서 당조직을 건설하는 일에 집중했다. 김일성은 소련이 급작스럽게 내세운 인물이므로 당연히 북한지역에 이렇다 할 조직이나 기반이 없었다. 그랬기에 국내파나 친중파 공산주의자들을 공들여 포섭하는 것이 급선무였다. 그리고 평양에 독자적인 공산당 조직을 시급히 만들어야 했다.

김일성과 박헌영

앞에서도 언급했듯이, 김일성이 귀국한 바로 다음날인 9월 20일 스탈린은 소련군 최고사령관 자격으로 비밀지령을 내렸다. 앞에서 언급한 "반일적이며 민주적인 정당들과 단체들의 광범위한 동맹에 기초하여 북한에 부르주아 민주주의 정권을 수립하라"는 지시였다. 이 지시는 매우 중요했다. 북한만을 단위로 하는 정권을 세우라는 확실한 지시였기 때문이다. 이 지령이 북한지역 점령사령부에 처음 하달된 것은 10월 초였다. 그에 따라 치스차코프는 각 도 인민위원회 책임자들을 평양으로 모았다. 북조선 5도 인민위원회 연합회의를 10월 8일부터 10일까지 개최했다. 줄여서 북조선 5도 대회라고 한다. 평안남북도 함경남북도 황해도의 인민위원회 책임자들이 모였다.

여기서 치스차코프는 북한 단독 정권의 수립을 간접적으로 천명했다. 북한을 '정치 경제적으로 독자적인 단위'로 간주한다고 말했던 것이다. 그리고 곧장 연합회의를 통해 '북조선 중앙은행'의 창설을 결의했다. 의미심

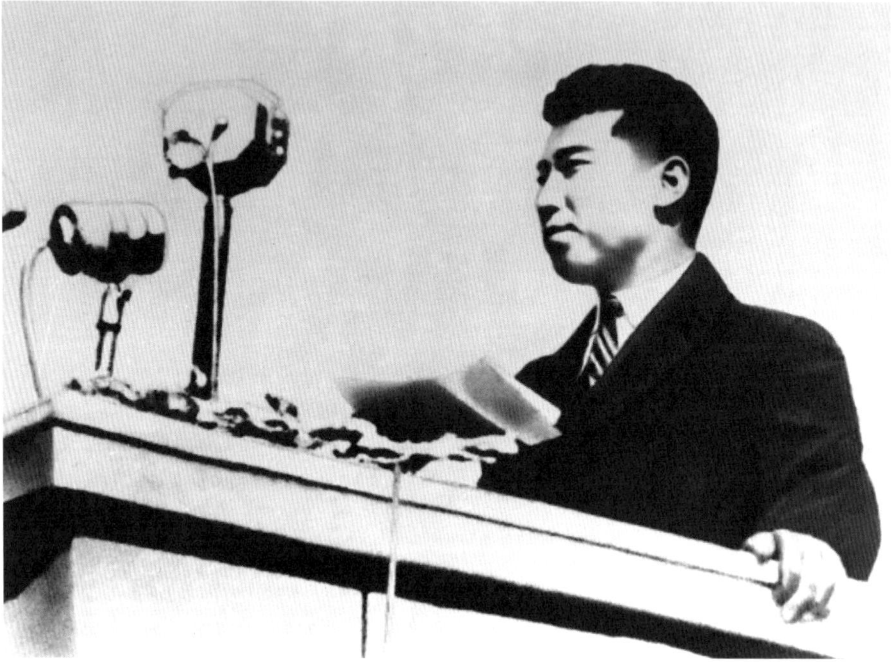

붉은군대 환영 평양시 민중대회에 등장한 김일성. 김일성이 조국의 인민들 앞에서 꺼낸 첫 마디는 '스탈린 대원수 만세'였다.

장한 대목이다. 북조선지역에 국한된 중앙은행을 만들겠다는 건 100% 분단을 전제로 한 결정이었다. 한반도 분단 고착화의 책임이 소련과 북한에 있음을 명백히 드러내는 사안이었다.

치스차코프는 북조선 5도 대회에 이어 북한지역만의 정권을 수립하는 조치들을 착착 진행시켰다. 10월 12일 소련군사령부는 포고문을 발표해서 모든 정당과 사회단체들의 등록을 명령했다. 모든 당원들과 회원들의 상세한 이력서를 받았다. 소련의 의도대로 정당 및 단체를 통제하려는 의도였다. 또 10월 13일에 '평양에 북조선만 통치할 임시중앙기관을 창설해야한다'고 본국에 건의했다. 10월 17일 모스크바에서는 '평양에 북조선 임시민정자치위원회를 구성하라'는 지령으로 답해왔다. 이 지령은 위원회 산하에 10개 행정국을 설치하라는 세부지침도 담고 있었다. 이에 따라 북한에서는 11월 19일까지 위원회와 산하 10개국 조직이 완료되었다. 이름만 안 붙었지 사실상의 북한 단독정부가 들어선 거나 다름 없었다.

한편 소련은 비슷한 시기 박헌영을 북한으로 불러올렸다. 그를 급히 불러올린 이유는 이러했다. 소련은 한반도 전체를 통솔할 공산당 조직의 본부가 북한에 있어야 한다고 생각했다. 그게 여의치 않으면 평양에 독자적인 조선공산당이라도 조직해야 했다. 그러자 서울에 있던 박헌영이 불같이 반발했다. 1국 1당 원칙에 어긋난다는 것이었다. 만약 평양에 또 다른 공산당이 들어선다면 그건 분단을 고착화시키는 행위라고 비난했다. 원칙적으로는 박헌영의 말이 맞았다. 이미 박헌영이 이끄는 조선공산당이 서울에 근거지를 두고 있었기 때문이었다. 그러니 박헌영을 불러 설득하거나 타협하는 수밖에 없었다.

소련은 박헌영에게 회유를 위한 중재안을 제시했다. '북한 지역에 조선공산당 북조선 분국을 설치하겠다. 대신 박헌영의 반대파인 장안파 공산당을 무력화시켜 주겠다.' 1국 1당 원칙이라는 명분만 살릴 뿐, 북조선 공산당을 만들겠다는 말이었다. 하지만 박헌영은 소련의 끈질긴 회유와 압력을 받아들일 수밖에 없었다.

그런 가운데 10월 13일 서북5도당책임자 및 열성자 연합대회가 북측에서 열렸다. 박헌영을 비롯한 서울의 대표들도 참석했다. 대회는 박헌영의 노고를 치하하면서 시작되었다. 국내파들의 반발을 달래기 위해서였다. 처음에는 공산주의 운동의 정체성이 국내파에 있다고 인정하는 발언이 이어졌다. 그런 한편, 박헌영의 반대파인 장안파에 대해서는 비판하는 발언들이 쏟아졌다. 장안파는 이 회의에서 '트로츠키주의'의 오류를 범하고 있다고 비판받았다.

트로츠키는 이 무렵 공산주의의 금기어였다. 레닌의 후계자 자리를 놓고 스탈린과 경쟁하다 실각된 이가 트로츠키였다. 때문에 스탈린 시절에 '트로츠키' 하면 공산주의자에겐 정치적 사형이나 다름없었다. 그런데 장안파를 그런 트로츠키주의자라고 비판했던 것이다. 그건 그들 존재 자체를 부정하는 것이었다. 박헌영 달래기를 위한 포석이었다.

하지만 이 대회의 진짜 의도는 김일성의 발표에 담겨있었다. 김일성은 이 대회에서 소련 공산당이 작성해준 것이 분명해 보이는 보고문을 읽었다. '현단계는 사회주의 혁명 단계가 아니라 부르주아 민주주의 단계다, 아직 공산당은 인텔리 중심이며 노동자 농민의 기반을 확보하지 못했다, 북한 지역에서의 효율적인 업무를 위해 당중앙과 분리된 독자적인 공산당 조직이 필요하다, 하지만 조선 공산당은 아직 당내 민주주의가 실현되지 않았다, 그래서 당 대회는 국제 형제당의 지지를 받아야 한다.' 대략 이런 내용이었다.

이 발표문의 마지막 문장 속에는 박헌영을 겨냥한 칼날이 숨어있었다. 당내 민주주의가 아직 실현되지 않았고 국제 형제당의 지지를 받아야 한다는 건 '박헌영은 틀렸고 그의 중앙당 운영에는 문제가 많다, 문제가 많은 조선공산당이 아니라 소련이 지지하는 북조선 분국이 중심이 되어야 한다'는 뜻이었다.

어쨌든 이런 과정 끝에 북한만을 단위로 한 조선공산당 북조선 분국도 만들어졌다. 행정을 정비한 데 이어서 이제 북한만의 단독정부가 만들어질 정치적 준비도 끝났다. 김일성이 대중 앞에 등장할 일만 남았다.

10월 13일 서북5도당책임자 및 열성자 연합대회가 끝난 다음날 소련군정은 드디어 김일성을 대중들에게 선보였다. 10월 14일에 열린 붉은군대 환영 평양시 민중대회에서였다. 사람들 사이에는 이미 '김일성 장군'이 등장한다는 소문이 퍼져 있었다. 먼저 레베데프의 축사가 있었고 이어서 조만식이 소련군 환영사를 낭독했다. 그리고 그 뒤에 마침내 김일성이 연단에 올랐다. 사람들이 웅성거리기 시작했다. 사람들은 백발이 성성한 노장군의 모습을 기대하고 있었다. 그런데 30대의 머리 짧은 젊은이가 올라온 것이었다. 그가 카랑카랑한 목소리로 연설을 시작하자 사람들은 더욱 소란스러워졌다. 소련군은 공포를 쏘며 소란을 가라 앉혔다. 김일성은 다시 원고를 읽었다. 소련군 장교가 작성해준 원고였다.

"36년간 우리를 압박하던 일본 제국주의는 소련군의 영웅적 투쟁으로 멸망했다. 조선민족은 이제부터 새 민주조선 건설에 힘을 합해 나가야 한다. 어떠한 당파나 개인만으로 이 위대한 사명을 완수할 수는 없다. 노력을 가진 자는 노력으로, 지식 있는 자는 지식으로, 돈 있는 자는 돈으로 참여해야 한다. 정말 나라를 사랑하고 민주주의를 사랑하는 마음으로 참여해야 한다. 전 민족이 완전히 대동단결하여 민주주의 자주독립국가를 건설하자! 조선독립 만세! 소련군대와 스탈린 대원수 만세! 조선민족의 굳은 단결만세!"

장차 북한을 통치할 독재자가 대중들에게 던진 첫 연설은 소련과 스탈린에 대한 감사의 마음으로 가득 차 있었다. 그렇게 김일성은 대중들 앞에 나타났다.

남한 지역의 정치적 혼란

북한지역에서는 그렇게 소련의 분단 고착화라는 각본 하에 김일성이 등장했다. 반면 그 무렵 남한 지역에서는 미군정이 초기의 준비부족을 어느 정도는 극복해가고 있었다. 하지만 여전히 혼란스러웠다. 그런 가운데 미군정이 가장 먼저 부딪친 건 박헌영이 선포한 인민공화국 세력이었다. 조선인민공화국을 선포하고 나선 좌익들은 미군정에겐 위험요소였다. 미국무부에게도 마찬가지였다. 미국은 4개국 신탁통치를 통해 한반도에 하나의 정부를 수립하려 하고 있었다. 그런 단계를 밟아나가야 하는 상황에서 일개 정파에 불과한 인공이 정부를 자처하는 건 받아들일 수 없었다.

미군정은 '한반도에는 미군정 이외의 정부는 존재하지 않는다, 인민공화국은 그저 정치 단체의 하나일 뿐이다' 그렇게 경고했다. 인민공화국도 만만치 않았다. '인민공화국은 미군 상륙 이전부터 이미 존재하고 있었다. 그건 기정사실이다. 그걸 부인할 수는 없다', 이렇게 맞받아쳤다. 당장 군정의 철폐를 주장하거나 군정에 반대하는 것은 아니라면서도 조선인민공화국을 부정하는 것은 반민주적이라고 주장했다.

미군정은 그런 정치적 설왕설래에 흔들리지 않기로 했다. 계획한 대로 밀고 나가기 시작했다. 우선 식민지 지배체제를 바꿨고 행정조직을 정비해 나갔다. 일본인 관료들과 법관들을 정리하고 그 자리에 한국인들을 앉혔다. 당시 미군정이 신뢰한 한국인 협력자들은 대부분 우파 계열의 사람들이었다. 미군정 입장에서는 보수 우익의 존재야말로 한국의 혼란스런 정치 상황에서 가장 신뢰할 만한 상대였기 때문이다. 그 무렵 해방공간에서 민주주의와 시장 경제의 도입을 기대하는 세력은 그들뿐이었던 것이다.

그런 한편 미군정의 정치고문은 국민적 지지를 폭넓게 받는 정치지도자를 물색하고 있었다. 한반도의 정치적 혼란을 바로잡기 위해서는 명망 높은 지도자가 필요했다. 그가 여론을 모아줘야 했다. 그래야 그를 중심으로 임시정부를 수립할 수 있을 것이었다. 그런데 미군정의 정치고문이 민정 시찰을 할 때 가장 많이 언급된 이가 있었다. 바로 '이승만'이었다.

하지 중장은 9월 8일 인천에 들어올 때 인천부두에서 한국말을 잘하는 해군중령 윌리암스를 발견했다. 선교사의 아들로 인천에서 태어나 충남 공주에서 어린 시절을 보낸 윌리엄스는 한국말을 아주 잘했다. 하지는 그를 특별보좌관으로 임명해 민심을 살피게 했다. 그는 쌍발 비행기를 타고 다니며 대전, 광주, 대구, 부산 등 남한 일대에서 시민들과 대화를 나눴다. 그때마다 시민들이 한결 같이 이렇게 말했다. '왜 우리 대통령 이승만 박사를 빨리 데려오지 않느냐'"이승만 박사가 미국에 있다고 하는데 왜 데려오지 않는 거냐'.

좌익의 건준세력은 조선인민공화국을 선포하면서 초대주석으로 이승만을 추대해버렸다. 이승만의 반공적이고 반소련적인 성향을 모르고 국제적인 인지도를 활용할 요량이었던 것이다. 그 덕에 순박한 사람들에게 그 이름 석자가 각인되어 버렸다. 그래서 인공의 초대대통령 이승만을 빨리 귀국시켜달라고 요구하기 시작했던 것이다. 보고를 들은 하지는 이승만이 자신이 찾던 그 인물이라고 생각했다. 곧바로 미 국무부와 맥아더에게 '이승만을 빨리 귀국시켜 달라'고 요구했다. 남한 지역의 정치적 안정을 위해서 하지는 그가 절실히 필요했던 것이다.

이승만의 반소련운동과 험난했던 귀국과정

한편 이승만은 10월이 되도록 귀국하지 못하고 미국에 머물고 있었다. 미 국무부 탓이었다. 미 국무부가 지켜본 바로는 이승만은 반소련 성향이 강했다. 게다가 미국의 신탁통치 정책에도 비판적이었다.

해방이 되기 전 1943년 4월 15일 이승만은 루스벨트 대통령에게 신랄한 어조의 항의문을 보낸 적이 있었다. 루스벨트 대통령은 1943년 3월에 신탁통치안을 미국의 정책으로 채택했는데, 그게 4월 7일 『시카고 선』지에 보도됐던 것이다. 이승만이 격분했다. '한국사람들은 독립을 원하는 것이지 신탁통치를 원하지 않는다, 미국은 1905년에 일본의 한국 병탄을 허용함으로써 한국 사람들이 30여 년 동안이나 고초를 겪도록 했는데, 만일 미국의 정치가들이 한국의 독립을 허용하지 않는다면 미국 자체가 장차 더 큰 환난을 당하게 될 것이다. 지금 소련은 소비에트 조선공화국을 설립할 계획을 세우고 있다는 정보가 있다. 그러기 전에 빨리 대한민국 임시정부를 승인하라.' 이런 내용의 항의문을 미 국무부에 전달했다. 1905년 가쓰라-태프트 조약으로 한반도를 일본에게 넘긴 전력이 있는 미국이었고, 이승만은 그 뼈저린 경험을 잊지 않고 있었다. 이승만이 보기에 미국은 자국의 이익을 위해 언제든 한반도를 포기할 수 있는 나라였다. 그 상대가 소련이든 일본이든 상관없을 것이었다.

2년 뒤 1945년 4월 4일에 이승만은 당시 시라큐스 대학 교수인 로버트 올리버에게 '미국은 한국을 소련에 팔아넘기지 말라'는 주제로 팸플릿에 실을 글을 청탁했다. '만약 미국이 세계평화를 이룩하겠다는 의도로 한국을 소련에게 넘겨버릴 경우 미국은 그 대가를 치루게 될 것'이라는 내용으로 써달라는 요청이었다. 이승만이 그런 요청을 한 배경에는 그리스 내전이 있었다. 그리스는 나치 지배에 있다가 1944년 영국군의 상륙작전을 계기로 11월에 독일이 물러가고 해방되었다. 그러나 12월 3일에 공산당이 주도한 데모에서 사상자가 나온 걸 계기로 그 다음날부터 그리스 정부군과 공산당 간에 대규모 내전이 벌어졌다. 이때 영국군이 정부군 측에 서서 휴전을 이끌었다. 그런데 미국이 이 사태에 대해 영국에게 반기를 들었다. 해방된 지역에서 강대국들은 중립을 지켜야 한다는 이유였다. 이승만이 볼 때 한 마디로 미국은 그리스를 공산당에게 내던져 버린 것이었다.

이승만은 이런 미국의 중립정책(hand-off policy)이 정말 못마땅했다. '소련의 정신적 물질적 지지를 받는 공산당들의 책동은 민중 속에서 일어나는 정상적인 정치투쟁처럼 보인다. 그러나 사실은 가장 음험하게 소련이 개입하고 있는 것이다.' 이승만은 이렇게 사태를 꿰뚫어보고 있었다. 그래서 미국이 만약 그리스에서 영국이 철수할 것을 강요한다면 결국 공산당이 승기를 잡을 거라고 내다봤다. 이승만의 이 예측은 정확했다. 영국은 국력의 한계로 그리스에서 병력을 철수했는데, 그러자 그리스는 1946년 또다시 내전에 휩싸였다. 나중의 일이지만 결국 미국은 1947년 트루먼 독트린을 발표하며 그리스를 원조할 수밖에 없었다. 이승만이 보기에 미국의 정책이 바뀌지 않는다면 한반도는 소련이라는 바람 앞의 등불이었다. 무슨 수라도 써야했다.

이승만의 반소련운동은 1945년 5월 샌프란시스코에서 열린 유엔창립총회가 절정이었다. 그는 이 회의에 임시정부 자격으로 참여하길 간절히 원했지만 미국이 허락하지 않았다. 결국 개인적으로 방청할 수밖에 없었다. 그런데 이 회의장 근처에서 이승만은 소련 측의 정보를 얻기 위해 고용했던 러시아인 구베로라는 인물을 만났다. 그가 '1945년 2월 루스벨트가 얄타에서 한반도를 소련에게 넘겨주었다'는 정보를 가져왔다. 잘못된 정보였다. 하지만 평소 소련에 대한 경계심과 미국에 대한 불신으로 안절부절 못하고 있었던 이승만은 그 정보로 인해 폭발해 버렸다. 트루먼 대통령에게 항의전보를 보냈고 미국 국회 상하원의 외교분과 위원장들, 그리고 미국 신문재벌 허스트 등에게 전보를 보냈다. 유엔창립총회장에서도 전단을 배포했다. 대대적인 선전전에 나섰던 것이다. 미 국무부의 해명도 노정객의 분노를 진정시킬 수 없었다. 이때의 일로 이승만은 소련에 요주의 인물로 찍혔다. 유엔총회장에서 배포했던 전단들이 소련 측 수석대표였던 외상 몰로토프에게 들어갔던 것이다. 나중에 소련이 미소공동위원회에서 이승만을 비민주적인 인사라고 배척하게 된 건 바로 이때의 경험 때문이었다.

이렇게 42년부터 본격화된 이승만의 소련공격은 미 국무부로서는 심각한 문제였다. 미국은 원자폭탄을 제조하기 전까지는 소련의 대일전쟁 참여가 절실했다. 그래야 이길 수 있다고 생각했다. 그런 마당에 이승만은 한국의 독립을 위해 소련을 견제하라고 난동에 가까운 소란을 일으켰던 것이다. 골칫덩어리 중에 골칫덩어리였다. 이제 전쟁은 끝났지만 한반도 문제의 해결을 위해서 미국은 여전히 소련과 협력을 해야 했다. 반소적인 이승만이 미군정 치하의 한반도에 들어가면 문제를 일으킬 소지가 많았다. 국민적 지지가 크면 클수록 그랬다. 미 국무부 입장에서는 이승만을 한반도에 쉽게 들여보내지 않는 게 나았다.

절차적으로도 이승만의 귀국은 복잡한 상황이었다. 한반도는 미군의 작전지역이었다. 지금처럼 여권만 있으면 비행기 타고 들어올 수 있는 곳이 아니었다. 민항기 자체가 없었을 뿐 아니라 미군에 의해 통제되고 있었다. 허락 없이는 들어왔다 나갔다 할 수 없었다. 미 국무부의 허가와 미 군부의 허가가 둘 다 있어야 한반도에 들어올 수 있었다. 한국인 망명자 신분이었던 이승만은 이 두 가지 허가를 다 얻어야 한반도로 여행할 수 있는 자격을 갖게 되는 것이었다. 게다가 입국 허락을 받는 것과 항공편이나 배편을 구하는 것은 또 다른 문제였다.

해방이 되자마자 이승만은 우선 중국의 충칭을 경유해 귀국하는 방법을 모색했다. 지인들을 통해 중국 정부의 협조를 구했다. 하지만 중국정부는 이에 대해 아무런 대답이 없었다. 그러자 이승만은 중국 정부가 임시정부를 귀국하지 못하도록 붙잡아두고 있다고 판단했다. 충칭을 경유해서 임정 요원들과 함께 귀국하는 계획은 포기할 수밖에 없었다. 대신 필리핀을 경유하는 노선을 택했다. 미 군부에 필리핀을 경유해 귀국하게 해달라고 부탁했다.

미 군부는 이승만의 요청에 흔쾌히 승낙했다. 그러자 미 국무부에서도 군부가 교통편을 제공한다면 귀국을 허락하겠다고 밝혔다. 그런데 이승만이 막상 실제로 수속을 밟으려 하자 미 국무부가 다시 개입해 들어 왔다. 이승만의 여권에 적힌 '주미 고등 판무관'이라는 지위를 문제 삼았다. '주미 고등 판무관'은 임시정부의 요원이란 의미다. 임시정부의 주미대사란 뜻이었다. 그런데 미 국무부로서는 그런 공식적이지 않은 지위를 인정할 수 없다고 했다. 그 지위를 인정한다면 결국 대한민국 임시정부를 인정하는 꼴이었기 때문이다.

결국 이승만은 다시 여권을 발급받아야 했다. 그런 뒤에 다시 미 국무부와 미 군부에게서 새로운 허가서를 받아야 했다. 똑같은 일을 두 번 하게 된 것이다. 그러다 갑자기 일이 꼬였다. 미 국무부는 이승만에게 한반도의 미군 책임자에게 허락을 받아오라고 했다. 맥아더의 허락을 받아오라는 말이었다. 이승만은 곧바로 미 군부에게 맥아더의 허락을 받아달라고 요청했다. 그러나 미 군부에서는 국무부의 요청이 없다면 맥아더 사령부의 의사를 물어볼 수 없다고 답해왔다. 어딜 봐도 미 국무부가 이승만의 발목을 잡고 있는 상황이었다.

가만히 주저앉아 있을 이승만은 아니었다. 9월 말에 그는 맥아더에게 직접 전보를 쳤다. 마침 맥아더는 하지로부터 한반도의 정치상황에 대해 보고를 받고 난 뒤였다. 이승만을 귀국시켜달라는 요청도 받아놓은 상태였다. 맥아더는 이승만의 빠른 귀국에 협력하기로 했다. 미 국무부에 조치를 취했다. 도쿄를 경유해 한국으로 돌아갈 수 있는 비행기편도 제공했다. 마침내 이승만은 한반도로 날아올 수 있었다.

이승만은 한반도로 들어가기 전에 도쿄에서 맥아더와 하지를 만났다. 이때의 대화 내용은 기록에 남아있지 않다. 아마도 하지는 이때 한반도의 상황을 이승만에게 자세히 설명했을 것이다.

미군정은 38선 이북에서 진행되는 소련의 북한 단독정부 수립 움직임에 대해 늘 염려스러워 했다. 그 때문에 남한 지역만이라도 전국민적 지지를 받는 대표단체가 필요했다. 맥아더와 하지가 이승만에게 기대한 건 그런 단체를 만들어주는 것이었다. 미군정이 직접 나서서 만든 정치단체가 아니라 한국인 지도자에 의해 자발적으로 만들어진 단체, 그걸 만들어주었으면 하는 것이었다. 그랬기에 하지는 이승만을 도쿄에서 미리 만난 사실을 대중들에게 비밀로 했다.

미 국무부나 미 군부 모두 이승만의 귀국을 그 정도로만 생각했다. 하지만 그들은 이승만을 몰랐다. 이승만은 미군정이나 국무부의 예상과는 달리 새로운 돌풍의 핵이 되었다. 역사는 늘 예상대로 흘러가지 않는다. 홍수로 강의 물줄기가 바뀌듯 어디로 물길이 날 지 알 수 없는 게 역사다. 특히 물길을 내는 이가 신념이 강하고 불굴의 의지를 갖고 있다면 말이다. 이승만은 그럴 수 있을 정도로 충분히 단련된 사람이었다.

이승만의 귀국

30년 만이었지만 노망명객의 귀국은 조용했다. 맥아더의 전용기를 타고 온 이승만은 10월 16일 김포비행장에 내렸다. 미군복 차림이었다. 군용기 탑승자는 군복을 입어야 한다는 규정 때문이었다. 그를 환영 나온 사람은 미군 장교 몇 명 외에는 없었다. 조촐한 귀국이었다. 이승만은 귀국 직후 조선호텔을 숙소로 정했다. 하지의 연락을 받은 몇몇 지도자들이 이승만을 찾아왔다. 주로 한민당 간부들이었다. 송진우, 김성수, 윤치영, 허정 등이 찾아왔다. 그들은 이승만에게 자신들의 지도자가 되어달라고 부탁했다. 이승만은 거절했다. 그는 특정 정파의 지도자가 되는 것을 꺼렸다.

1945년 10월 20일 귀국 환영회가 열렸다. 많은 사람들이 '뭉치면 살고 흩어지면 죽는다'라는 말이 이 환영회 석상에서 행한 연설에서 나왔다고 생각한다. 하지만 그건 사실이 아니다. 그의 연설에 그런 말은 없었다. '연합국이 한반도를 분할 점령한 상황이다, 이 시점에서 우리 민족은 무엇보다 단결해야 한다, 우리 스스로 진정한 독립을 이루어야 한다.' 이런 요지의 연설을 했을 뿐이다. 그의 연설을 요약 보도한 기사의 한 대목이 그의 말처럼 인구에 회자되었다.

이승만은 이 연설에서 대형사고를 쳤다. 이승만은 '38선은 소련측의 요청에 의한 것으로 안다'고 말했다. 이승만은 미국이 작성한 일반명령 1호의 내용은 알지도 못했다. 평소 자신의 추측을 그냥 내지른 것이었다. 원래부터 소련의 야심을 의심하는 반소주의자로서의 면모가 잘 드러나는 장면이다. 또한 이런 말도 했다. '우리나라는 두 조각으로 분단된 상태에서 한쪽은 또 다른 통치자 밑에서 노예로 남게 될 것'이라고. 소련이 점령하는 북한을 뜻하는 말이었다. 소련에 대한 공격이 명백했다. 귀국하자마자 큰 사고를 친 것이었다. 당연히 미 국무부가 뒤집어졌다.

미국으로서는 소련을 제외하거나 반대하고는 한국문제를 처리할 수 없었다. 이미 소련은 북한을 점령하고 있었다. 일방적으로 철수해달라고 요구할 수도 없었다. 그렇다고 한국문제로 전반적인 대소관계를 악화시켜서도 안 되었다. 1945년 9월 이미 미 국무장관 번스가 동유럽 문제를 둘러싸고 소련에 강압적인 태도를 취했다가 아무 얻는 것도 없이 입장만 곤란해진 바 있었다.

미 국무부로서는 애당초 소련측을 자극할만한 인물—이승만—을 한반

미국의 소리 방송과 인공의 주석 추대로 인해 이승만은 이미 전설이 되어 있었다. 환영 대회에서 연단에 선 이승만.

도에 보낸 게 잘못이라고 생각했다. 하지만 미 국무부가 분개할 일은 앞으로도 계속 이어질 예정이었다. 이승만은 움직여달라는 대로 움직여주는 사람이 아니었다.

이승만의 기자회견 당일인 20일, 이번에는 인민공화국의 요인들이 찾아왔다. 인공의 주석으로 취임해 달라고 부탁하기 위해서였다. 9월 6일 조선인민공화국을 선포하며 이미 주석으로 추대해 놓았던 것을 승인받으려 한 것이었다. 그러나 이승만은 완곡하지만 분명하게 거절했다. 그건 너무 당연했다. 그는 평생 공산주의를 배척해온 정치인이었다. 게다가 인공이 어떻게 만들어졌는지도 설명을 들어 알고 있었다. 여운형도 반대했던, 이름뿐인 종이 내각이었다. 그걸 믿고 말을 이승만은 아니었다.

4일 뒤 10월 21일에 자신과 친한 로버트 올리버에게 이승만은 이렇게 편지를 썼다. "우스꽝스러운 것은 공산당이 나를 수반으로 하는 정부를 조직했다는 것입니다. 모스크바는 나를 반공주의자라고 욕하고 있는데 공산주의자가 되라니 큰 영광이라고 말해 주었습니다." 소련에서는 이승만을 반동이라고 욕하고 있는데 주석이 돼달라니 우습다는 말이었다.

독립촉성중앙협의회

이승만은 귀국 후에 인공의 주석 추대도 거절했고 한민당의 당수 취임도 거절했다. 대신 독립촉성중앙협의회(독촉)를 만들었다. 1945년 10월 23일이었다. 그는 이 '독촉'을 통해서 자신의 명성과 영향력으로 좌우익 인사들을 모으려고 했다. 이는 미군정의 하지가 요구한 것이기도 했다. 하지는 이승만에게 신탁통치 이전에 인민들의 의사를 하나로 모을 국회 비슷한 단체를 만들어 달라고 했다. 독촉은 그렇게 하기 위한 기구였다. 한국민주당, 국민당, 건국동맹, 조선공산당 등 200여개의 정당 및 사회 문화단체가 참여했다. 좌우 지도자들은 제각각 생각이 달랐지만 그런 기구가 필요하다는 것에는 동의했다. 그래서 처음에는 약간 삐걱거렸지만 좌우 지도자 모두 사소한 문제는 이승만에게 맡기기로 했다.

사람들은 그렇게 만들어진 독촉과 임시정부의 관계를 궁금해 했다. 이승만은 임정의 대통령 출신이었다. 또 임정의 구미위원회 위원장의 지위로 활동해왔던 사람이었다. 그런데 그가 임정이 귀국하기도 전에 독자적인 조직을 만들었다. 과연 임정과 그 조직은 어떤 관계일까. 궁금할만 했다. 그러나 이승만은 이미 미군정 아래에서 임시정부가 온전하게 국민의 대표로 인정받기 어렵다는 걸 알고 있었다. 미국에서 숱하게 임시정부를 승인해달라고 청원하고 청원했었다. 하지만 거절당했었다. 해방이 되었다고 쉽게 승인해줄 리가 없었다.

그러니 임정에 국한되지 않고 전체를 아우르는 새로운 조직이 필요하다고 생각할 수밖에 없었다. 이승만은 임정, 특히 김구와의 관계는 아무 문제될 것이 없다고 믿었다. 독촉을 발족시키고 임정을 자연스럽게 흡수

통합할 생각이었다. 그래서 그는 여기에 대해서는 거침이 없었다.

사실 임정보다 더 문제가 된 건 건준—인공 세력이었다. 이들은 처음부터 좌우 합작을 할 의사가 없는 것처럼 보였다. 그들은 가장 먼저 친일악질분자를 제거해야 한다고 주장하고 나왔다. 우파인 한민당 내부에는 친일 경력의 문제를 안고 있는 이들이 다수 속해 있었던 건 사실이다. 그러나 문제는 건준—인공의 좌파들은 친일파 처단이라는 문제를 우파를 압박하는 정치적 무기로 내세우고 나왔다는 점이었다. 애초부터 한민당을 정조준하고 내세운 주장이었던 것이다.

사실 진짜 악질적인 친일부역 경력자들은 경찰이나 면 서기 등 하급 관리 조직에 모여 있었다. 명망 있는 인사들은 타협적인 협력에만 그친 경우가 많았다. 그리고 그들 중 상당수는 독립 운동에 참여하거나 후원한 경력이 있었다. 그러니 새 나라 건설을 위해서는 이들이 속죄하고 자신들의 능력으로 기여할 수 있도록 하는 게 옳은 일이었다. 진짜 악질적인 인사들은 중앙 정치에는 거의 없었다. 하지만 좌파 진영에서는 친일파 처단 및 배제를 선결 조건으로 내세웠다. 이것은 정치적 주도권을 잡기 위한 전략의 측면이 강했다.

박헌영도 독촉에 참여했다. 처음부터 좌우합작을 거부했다는 비난을 받지 않기 위해서였다. 그러나 이후 줄곧 독촉의 노선에 대해 시비를 걸었다. 독촉이 첫 결의문을 작성하고 연합국에 보내는 서한을 발송할 때도 그랬다. 박헌영은 연합국에 보내는 서한의 내용을 문제 삼고 나왔다. 연합국을 비난하는 내용을 담고 있다는 것이었다. '소련과 미국은 우리를 해방시켜준 은인이다, 그런데 그런 소련과 미국에게 나라를 분할하고 독립을 유예한다며 비난하는 것은 배은망덕한 일이다.' 이런 주장이었다. 반미파로 알려진 박헌영이 미국을 옹호하고 나선 것이었다. 좌우합작을 깨기 위한 트집잡기에 불과했다. 처음부터 독촉을 장악하지 못할 경우에 대비해 결별할 명분을 쌓을 의도였기 때문이다.

이승만은 처음에는 이같은 공산주의자들에 대해 우호적인 제스처를 취했다. 어찌됐든 좌우익의 통합이 중요했기 때문이었다. 그는 귀국 직후부터 라디오 연설을 통해 국민들의 여론을 움직이려고 노력했다. 미군정은 대신 라디오 연설 원고를 미리 보여달라고 했다. 사전 조율을 하자는 것이었다. 미군정은 지나치게 공산주의를 비난하지 않기를 원했다. 이승만이 라디오 연설에서 공산주의자들에게 우호적인 포즈를 취한 건 그런 군정의 방침에 호응한 것이기도 했다.

그러나 어쨌든 이승만과 공산주의자들은 화합할 수 없을 게 뻔했다. 이승만은 경제적인 분배를 중시하는 공산주의 사상에 대해서는 배울 것도 많고 수용할 것도 있다고 생각했다. 그러나 분열과 갈등을 일으키는 정치적 운동으로서의 공산주의만큼은 정말 끔찍하게 싫어했다.

대립이 계속되자, 드디어 좌익 진영에서는 이승만을 분파주의자로 낙인찍었다. 공산주의자들에게 '분파주의자'라는 비난은 최악의 욕이었다. 민족주의자들에게 '친일파'나 '매국노'라는 비난을 퍼붓는 것이나 마찬가지 수준이었다. 한마디로 좌익 진영은 이승만을 공식적인 적으로 선언한 것이었다. 이승만도 이제는 우호적인 제스처를 거둘 때가 되었다. 공산당에 대한 격렬한 비판으로 맞섰다.

그럴 무렵의 재미있는 일화가 있다. 이승만이 공식적으로 공산주의자들을 비난하는 첫 라디오 연설의 원고 역시 검열을 위해 미군정에 보내졌었다. 이승만이 꾀를 썼다. 연설의 앞부분만 영문으로 작성해서 보냈다. 하지는 이 부분에서 딱히 문제 삼을 것이 없자 원고를 통과시켰다. 그러나 문제는 뒷부분에 있었다. 실제 라디오 연설의 후반부는 공산주의자들에 대한 맹렬한 비난으로 가득 채워져 있었던 것이다. 하지가 노발대발한 것은 물론이다. 1945년 10월 남한에서의 좌우의 결렬은 이렇게 시작했다.

북쪽의 김일성은 10월 14일에 대중들 앞에 모습을 드러냈다. 그땐 이미 소련이 북한만의 단독정부를 수립할 정지작업을 모두 끝낸 상태였다. 정부를 선포하지만 않았을 뿐 얼개는 다 만들어져 있었다. 반면 남쪽의 이승만은 미 국무부의 방해를 피해 천신만고 끝에 10월 16일 귀국했다. 그러나 갈 길은 멀었다. 미 국무부와 미군정은 소련의 단독정부수립 의도를 아는지 모르는지 여전히 신탁통치를 위한 좌우합작만을 기대했다. 이승만은 10월 25일 독촉을 결성해 좌우익 합작을 시도했다. 그러면서 신탁통치를 대비한 조선인들의 대표의결기구를 준비하려고 했다. 하지만 박헌영의 조선공산당은 친일파와 민족반역자를 숙청하는 것이 먼저라며 어깃장을 놓았다. 합작은 요원했다.

앞으로 남과 북을 영도하게 될 지도자 두 명이 이렇게 각각 9월과 10월에 한반도에 도착했다. 둘 다 크게 환영을 받았다. 그러나 북의 김일성 앞에 장애가 거의 없었던 반면 남의 이승만이 처한 상황은 전혀 달랐다. 김일성은 차려진 밥상에 수저만 얹으면 되었다. 이승만 역시 여러 세력들이 그에게 상을 차려주려 했지만, 그가 보기에 흡족한 것은 전혀 없었다. 한민당의 당수가 되어 우파의 지도자가 되는 것도, 인민공화국이 내세우는 허수아비 주석이 되는 것도, 그리고 미군정의 의도대로 좌우익 합작 단체의 수장이 되는 것도 다 마땅치 않았다.

이승만이 가장 먼저 칼을 빼든 것은 좌익과의 투쟁이었다. 애초에 좌익 진영이 좌우 합작을 통해 공정한 정치적 경쟁을 하겠다는 의도가 없다는 걸 알아차렸기 때문이었다. 미군정은 이승만이 눈 딱 감고 좌익 진영을 달래가며 합작 단체를 결성해주길 바랐겠지만, 그것은 이승만의 길이 아니었다. 그는 직설적이고 단호한 사람이었다. 아니다 싶으면 돌아보지 않았다.

이승만이 좌익과 타협하지 않겠다는 결심을 하고 자신의 노선을 명확히 할 무렵 북에서는 김일성이 대중들 앞에 모습을 드러냈다. 그는 스탈린을 따르며 친소 사회주의 노선을 갈 것을 분명히 했다. 한반도의 남과 북이 따르게 될 미래의 두 방향이 제시된 것이었다. 1945년 10월, 한반도의 운명은 그렇게 모습을 드러내고 있었다.

제7장

찬탁이냐 반탁이냐 : 1945년 12월~1946년 1월

- 1945년 11월 23일 : 김구, 김규식 등 임정 1진 귀국
- 1945년 12월 16~26일 : 모스크바 3상 회의
- 1945년 12월 25일 : 모스크바 3상 회의에 대한 오보(AP/UP 통신)
- 1945년 12월 27일 : 신탁통치안이 한국 언론에 보도됨
- 1945년 12월 28일 : 임정의 첫 대책회의. 29일자로 전국적인 파업 명령을 내림
- 1945년 12월 29일 : 경교장에서 각종 사회단체 대표 200여 명이 논의
- 1945년 12월 30일 : 송진우 암살
- 1945년 12월 31일 : 임정, 반탁 운동을 가열차게 전개하기로 결의
북으로 넘어간 박헌영이 찬탁 지시를 받음
- 1946년 1월 1일 : 미군정의 하지와 김구의 갈등
- 1946년 1월 3일 : 좌익 계열의 신탁통치 반대 집회가 찬탁 집회로 전환

임정의 귀국

1945년 11월 23일 김구와 김규식, 장준하 등 임정요인 1진 15명이 미군 수송기편으로 한반도에 들어왔다. 해방이 된 지 3개월여가 지났으니 많이 늦었다. 가장 큰 이유는 역시 귀국 자격 문제였다. 이승만과 마찬가지로 임시정부측은 정부 자격으로 귀국하고 싶어했다. 하지만 미군정은 임시정부를 인정하지 않았던 것이다.

그러나 임정의 귀국이 늦어진 건 임정 내부의 원인도 컸다. 좌파 김원봉의 민혁당과 우파 김구의 한독당 사이에 의견 대립이 심했다. 해방이 된 8월 15일부터 좌파는 임정을 해산하고 귀국하여 국내외 단체와 민중의 기초 위에서 임시정부를 다시 세우자고 했다. 반면에 우파는 임정 조직을 유지한 채 귀국해서 정권을 잡아야 한다고 했다. 팽팽했다. 오랜 갈등 끝에 결국 임정은 주류인 김구의 한독당이 주장하는 후자의 노선을 택했다.

많은 사람들이 임정을 '우리의 정부'로 환영했으나 모두가 그렇게 생각한 것은 아니었다. 곧 임정은 독립운동 세력 중 하나로 현실적인 위상을 갖게 되었다. 하지만 임정의 수뇌부들은 그렇게 생각하지 않았다.

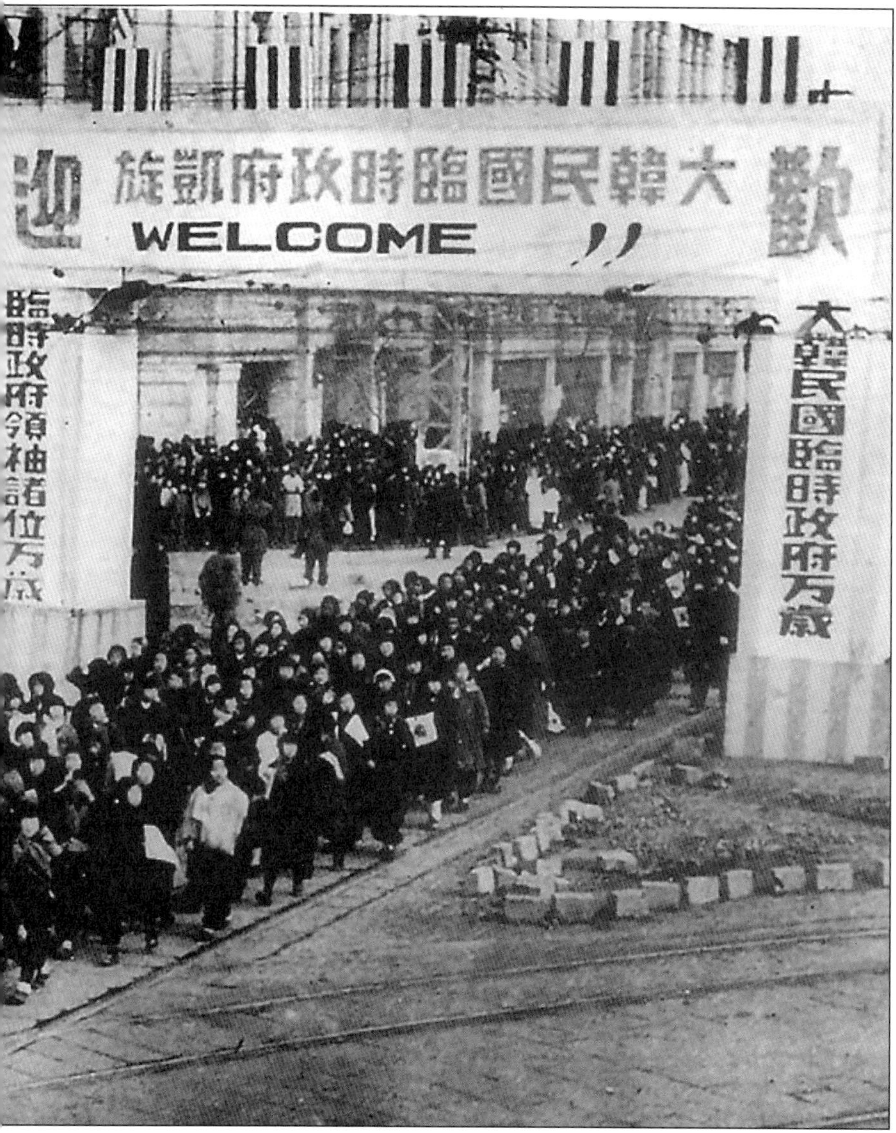
歡迎
大韓民國臨時政府凱旋
WELCOME
臨時政府領袖諸位万歲
大韓民國臨時政府万歲

귀국하려면 어쩔 수 없이 개인자격으로 오는 것에 동의해야 했지만 임정의 실질적인 조직은 그대로 유지한 채 돌아오기로 했다.

돌아오는 순서도 문제였다. 미군정이 내 준 수송기에 요인 전체가 탈 수 없었다. 1진과 2진으로 나눠서 귀국해야 했다. 귀국 순서는 중요했다. 먼저 들어오는 쪽이 국내에서 임정을 대표하는 이미지를 갖게 될 터였다. 그래서 그 순서를 두고 좌우파 젊은이들이 서로 싸움까지 벌여야 했다. 결국 김원봉의 양보로 김구와 한독당 측이 1진으로 먼저 입국했다. 먼저 입국한 김구는 여러 활동을 통해 '임정=김구'라는 이미지를 사람들에게 심는데 성공했다. 반면 김원봉, 신익희, 조소앙 등의 2진 22명은 12월 3일 귀국했다. 날씨마저 안 도와줘서 김포 비행장이 아닌 전북 군산 비행장에 착륙해야만 했다. 미군의 대우도 1진에 비해서는 형편 없었다. 1진이냐 2진이냐는 그만큼 중요했다.

임정 요인들의 귀국 후에도 미군정은 여전히 임정을 공식 정부로 인정하지 않았다. 단지 경호에 필요하다는 이유로 임정의 무장은 예외적으로 허용해주었다. 그래서 임정사람들은 총기를 휴대할 수 있었다. 미군정은 임정 요인들이 귀국할 때 단서를 하나 붙였다. 돌아와서 미군정의 통치에 협력할 것이라는 각서를 쓰라는 것이었다. 계약에 익숙한 서구인다웠다. 미군정은 일단 각서를 받은 이상 임정이 각서를 충실히 이행할 것이라 생각했다.

하지만 임정 요인들 중 이 각서의 내용을 진심으로 받아들인 사람은 아무도 없었다. 그저 현실적인 타협이라고 생각했을 뿐이다. 임시정부의 인사들은 스스로를 대한민국의 정당한 정부라고 자부하고 있었다. 귀국 후에도 그들은 임정이 단순한 독립운동세력의 일부가 아니라 망명정부라고 확고하게 믿었다. 그에 따라 정당한 한반도의 정부로 행세하고자 했다. 미군정으로서는 불편할 수밖에 없었다.

미군정은 임정 1진인 김구 일행이 귀국한다는 사실도 사전에는 비밀로 했다. 그 때문에 김구 일행이 귀국했을 때도 이승만의 귀국 때와 마찬가지로 조용하고 적막했다. 그날 저녁 김구 일행이 개인자격으로 귀국했다는 짤막한 공식 방송만 흘러나왔다.

하지만 이승만의 귀국 때와 마찬가지로 사람들의 기대는 대단했다. 11월 24일에 열린 기자회견장에서 당면한 현실에 대한 여러 질문이 김구에게 쏟아졌다. 김구는 신중했다. 인공이나 독촉과의 관계, 친일분자 처단 등의 문제에 대해서는 즉답을 피했다. 다만 개인자격으로 왔지만 앞으로는 임정을 승인해달라고 요구할 것이라는 암시를 했다. 그리고 기자회견의 말미에 단호한 한마디를 덧붙였다. "우리 한국 사람으로 보면 내가 왔으므로 정부도 돌아온 것이다." 그는 임정의 위상에 대해 그만큼 확신에 차 있었다.

우익의 분열과 봉합—친일부역자 문제

김구가 돌아온 11월 23일, 박헌영의 조선공산당은 이승만이 라디오를 통해 강력한 반공연설을 펼친 것에 항의하며 독촉을 탈퇴했다. 물론 그 이전에 좌익세력이 떨어져 나갈 조짐은 많았다. 다만 그동안은 탈퇴할 명분이 없었을 뿐이었다. 여운형의 인민당도 곧이어 독촉을 탈퇴했다. 좌익의 독촉 탈퇴를 기회로 생각한 임정 세력은 그동안 정국을 주도했던 이승만 대신에 자신들이 통합의 구심점이 되려고 했다.

이승만은 언제나 자기자신이 임정의 일원이라고 생각했다. 그래서 임시정부가 돌아왔을 때 독촉이 임시정부를 지켜줘야 한다고 믿었다. 물론 그렇게 한데엔 자신감도 있었다. 임정을 어느 때고 자기 조직으로 만들 수 있다고 생각했던 것이다. 하지만 임정 사람들은 달랐다. 이승만은 임정 사람이 아니었다. 오히려 그들이 보기에 이승만은 임정의 가장 큰 걸림돌이었다. 이승만 때문에 임정이 정국의 주도권을 잡지 못하고 있다고 생각했다. 오랜 내분으로 인해 임정 세력의 정치적 포용력은 이미 바닥이 난 상태였다. 그들은 배타적인 이익 집단이 되어 있었다.

임정은 친일부역자 처단 문제를 내세우고 나왔다. 사실 해방이 되자마자 건국준비위원회가 발족됐을 때는 친일부역자 문제는 중요하지 않았다. 여운형도, 박헌영도 문제 삼지 않았다. 여운형은 그 당시 일제에 협력한 과오가 있었던 김성수와도 협력하려 했다. 박헌영도 인공을 선포할 당시 김성수를 내각에 포함시켰었다. 하지만 독촉이 움직이기 시작하자 사정이 달라졌다. 먼저 좌익이 우익인 한민당을 공격하는 무기로 친일파 처단을 들고 나왔다. 해방공간에서 우익 계열을 배제하려는 의도였다. 그 무기를 이번에는 임정이 들고 나왔다. 임정은 귀국하자마자 친일부역경력자들을 먼저 처리해야 한다는 주장을 내세웠었다. 그럴 만했다. 임정은 당시 국내에 지지기반이 별로 없었다. 같은 우익 민족주의 세력인 한민당을 눌러야 임정의 지지세력이 넓어질 수 있었다. 좌익과 마찬가지로 정략적인 차원에서 친일파 처리 문제를 내밀고 나왔던 것이다. 그래서 한민당과 임정이 처음부터 갈등을 빚기 시작했다.

첫번째 갈등은 한민당이 임정요인들에게 귀국인사를 하면서 건넨 900만원의 정치자금 때문에 불거졌다. 한민당은 이미 1945년 10월 20일경에 환국지사 영접위원회라는 후원회를 조직해서 임정 요인들을 맞이할 준비를 해오고 있었다. 2천만원이라는 돈을 모았다. 그 당시 쌀 2만 6천석을 살 수 있는 돈이었다. 단순한 비교는 어렵지만, 지금으로 치면 수억 원 이상에 해당하는 돈이었다. 그 돈 중에서 900만원을 김구에게 인사차 방문해서 건넸다.

김구는 임정의 재무부장이었던 조완구와 상의한 뒤 '깨끗한 돈'이 아니라는 이유로 송진우에게 돌려줬다. "부정한 돈은 받을 수 없소. 이것은 우리 임시정부를 대접하는 것이 아니라 욕되게 하는 것이오." 친일부역자들이 마련한 돈은 받을 수 없다는 것이 김구가 전한 말이었다. 결국 그 다음날 동아일보 사옥 2층에 있던 환국지사 영접위원회 사무실에서 임정과 한민당은 다시 돈의 처리 문제를 협의하게 되었다. 임시정부에서는 계속 친일파의 부정한 돈은 받을 수 없다고 맞섰다. 그러는 사이에 서로 격앙되어 한민당의 장덕수가 따귀까지 얻어맞는 수모를 겪게 되었다. 송진우가 나섰다. 김구에게 뷰익 승용차 한 대를 선물한다고 하며 말했다. "임시정부도 정부입니다. 정부가 받는 세금 중에는 양민의 돈도 있지만, 죄인의 돈도 있습니다. 그렇게 생각하고 받아두세요." 결국 임정은 돈을 받아들였지만 서로 간에 앙금은 남았다.

두 번째 갈등은 서울 관수동의 국일관에서 일어났다. 한민당과 임정 사이가 계속 좋지 않자 송진우가 12월 중순 경에 임정요인들을 초대했다. 그런데 이 자리에서 이번에는 해공 신익희가 한민당 사람들을 원색적으로 비판하며 싸움이 벌어졌다. 신익희가 말했다. "해방될 때까지 국내에서 있었던 사람들 중에 친일파가 아닌 사람이 누가 있나. 지금까지 친일을 하지 않고 어떻게 생명을 부지할 수 있었겠어? 그런 이들은 모두 숙청되어야 해." 그러자 설산 장덕수가 발끈했다. "이보게, 해공. 그러면 나도 숙청되어야겠군?" 신익희도 물러서지 않았다. "어디 설산 뿐이겠는가." 그러자 장덕수가 분통을 터뜨렸다. 신익희는 장덕수의 오랜 친구였다. 자신의 속을 모를 리 없을 텐데 그렇게 나오는 건 더욱 참기 어려웠던 것이다.

설산 장덕수(1894-1947)는 빈농의 아들이었다. 당연히 어렵게 공부했다.

장덕수는 이 시대의 풍운아이자 가장 복잡한 인물 중 하나다. 가난한 처지에서 뛰어난 머리와 노력으로 고학을 했고 지인들 모두가 그의 재능과 활달한 호기를 인정했다. 언론인 겸 유학생 신분으로 독립운동에 활발히 참여했으나 1930년대 후반 내선일체(일본과 조선은 하나다)를 주장하는 친일파로 돌변했다. 대표적인 친일 지식인으로 꼽히지만 조선총독부에서 반동적인 요시찰 인물로 늘 주시하는 인물이기도 했다. 해방 직후 한민당 계열의 재사로서 건준 등 좌익 계열에 공세를 퍼부으며 활발한 활동을 펼쳤다. 한민당-한독당 통합에 앞장서다가 암살당했다.

계몽운동에 일찍 투신한 형이 진남포의 학교에서 강사로 있었던 덕에 학교는 간신히 다녔다. 그러나 노동과 막일로 학비를 벌며 고학을 해야만 했다. 조선총독부의 공무원 채용 시험에 합격했지만 1년도 안되어 때려치웠다. 일본으로 건너갔다. 익숙한 막노동으로 학비를 조달하며 고학했다. 그때 김성수, 송진우 등과 함께 신익희를 만났다. 유학생 친구였다. 학위를 마친 뒤 장덕수는 중국으로 건너갔다. 여운형, 신채호, 김규식 등과 신한 청년단을 만들었다. 그러다 경찰에 체포되어 유배형에 처해졌다. 그런 장덕수를 여운형이 꺼내줬다. 그때 여운형은 일제로부터 동경으로 초청을 받아놓은 상태였다. 여운형은 장덕수를 석방하지 않으면 초대에 응하지 않겠다고 했다. 그 덕분에 장덕수가 풀려나 동경까지 여운형을 수행했다. 장덕수는 이 과정에서 공산주의자들과도 친분을 쌓았지만, 항상 좌익과는 선을 그었다. 동경 방문 뒤 장덕수는 김성수, 송진우 등의 친구들과 함께 동아일보 창간에 참여했고 부사장 겸 주필이 되었다. 언론인 생활을 하던 중 미국으로 유학을 떠나 13년간 또 고학을 하며 미국과 영국에서 유학했다. 1930년대 후반까지만 해도 그는 애국계몽 계열에서 활발하게 독립운동을 벌인 독립운동가였다. 하지만 1937년 중일 전쟁이 벌어진 이후로 일제에 협력적인 태도로 전환해 친일강연도 했다. 전형적인 친일부역자의 행로로 보이지만, 그런 한편으로 장덕수는 비밀리에 독립운동 조직을 만들다 발각되어 체포되기도 했다. 조선총독부에서 요시찰인물 암살계획을 세울 때면 언제나 명단에 장덕수가 들어가 있었다. 장덕수는 이런 경력을 가진 사람이었다. 그런 그의 속을 친구인 신익희가 헤아려주기는커녕 처단해야 된다고 들고 나온 것이었다. 속이 뒤집어질 만했다.

해공 신익희(1892-1956)는 장덕수와는 달리 유복한 양반가문 출신이었다. 어린 시절부터 영특했다. 일찍이 한학을 배웠고 혼자서 한글을 깨우쳤다. 스스로 서양학문의 필요성을 느껴 관립한성 외국어학교에 들어갔다. 거기서 영어를 배웠다. 외국어학교를 졸업한 뒤 대한제국이 일본에 합병되자 그 이듬해 일본 유학을 떠났다. 나라를 되찾기 위해서는 힘이 필요하다는 이유에서 였다. 일본에서 유학하며 김성수, 송진우, 그리고 장덕수를 사귀었다. 와세다 대학을 졸업한 뒤에는 중국으로 건너갔다. 임정에 참여하기 위해서였다. 그러다 임정으로 들어오는 독립자금이 끊기며 생계가 곤란해지자 이런 저런 장사를 하며 생계를 꾸린 적도 있었다. 한중합작 부대에 들어가 중국군으로 활동하기도 했다. 1930년대 중반에 다시 임

신익희는 귀국 초기엔 한민당 계열을 친일파라 비판하며 한독당 노선을 강하게 밀어붙였고 김일성 암살까지 시도할 정도였다. 하지만 단독정부론에 찬성하며 이승만과 협력해 정부 수립에 참여했다. 정부가 수립된 이후에는 이승만에 대한 비판적 입장으로 돌아서 야당인 민주당(1955년)의 중심 세력이 되었고 대통령 후보에까지 출마했다.

정으로 돌아왔다. 해방 후 임정 요인 제2진으로 한반도에 들어왔다. 신익희는 식민지 시기의 대부분을 외국에서 보냈다. 일제에 협조할 일은 없었다. 그래서 이유야 어찌됐든 조금이라도 일제에 부역한 자들은 처단해야 한다고 목소리를 높일 수 있었다.

보다 못한 송진우가 나섰다. "해공, 국내에 발붙일 곳도 없게 된 임시정부를 누가 불러서 오게 한 것 같은가? 인민공화국이 임시정부를 불러들인 것 같나? 우리가 불러들인 걸세. 그리고 일반 국민들에게 임정을 떠받들라고 하는 게 자네들을 위해서인 줄 아나? 임시정부의 법통 때문이야. 착각하지 말게." 신익희가 더 뻗대고 나왔다. "어찌됐든 일제에 부역한 이들은 처단해야 하네." 송진우가 언성을 높였다. "자네, 중국에서 궁할 때 무슨 장사를 해먹었는지 우리가 모르는 줄 아나?" 신익희는 이 말에 입을 다물었다. 생계가 어렵던 시절 신익희는 중국에서 아편을 팔아 돈을 벌었기 때문이다. 요즘으로 치면 '마약상'이었던 셈이었다. 송진우가 말을 이었다. "나라밖에 있었으면 배는 고팠겠지만 마음은 편했겠지. 나라 안에서는 몸은 조금 더 편했을지 모르지만 마음은 지옥이었네. 지금은 모든 힘을 합해 나라를 만드는데 쓰시게나."
신익희는 더 이상 뻗댈 수 없었다.

사실 친일부역자 청산문제는 하루 아침에 정략적으로 다뤄질 수 있는 게 아니었다. 이승만은 좌익이 친일파 처단을 선결문제로 내세우고 나왔을 때부터 탐탁지 않게 생각했다. 민족정기를 바로잡기 위한 고민 끝에 나온 문제제기가 아니라 정치공세라는 걸 대번에 눈치챘던 것이다. 이승만의 생각은 이랬다. '친일부역경력자들의 처단은 미군정 치하에서 할 일은 아니다. 그건 우리 민족이 우리 손으로 우리 정부, 우리 국가를 만든 뒤의 일이다. 또한 어떻든 해방이 되었으니 악질적인 경우가 아니라면 속죄할 기회를 줘야 한다. 건국에 공을 세워 지난 과오를 씻을 수 있도록 해줘야 한다.' 이승만의 친일파 청산에 대한 구상은 훗날 남로당의 소요와 김일성의 남침전쟁으로 인해 제대로 이루어지지 못한 부분이 있다. 공산진영으로부터 남한을 지키는 것이 더 급했기 때문이다. 해방공간의 현실에서 행정관리, 공무원, 경찰 등 친일부역자를 모조리 색출, 제거한다는 것은 남한 사회를 정지시키자는 것과 다를 바 없었던 것이다. 그건 김구도 잘 알고 있었다.

김구는 그날 국일관에서 장덕수와 신익희, 그리고 송진우가 나누는 대화를 쓰라린 표정으로 모두 듣고 있었다. 그리고 그날 이후 김구는 친일부역자 처단은 나라를 먼저 만든 뒤 논하자는 입장으로 한발 물러섰다. 친일부역자 처단문제를 둘러싼 임정과 한민당의 갈등은 이렇게 일단 봉합되었다.

모스크바 3상 회의

하지만 정작 한반도 남부를 또 절반으로 갈라 서로 피까지 흘리게 한 갈등은 이제 막 시작되려 하고 있었다. 신탁통치 문제였다.

1945년 12월 16일부터 26일까지 미국의 번즈 국무장관과 소련의 몰로토프 외상, 그리고 영국의 베빈 외상이 소련의 모스크바에 모였다. 일본 점령지구의 전후관리 문제를 비롯해 한반도 문제를 논의하기 위해서였다. 이 회의에서 한반도의 운명은 묘하게 꼬여버렸다. 소련이 의도한 그대로 신탁통치안이 확정되어 버렸던 것이다.

원래 미국의 신탁통치안은 다음과 같았다. '연합국 4개국이 합의해서 고등판무관과 집행위원회와 같은 신탁통치 기관을 설치한다. 그런 뒤 국제신탁통치제도를 규정한 유엔헌장 제76조에 따라 5년간 신탁통치를 실시한다. 만약 5년 후 선거를 통해 독립정부를 실현시키는 것이 어렵다면 5년을 한도로 신탁통치를 연장할 수 있도록 한다.'

그런데 이에 대해 소련 측에서는 수정안을 다시 제시했다.'(1) 민주적인 임시정부를 수립하고 (2) 이 정부를 지원하기 위해 미소공동위원회를 설치하며 (3) 미소공동위원회는 조선의 임시정부 및 민주적 단체들과 신탁통치에 관한 사항을 협의해 4개국 정부가 공동 심의한다.'이런 내용이었다. 아주 간단하고 명료해 보였다. 그러나 소련측이 제시한 수정안은 심각한 문제가 있었다. 미소 양군 사령관에게 임시정부를 설립하도록 실질적인 권한을 부여했기 때문이다. 이 수정안에 따르면 만약 미소점령군의 대표들이 합의를 이루지 못했을 때 4개국의 신탁통치는 시작도 못하게 되어 있었다.

소련의 속셈은 명확했다. 앞에서 살펴본 대로 북한에서는 스탈린의 45년 9월 20일 지령에 따라 단독정부 수립을 위한 조치가 착착 진행되고 있었다. 원래부터 스탈린과 소련은 한반도를 4개국 신탁통치에 맡길 생각이 없었다. 이미 런던회의가 결렬됐을 때, 미국을 적대시하기로 마음먹은 스탈린이었다. 게다가 오랜 전쟁으로 폐허가 된 소련의 재건을 위해서는 북한의 자원과 식량이 중요했다. 북한지역의 항구도 탐이 났다. 북한은 중국 공산당을 위한 배후기지로도 쓸 만했다. 그런 북한은 게다가 이미 스탈린 자신의 손안에 들어와 있었다. 그걸 다시 내놓고 38선을 허물고 미국과 공동으로 관리할 생각은 털끝만큼도 없었다.

하지만 그렇다고 대놓고 신탁통치안을 폐기처분하고 서로 영토를 나눠먹자고 할 수는 없는 일이었다. 얄타회담의 협의내용을 전면 무효화하면 소련으로서도 잃을 게 많았다. 그때 보장받은 사할린 등의 이권도 다 토해내야 했다. 그러니 '신탁통치안은 수용하되 신탁통치는 못하게 한다' 그게 스탈린의 생각이었다. 조금 더 나아가면 '신탁통치를 못하는 책임은 미국과 남한에 덮어 씌우자' 이게 스탈린의 진짜 속마음이었다.

문제는 그런 소련측의 속셈을 전혀 간파하지 못한 미국 번즈 국무장관이었다. 그는 모스크바 3상 회의에서 한반도 문제는 일방적으로 양보해버렸다. 그의 목표는 한반도 신탁통치 문제를 합리적으로 논의해서 합의를 끌어내는 게 아니었다. 그냥 합의만 끌어내고 싶었다. 이미 런던회의에서 지나치게 강경한 태도를 취해 미소간의 충돌을 초래했던 번즈였다. 그래서 국내외에서 맹공을 받았다. 만약 모스크바 3상회의까지 결렬되면 대통령을 꿈꾸던 번즈의 정치생명은 그날로 끝날 것이었다. 그래서 소련이 제안한 수정안을 아무 고민 없이 받아들였다.

사실 미국이야말로 한반도에 대한 신탁통치안을 합의하는 것이 꼭 필요했다. 이유는 아이러니컬하게도 한반도 자체가 그다지 중요하지 않았기 때문이었다. 전략상 중요하지 않다고 해도 미국은 한국을 통째로 소련에게 넘겨줄 생각은 없었다. 돈을 퍼붓거나 군대를 대규모로 파병할 수는 없으니 남은 게 외교적인 방법 뿐이었다. 그게 신탁통치안이었다. 미국으로서는 최소한의 비용과 군사력을 투자해 한반도를 4개국 신탁통치 하에 두는 것이 최선이었던 것이다.

이는 과거 미국이 1899년 중국에서 썼던 '문호개방전략'(open door policy)과 동일한 맥락이었다. 러시아나 일본에 비해 거리가 멀었던 미국은 군사적인 패권을 추구하는 대신 중국을 중립적인 상업시장으로 놓아두자고 했다. 외교적인 방법으로 중국에서의 이익을 추구했던 것이다. 당연히 그 옆에 붙어있는 한반도는 필요하면 언제든 넘길 수 있는 거래대상이었다. 1905년 가쓰라-태프트 조약은 그런 맥락에서 맺어진 일본과의 거래였다.

포츠담 회담에서 악수를 나누는 번즈와 몰로토프. 이들은 런던 회담을 거쳐 모스크바 3상 회의에서도 다시 만났다. 번즈는 소련의 의도를 파악하지 못했고 무능한 외교 능력을 드러내었다. 한반도 문제를 졸속으로 처리한 번즈는 "한반도 문제에 대해 양보했으니 동유럽은 우리 뜻대로 해달라."고 한심한 소리를 했다.

문제는 번즈 미 국무부장관이 소련의 신탁통치 방안을 아무 생각 없이 수용했다는 것이었다. 번즈는 한반도 문제에 대해 소련의 제안을 아무 조건 없이 수용한 다음날, 어제는 한반도 문제를 양보했으니 동유럽 문제에서는 소련이 한발 물러서라고 요구했다. 불가리아 루마니아에서 소련의 양보를 노골적으로 요청했던 것이다. 외교의 기본을 모르는 무능한 행태였다.

모스크바 3상회의에서는 그렇게 소련과 스탈린의 의도대로 한반도 문제 처리 방안이 결정되었다. 신탁통치안은 합의하되 신탁통치는 거부하기로 마음 먹은 소련과 신탁통치는 해야 하지만 졸속으로 대충 처리한 미국의 합의로 인해 한반도 신탁통치는 표류할 수밖에 없는 운명이었다. 그리고 이 신탁통치안이 한반도에 알려졌을 때, 그 소식은 걷잡을 수 없는 파란을 가져왔다.

신탁통치안, 한반도에 알려지다

1945년 12월 26일 마무리된 모스크바 3상회의의 결과는 28일에 발표될 예정이었다. 그런데 12월 25일 AP통신과 UP통신으로부터 전세계로 모스크바 3상회의에 대한 기사가 날아갔다. 기사 내용은 다음과 같았다.

'모스크바에서 개최된 3국 외상회의를 계기로 조선독립문제가 대두되지 않을까 하는 관측이 짙어지고 있다. 번즈 미 국무장관은 모스크바로 떠나기 전, 소련의 신탁통치안에 반대하고 한반도를 즉시 독립시키자고 주장하라는 훈령을 받았다고 한다. 외상회의에서 3국간에 어떤 협정이 있었는지 없었는지는 확실치 않다. 그러나 미국의 입장은 카이로 선언에 따라 국민투표를 통해 조선의 정부형태를 결정하자는 것이었다. 반면 소련은 남북 양 지역을 일괄한 1국 신탁통치를 주장하고 있다. 그렇지만 38도선에 의해 남북이 나누어져 있는 한 국민투표는 불가능하다고 주장하고 있다.'

자세히 읽어보면 내용이 사실과 좀 다르다. 그랬다. 추측성 오보였다. 문제는 이 기사가 국내통신사인 합동통신과 조선통신에 12월 26일 밤 전해진 것이었다. 12월 27일 아침 남한 대부분의 신문 제 1면에 커다랗게 이 기사가 보도되었다. 다만 좌익계열 언론은 이 소식을 보도하지 않았다. 좌익계열 신문사에 외신을 댔던 조선통신에서 기사송고를 보류했기 때문이었다. 기사가 나갈 경우 파장이 어마어마할 것이 뻔했기 때문이었다. 가끔 이 사건은 『동아일보』가 의도적으로 낸 오보였다고 주장하며 비판하는 사람들이 있다. 그러나 당시 12월 26일자 『워싱턴 타임스 헤럴드』나 일본 도쿄의 『성조기』지 태평양판 12월 27일자 신문에도 동일한 기사가 실렸으니 UP와 AP의 오보 때문이었던 게 분명하다. 애초에 찬탁-반탁 논쟁이 없었어도 소련을 뒤에 업고 있던 좌익은 우익과 결별하고 갈라질 수밖에 없었다. 이념 갈등과 분단이 마치 찬탁-반탁 논쟁 때문이며 그 책임은 의도적인 오보에 있다는 식으로 말하는 건 악의적인 비난에 지나지 않는다.

어쨌든 12월 27일 모스크바 3상 회의에 관한 기사가 나가자 한반도가 벌집 쑤셔놓은 모양새가 되었다. 우선 군정청의 하지는 아침에 기사를 보고 깜짝 놀랐다. 기사를 본 한반도의 여러 정당들이 벌떼처럼 들고 일어설 게 뻔했다. 그리고 기사 내용도 이상했다. 자신이 아는 것과 달랐다. 하지는 합동통신으로 군정청 보도부장을 보내 AP통신이 보낸 기사 원문을 요구했다.

좌익은 '미국은 즉시 독립, 소련은 신탁통치 주장'이라는 보도내용을 당혹스러워 했다. 그들에게 소련은 '가장 진보적이고 민주적인 나라'였다. 그런 나라가 한반도를 독립시키는 대신 신탁통치를 하자고 했다는 게 믿어지지 않았다. 오보가 아닌가 의심했다. 그런 한편으로 일단 많은 좌익 정당들이 신탁통치에 반대하는 입장을 표명했다.

그러는 사이 12월 27일 밤 10시, 제대로 된 모스크바 3상 회의의 공동성명 내용이 발표되었다. 즉시 국내에도 알려졌다. 그러나 이제 미국과 소련 중 누가 신탁통치안을 먼저 내놓았는가는 중요한 문제가 아니었다. 한반도의 신문들은 27일에 이어 28일에도 강경한 어조로 신탁통치를 반대하는 사설을 게재했다. 좌우익 정당이 끓어올랐고 시민들도 거리로 몰려나오기 시작했다.

가장 먼저 뜨겁게 반응한 건 임정세력이었다. 임정의 요인들이 28일 오후 김구의 경교장에 모였다. 긴급 국무위원회가 열렸고 반탁 운동을 전개하기로 결의했다. 저녁이 되자 각계 대표들이 모였고 합동회의가 철야로 진행되었다. '신탁통치반대국민총동원위원회'를 결성하기로 결정했다.

29일에는 임시정부 주석 김구와 외무부장 조소앙 명의로 된 전문이 미영중소 4개국 정부에 발송되었다. 신탁통치를 결단코 반대한다는 내용이었다. 9가지 행동강령도 발표했다. '신탁통치에 찬성하는 사람은 반역자로 처단하자. 대한민국 임시정부를 지키자. 외국 군정을 철폐시키자.' 이런 내용이었다. 행동강령을 보면 신탁통치 반대운동을 임시정부의 주권접수로 이어가려 했던 임정의 의도가 엿보인다. 김구는 행동강령을 발표함과 동시에 전국적인 파업을 명령했다. 미군정을 위해 일하는 한인관리들에게도 임정의 명령을 따르라고 했다. 실제로 미군정청에는 천여 명의 조선인 직원이 근무하고 있었다. 이들은 김구의 명령을 따라 29일부터 사직을 각오하고 일터를 떠났다. 미군정은 임정의 그런 조치에 당황했다. 정부로서 실체를 인정하지 않은 임시정부측에게 제대로 한방 얻어맞은 거나 마찬가지였다. 미군정은 조선인 고용자들에게 모두 10일간의 휴가를 일제히 실시했다고 발표하면서 상황을 무마할 수밖에 없었다. 체면을 구기지 않으면서 사태를 정리하려면 다른 방법이 없었던 것이다.

경교장의 뜨거운 밤

29일 밤이 되자 김구가 머물던 경교장이 또다시 북적거렸다. 좌우를 망라한 각 정당과 사회단체 대표 200명이 모여들었다. 밤새 회의가 열렸다. 좌우 모두 신탁통치를 반대한다는 데는 이견이 없었다. 문제는 김구의 생각이었다. 김구는 반탁운동으로 여론을 몰아 내친 김에 미군정을 접수하려고 마음먹었던 것이다. 무모하고 즉흥적이었다. 그러나 김구는 독립투쟁 시절부터 게릴라 전술에 익숙했다. 자신의 계획을 고수하려 했다. 모든 공무원이 군정을 거부해야 한다고 했다. 상인들도 모두 가게를 철시하자고 했다. 이런 반탁운동으로 임정이 주권을 찾아야 한다고 했다. 한민당 소속의 지도자들이 자제시키려 했지만 분위기는 더 과격해졌다.

그때 송진우가 일어나 냉정을 촉구했다.

"여러분들이 그렇게 생각하는 건 모두 애국심에서 나온 겁니다. 그건 나도 알고 있어요. 하지만 나라를 이끄는 지도자가 너무 가볍게 굴면 안됩니다. 여기 우리중에 누구라도 모스크바 3상 회의에서 결정된 성명의 원본을 읽어본 사람 있나요? 내가 알기론 이렇습니다. 미소공동위원회를 설치한 뒤 한국의 정당, 사회단체들과 협의해서 남북 전체를 통일한 임시정부를 세운다, 그리고 5년 동안만 신탁통치를 한다, 이런 내용입니다. 이게 정확하다면 길어야 5년이면 통일된 우리의 독립정부를 세울 수 있을 겁니다. 그런데 그렇게 극단적인 방법으로까지 반대할 이유는 없지 않을까요. 어차피 우리 힘으로 정부를 세우고 싶어도 이렇게 분할 통치되고 있는 실정입니다. 강대국끼리 아직 전후 처리에 대해서도 논의할 게 많구요. 우리가 강대국들의 합의와는 무관하게 맘대로 할 수 있는 건 아무 것도 없습니다. 물론 나도 신탁통치는 반대합니다. 그러나 반대 방법은 다시 한 번 여유를 가지고 냉정히 생각해봅시다."

송진우는 반탁을 하지 말자는 게 아니었다. 임정이 미군정을 배격하고 직접 통치권을 찾겠다고 나선 게 무리하다는 것이었다. 그건 쿠데타였다. 미군이 가만히 있을 리가 없었다. 엄청난 반작용이 있을 게 분명했다. 하지만 신중한 생각이 받아들여질 분위기는 아니었다. 좌익 측에서는 한민당이 신탁통치를 사주했다고 선전해대고 있었다. 송진우의 발언에 대해 여기저기서 격렬한 반발이 터져나왔다. 매국노라고 욕하는 사람도 있었다. 모두가 격정과 울분에 둘러싸여 있었던 시간이었다.

밤샘 회의를 마친 송진우는 지친 몸을 끌고 집으로 돌아갔다. 그날 새벽 무렵이었다. 송진우가 들어간 집으로 6개의 그림자가 스며들었다. 그리고 얼마 안 있어 몇 발의 총성이 울렸다. 새벽 6시 15분 송진우는 총격으로 숨을 거두고 말았다. 범인은 한현우 등 6명이었다. 한현우와 또다른 한명은 현장에서 추격 끝에 붙잡혔다. 나머지 네 명은 군정청 경찰에 의해 체포되었다. 송진우가 미국의 신탁통치안을 지지했기 때문에 죽였다는 것이 한현우의 범행 동기였다.

송진우를 포용하지 못한 해방정국

송진우는 이렇게 보내기엔 여러 모로 아쉬운 인물이었다. 송진우는 1889년 전남 담양 출생으로 신평 송씨 가문 출신이었다. 가세는 기울어 있었지만 명문가였다. 어렸을 적부터 한학을 배웠다. 그의 스승은 노론 계열의 성리학자 기삼연이었다. 기삼연은 재주가 뛰어난 제자를 무척 사랑했다. 송진우에게 고향의 고비산처럼 꿋꿋하게 살고, 소아를 버리고 대아를 위해 살라는 뜻으로 '고하'(古下)라는 아호를 지어주었다.

아버지 송훈은 개명한 지식인이었다. 송진우에게 신문물을 배우도록 했다. 영어를 권했다. 송진우는 그걸 성리학에 대한 배신으로 생각해 잠시 방황했지만, 아버지의 뜻을 받아들이기로 했다. 나라를 회복하려면 신학문을 배워야 했다. 신학문을 배우기 위해 담양 창평의 영학숙에 들어가 거기서 평생의 친구인 김성수를 만났다. 그와 함께 일본으로 건너가 와세다 대학에 입학했다. 그러다 경술국치를 당했다. 충격을 받은 송진우는 부랴부랴 귀국했다. 그의 스승 기삼연은 의병으로 활동하다 일본군에 의해 피살되었다. 송진우는 독립운동을 위해 거사를 도모하려 했다. 아버지와 주변사람들이 말렸다. 실력을 더 키우라 했다. 다시 일본으로 건너가 학업을 마쳤다. 이 시기에 장덕수 등과 친분을 쌓았다.

학업을 마치고 귀국한 송진우는 김성수와 함께 교육운동에 투신했다. 3.1 만세운동때는 그와 연관되어 있다는 혐의로 고문을 받고 투옥되었다.

송진우는 원칙을 지키고 의리에 충실한 선비 유형의 지사였지만 누구보다 더 크고 탁월한 식견을 가진 정치가이기도 했다. 해방공간에서 큰 역할이 기대된 사람이었으나 극단적인 양자택일을 강요하던 시대적 상황의 희생자가 되어 너무나 일찍 세상을 떠나야 했다.

형을 마치고 풀려나서는 김성수와 함께 동아일보를 만들었다. 사장으로 일하면서 조선물산장려회, 민립대학기성회, 문맹퇴치 운동 등의 실력양성 운동에 힘을 쏟았다. 그는 인품이 좋고 지도력이 뛰어났다. 식민지 조선사회에서 영향력이 컸다. 때문에 반일운동이 활발해질 때마다 그 배후로 의심을 많이 받았다. 사찰을 종종 당했고 여러번 투옥되었다. 일제 말기가 됐을 때도 창씨 개명은 거절했다. 그리고는 건강이 안좋다는 핑계로 총독부의 동원정책을 피해나갔다. 다만 은거할 뿐이었다.

송진우는 품이 컸다. 현실을 고려할 줄 아는 한편으로 포용력도 컸다. 해방이 된 뒤로 송진우는 주요 국면마다 갈등을 봉합하고 사람들을 한데 모으려 애썼다. 이승만이 귀국했을 때 살 곳을 마련하고 정치자금을 댄 것도 송진우였다. 김구의 임정이 돌아왔을 때도 마찬가지였다. 또 임정과 한민당이 친일문제로 갈등이 격해졌을 때도 송진우가 봉합했다. 한민당과 임정세력의 공조는 전적으로 송진우의 역량 덕분이었다. 송진우는 그런 사람이었다.

하지만 해방공간은 송진우 같은 품 넓고 속 깊은 사람을 허락하지 않았다. 임정을 지지하던 사람들은 그를 오해했고 심지어 적대시했다. 해방공간에서 사람들은 정파의 이익을 위해 사건사건마다 사분 오열되었다. 맹목적이고 광신적인 분위기가 떠돌고 있었다. 그런 와중에 어느 틈엔가 반탁운동은 임정의 주권회복운동이 되어갔고, 거기에 반대하는 사람은 반역자가 되었다. 송진우는 그런 분위기 속에서 죽었다. 해방공간은 송진우를 품을 수 없었던 것이다. 어떤 역사나 마찬가지겠지만, 혼란기에는 안타까운 인물들이 너무 빨리, 쉽게 죽는다.

임정, 반탁운동으로 쿠데타를 기도하다

송진우가 세상을 떠난 30일에도 임정의 반탁운동은 계속되었다. 내무부장 신익희 이름으로 포고령이 발표되었다. 임정의 포고령은 빠른 속도로 서울을 비롯한 전국 주요도시의 곳곳에 나붙었다. 미군정청에서 일하는 모든 한국인 직원들은 임시정부의 지휘를 받으라는 내용이었다. 또 모든 국민들은 임시정부의 지휘 아래에서 반탁운동에 참여하라고도 했다.

그러자 전국에서 즉각 행동이 뒤따랐다. 전국검찰과 법원 및 재야 법조인들은 긴급회의를 열어 총파업을 결의했다. 서울시내 7개 경찰서장들이 경교장을 방문해 임정에 충성을 맹세했다. 서울시청 직원들도 총사직을 결의했다. 12월 31일 오후 1시 서울운동장에서는 대규모의 반탁대회가 열렸다. 신탁통치반대국민총동원위원회 주관이었다. 영하 20도로 살인적인 추위였지만 30만명이라는 엄청난 사람이 모여들었다. 서울 시민의 1/4이 모인 것이었다. 임정의 주도로 반탁의 불길은 무섭게 타오르고 있었다.

반면 미군정 입장에서 볼 때 이런 임정의 태도는 이해할 수 없었다. 미군정은 김구를 비롯한 임정 요인들이 귀국할 때 미군정의 법과 질서유지에 복종하겠다는 서약을 받았다. 임시정부 자격이 아니라 개인자격으로 귀국한다는 건 그런 뜻이었다. 그런데 반탁운동을 계기로 임시정부는 정부 노릇을 하려고 하고 있었다. 명백한 계약위반이자 쿠데타 시도에 다름 아니었다. 분기탱천한 하지는 김구와 임시정부 요인들을 좌시할 수 없다고 생각했다. 곧바로 12월 31일 0시를 기해 임정요원들을 인천의 일본인 포로수용소에 가뒀다가 중국으로 추방할 계획을 세웠다. 이런 내용을 31일 저녁 방송으로 공표할 생각이었다. 그걸 알게 된 경무국장 조병옥이 펄쩍 뛰었다. 만약 그렇게 조치한다면 남한 지역은 더 이상 통제가 불가능한 상황이 될 거라고 하지를 설득했다. 간신히 말릴 수 있었다.

조병옥(1894~1960)은 미국 컬럼비아 대학을 나왔고 안창호의 영향 하에서 독립운동을 했던 인물이었다. 해방 직후 한민당을 조직하는데 앞장 섰고 강력한 반공노선을 추진했던 인물이기도 했다. 그는 1945년 10월부터 미군정청 경무국장으로 내정되어 있었다. 정식발령은 46년 1월부터였지만 반탁운동이 한창이던 12월 30-31일 경에도 실제로는 일하고 있었다.

그는 조선인과 미군정 사이를 중재하던 몇 안되는 인물이었다. 그가 있었기에 다행히 김구와 임정요인들이 추방되는 것만은 막을 수 있었다.

다음날인 46년 1월 1일 하지는 김구를 자신의 사무실로 불러들였다. 소파에 앉은 김구의 머리에 하지가 권총을 들이댔다. '다시 나를 거역하면 죽여버리겠다.' 가장 강도 높은 경고였다. 협박이기도 했다. 김구도 순순히 받아들이지 않았다. '죽여라. 아니면 여기서 자살하겠다.' 평생을 일본과의 싸움으로 잔뼈가 굵은 그였다. 죽음 바로 한 발자국 앞까지 가는 경험 따윈 이미 여러 번 해봤던 터였다. 하지가 그를 죽이지 못한다는 걸 잘 알고 있었다. 그러니 기세에서 질 수 없는 노릇이었다. 그러나 그런 김구일지라도 결국엔 한발 물러서는 수밖에 없었다. 쿠데타 시도가 무리하다는 건 사실 분명한 일이었다.

그날 밤 김구는 임정 선전부장 엄항섭을 시켜 긴급 라디오 방송을 내보냈다. '반탁운동은 신탁통치 반대가 목적이다, 군정을 반대하거나 동포들의 일상을 곤란하게 해서는 안된다, 모두 일상으로 복귀하라.'는 내용이었다. 하지는 다음 날 김구와 신익희를 긴급 체포했다 풀어주었다. 무언의 경고였다.

임정은 반탁운동을 계기로 정권을 인수하려 했다. 그 결과 이득은 하나도 없이 정치적 손실만 컸다. 미군정은 정치적 파트너로서 김구의 자질과 능력을 불신하게 되었다. 그리고 임정은 민족의 대표기관이라는 명분에 큰 손상을 입고 말았다. 그러나 이것은 언제고 드러날 수밖에 없는 김구와 임정 세력의 역량 부족에서 기인한 것이었다. 정통성에 대한 자부심과는 별개로 그들의 현실 정치에서의 능력은 부족했기 때문이다.

공산당, 찬탁으로 돌아서다

이렇게 임정이 어설픈 쿠데타 시도를 하는 동안, 조선공산당은 공식 입장을 내놓지 못하고 있었다. 책임비서인 박헌영이 서울을 떠나 있었기 때문이다. 박헌영은 3상회의 성명서에 관한 보도를 듣고 혼란을 느꼈다. 명확한 지침이 필요했다. 소련 영사관을 찾아갔지만 소련영사 폴리안스키는 모스크바에 가 있었다. 영사관 관계자는 본국에서 신탁통치에 관해서는 별다른 훈령도 내려오지 않았다고 했다. 크레믈린의 지령을 간접적으로 전달해주던 타스통신에서도 이렇다 할 보도가 없었다. 달리 방법이 없었다. 박헌영은 12월 28일 밤 38선을 넘어 이북으로 향했다.

12월 31일 모스크바에서 돌아온 민정담당 부사령관 로마넨코와 서울 총영사 폴리안스키가 참석한 북조선 공산당 집행위원회가 열렸다. 박헌영도 참석했다. 박헌영이 서울의 상황을 전했다. '서울은 반탁의 물결이 거세게 몰아치고 있습니다.' 로마넨코가 그에 답하며 전한 소련의 지령은 놀랍게도 찬탁이었다. '북한의 세력은 이미 통합되어 있다. 게다가 남한의 좌익세력을 모두 합치면 남한의 나머지 세력에 비해 절대적인 우위에 놓인다. 그런 수적인 우위를 갖고 임시정부를 구성하면 매우 유리하다. 그러니 신탁통치를 찬성하라.' 박헌영은 찬탁이라는 소련의 지시를 받고 다시 38선을 넘어 남으로 내려왔다.

1월 2일 박헌영은 조선공산당 중앙위원회를 통해 공식적인 태도를 밝혔다. '모스크바 3상 회의는 세계민주주의 발전에 있어서 한걸음 진보한 것이다. 한국에 민주적 임시정부를 수립하는 것은 조선을 위하는 가장 정당한 방법이다. 신탁통치의 5년 기한은 더 줄어들 수 있다. 우리 민족 하기 나름이다. 그걸 3국에 책임을 돌리고 반대하고 배격하는 것은 조선에 극히 위험천만한 결과를 가져올 것이다. 친일파, 민족반역자, 국수주의자를 모두 제외시키자. 그리고 민주주의 원칙에 따라 조선민족통일전선을 완성하는데 전력을 다하자.' 이런 내용이었다.

그러자 좌익단체들이 혼란스러워졌다. 다음날인 1월 3일에 신탁통치 반대 시민대회가 예정되어 있었다. 조직을 총동원해서 사람들을 최대한 끌어 모을 계획이었다. 1월 3일 조선공산당 중앙위원회는 부랴부랴 선전부 명의로 당의 방침을 설명하는 성명을 발표했다. 그리고 오후 1시 서울운동장에서 예정됐던 행사가 열렸다. 신탁통치를 반대하기 위해 나왔던 시민들은 어리둥절해 할 수밖에 없었다. 대회 이름이 '민족통일자주독립 촉성 시민대회'로 바뀌어 있었던 것이다. 주최측은 신탁통치 반대연설 대신 모스크바 3상회의의 취지를 설명하는 설명회를 가졌다. 공산당원들은 '외상회의 절대지지''인민공화국 사수''김구 이승만 타도''철시파업 즉시중

처음에는 좌우가 모두 신탁통치 반대의 입장에 서 있었다. 그러나 박헌영이 모스크바로부터 지령을 받고 돌아온 뒤, 좌익 계열은 모스크바 3상 회의 결정을 지지한다고 입장을 바꾸었다. 미소공동위원회에서의 지분 확보를 위한 포석이었다.

단' 등의 구호를 외치며 시가행진을 주도했다. 그러자 '신탁통치 절대반대'라는 피켓을 들고 모였던 시민들이 욕설을 하며 흩어져 버렸다.

반탁에서 찬탁으로 돌아서면서 좌익에도 큰 타격이 왔다. 좌익정파들에 대한 시민들의 신뢰와 지지가 크게 추락해 버렸던 것이다. 그럼에도 불구하고 좌익정파들은 찬탁 기조를 그대로 밀고 나갔다. 박헌영이 들고 온 소련의 지시는 '무조건'이었다. 다만 반감을 피하기 위해 '신탁통치 지지'라는 말 대신 '3상회의 결정지지'라는 표현으로, '신탁통치'라는 말을 '후견'이라는 표현으로 바꿨을 뿐이었다. 사실 소련의 지령을 받는 좌익의 입장에서 찬탁이냐 반탁이냐보다 더 중요한 건 모스크바 3상회의의 결정을 지지하는 것이었다. 임시 정부를 수립하려 할 때 그 지지를 명분으로 지분을 확보할 수 있기 때문이었다. 그리고 미소 공위가 열렸을 때, 그들의 의도대로 모스크바 3상회의의 결정 문제는 뜨거운 논란거리가 되었다.

비상국민회의와 민주주의 민족전선

한편 이승만은 모스크바 3상회의의 결과가 발표되자 12월 28일 가장 먼저 신탁통치 반대성명을 냈다. 그러나 그런 뒤에는 일단 집에서 칩거했다. 송진우의 죽음이 준 엄청난 충격 때문이었다. 감기 몸살로 몸이 안 좋은 상황에서 송진우의 암살 소식을 듣게 된 이승만은 손으로 방바닥을 두

들기며 대성통곡을 하다가 결국 기력이 다해 앓아 누웠다. 몸을 추스린 뒤 관망하던 그는 12월 31일 돈암장 정례기자회견에서 반탁을 반미와 연결시키면 안 된다는 의견을 표명했다. 당시 쿠데타 시도를 하던 김구의 임정세력에 대한 견제였다. 이런 몇 차례의 성명을 제외하고는 뚜렷한 대외활동이 없었다. 1946년 2월 미국의 올리버 박사에게 보낸 편지를 통해 그 기간 동안 독촉의 중앙 조직과 지방 조직을 강화하고 있었다고 추측할 수 있을 뿐이다.

그런 와중에도 학생들은 학생들대로, 시민들은 시민들대로 찬탁, 반탁 나뉘어져 피흐르는 격렬한 갈등을 벌이고 있었다. 게다가 신탁통치를 위한 절차도 예정대로 진행되었다. 미소 공동위원회 예비회담에 참석할 소련 대표가 1월 15일 서울에 도착했다. 곧바로 16일부터 예비회담이 시작되었다.

그러자 신탁통치 정국을 주도하고 있었던 임정이 바빠졌다. 임정은 좌우 정치세력을 모두 아우르는 새로운 정치세력 통합체를 만들려고 시도했다. 좌우익을 망라한 21개 주요 정치, 혁명, 종교단체들에게 비상정치회의 주비회(준비회의)에 참여해달라고 요청했다. 1월 17일 그 주비회가 개최되었다. 찬탁으로 돌아선 좌익진영은 불참했다. 이승만의 독촉 계열과 한민당은 시큰둥했다. 독촉 입장에서는 이미 독촉이 있는데 새로운 정치세력 통합체를 제의하는 게 못마땅했다. 한민당은 송진우 암살사건에 대한 앙금이 남아 있었다.

하지만 결국 1월 23일 반탁진영은 김구가 이끄는 반탁국민총동원위원회와 이승만이 이끄는 독촉을 통합하기로 합의했다. 비상정치회의는 의회 성격의 비상국민회의로 명칭과 성격을 바꾸기로 했다. 임정내의 좌익계열이 반발하며 김원봉, 성주식, 김성숙 등이 비상국민회의에서 탈퇴해버렸다. 그리고 2월 1일 61개 단체를 망라한 비상국민회의가 정식으로 발족되었다. 2월 13일에는 28인의 최고정무위원들의 명단도 발표되었다.

하지는 그때까지 비상국민회의의 결성에 대해 비난해왔다. 그런데 태도를 180도 바꿨다. 2월 14일 최고정무위원들 전원을 미군정의 최고자문기관인 '남조선 대한민국대표민주의원'의 위원으로 임명했다. 장차 개최될 미소공동위원회를 위해 우익진영의 통일된 기구를 마련해두는 것이 좋겠다는 판단 때문이었다. 이번에는 여운형이 깜짝 놀라 비상국민회의를 탈퇴했다. 어쨌든 비상국민회의는 남조선 대한민국대표민주의원이라는 미군정의 자문기관 역할도 병행하게 되었다. 우익세력과 중도파 세력의 통합된 정치단체가 만들어진 것이었다.

우익과 중도세력이 정국의 주도권을 잡기 위해 움직이자 좌익도 바빠졌다. 1월 19일 29개 정당 단체들이 모여 민주주의민족전선 준비위원회를 구성하기로 결정했고, 1월 31일에는 민주주의민족전선 준비위원회가 구성되었다. 그리고 2월 15일, '남조선 대한민국대표민주의원'이 만들어진 바로 다음날 종로 YMCA에서 민주주의 민족전선(이른바 '민전')이 결성되었다. 임정을 떠난 김원봉, 김성숙, 장건상, 성주식이 합류했고 인민당의 여운형도 허헌, 백남운, 김원봉, 박헌영 등과 함께 공동의장으로 합류했다. 이로써 남한의 정치세력들은 비상국민회의로 대표되는 우익 반탁진영과 민주주의 민족전선으로 대표되는 좌익 찬탁진영으로 양극화되고 말았다.

제8장

1차 미소공동위원회의 결렬과 단독정부론

- 1945년 11월 16일 : 신의주 반공 의거
- 1946년 1월 5일 : 소련, 조만식을 연금하고 반동으로 규탄
- 1946년 3월 1일 : 임정에 의한 김일성 암살 시도 실패
- 1946년 3월 5일 : 북한 지역 토지 개혁
- 1946년 3월 20일 ~ 5월 6일 : 제1차 미소 공위
- 1946년 4월 15일 : 이승만, 지방 순회 강연 시작
- 1946년 6월 3일 : 이승만, 정읍에서 '단독정부론' 언급

북의 우파 조만식, 연금되다

1945년 12월 27일 모스크바 3상 회의의 결과, 즉 '한반도를 신탁통치하기로 합의했다'는 내용이 한반도에 알려졌을 때, 남한 지역은 펄펄 끓어올랐다. 김구의 임정 계열이 주도한 반탁운동은 이승만의 독촉과 합세해 우파 전체와 중도파를 통합한 비상국민회의로 모아졌다. 반면 소련의 지령에 따라 찬탁으로 돌아선 좌익 계열은 이에 맞서 임정의 좌파계열과 여운형의 인민당 세력을 끌어들여 민주주의민족전선을 결성했다. 이렇게 남한에서는 찬탁과 반탁으로 갈라져 수많은 충돌과 갈등이 일어났다. 46년 3월 1일 3.1절 기념식이 상징적이었다. 45년 12월 말부터 46년 3월이 될 때까지 신탁통치를 둘러싸고 크고 작은 충돌을 벌였던 좌우익은 이 날 각각 따로 기념행사를 가졌다. 그만큼 신탁통치를 둘러싼 골은 깊었던 것이다.

반면 이 시기 북한은 한마디로 말해 너무 조용했다. 신기할 정도로 거의 아무런 소란이 없었다. 1946년 1월 3일 평양에서 공산당이 주도한 '모스크바 의정서' 지지 대행진이 벌어졌을 뿐이다. 북한 지역에서는 반탁의 의견을 가진 이가 한명도 없었던 걸까? 그렇지는 않았다. 소련이 점령하고 있던 38선 이북 지역에서는 시위가 허락되지 않았을 뿐이다.

이미 1945년 10월경부터 소련군정과 공산당은 자신들의 의도대로 친소련적이고 친공산주의적인 정부를 구성하려 절차를 밟고 있었다. 그리고 그런 와중에 45년 11월 16일 신의주에서 그에 반대해 학생들이 들고 일어난 사건이 발생했다. '신의주 학생 의거'였다. 이 사건은 어느 때부터인가 우리들에게서 잊혔다. 반공 교육에 대한 염증 때문일 것이다. 하지만 이 사건은 북한의 인민위원회와 소련군정의 실체를 명확히 보여주는, 잊어서는 안 되는 사건이었다.

신의주 학생 의거 사건은 이렇게 벌어졌다. 1945년 11월 16일 평안북도 용암포에서 기독교계 정당대회가 열렸다. 한창 스탈린의 9.20 지령에 따라 북한만의 단독정부를 세우려는 절차가 차근차근 진행되던 상황이었다. 이 과정에서 소련군정과 공산당은 우익인사들을 차례로 배제해 나갔다. 이날 기독교계 인사들과 청년들은 그런 행태에 항의하기 위해 모였다. 흔히 있을 수 있는 정치집회였고 전혀 폭력적이지 않았다. 문제는 소련군과 공산당이 이 대회를 급습하면서 벌어졌다. 참석자들이 공산당의 불법행위를 규탄하자 소련군과 공산당이 무차별 폭력을 가해왔던 것이다. 교회 장로 한 명이 숨지고 학생과 시민들 다수가 중상을 입었다.

격분한 신의주 시와 인근지역의 학생들이 들고 일어났다. 수천명이 넘었다. '공산당 몰아내자', '소련군 물러가라', '학원자유 쟁취하자' 등의 구호를 외치며 시가지를 행진했다. 공산당 본부 및 인민위원회 본부 등을 습격했다. 이에 소련군과 공산당 보안대가 총기난사로 대응했다. 수십 명이 죽고 수백 명이 다쳤다. 이어서 소련군은 시위대를 무차별적으로 체포했다. 1천 명이 넘는 사람들이 감금되었다. 이들 중 200여 명은 소련의 시베리아로 강제 유배되었다.

이 사건을 통해 소련군정과 공산당이 인민위원회의 탈을 쓰고 지배를 강화하는 것이 얼마나 기만적인 것인지가 드러났다. 북에서는 이 사건 이후 거의 아무런 소란이 없었다. 소련 군정이 민주적이고 현명했기 때문이 아니었다. 폭압적이기 때문이었다. 소련군정은 이런 식으로 철저하게 반대파를 제거했다. 아예 반기를 들고 일어날 여지를 없애 버렸던 것이다. 북의 기독교계 인사들과 우익 인사들은 이때부터 남쪽으로 피신하는 일이 잦아졌다. 명백한 전체주의 체제가 되었기 때문에 다른 선택이 없었다. 소련이 지시하는 대로 따라 가느냐, 아니면 죽거나 유형을 가느냐 외에 달리 길이 없었다. 정확한 추산은 어렵지만 6.25전쟁 이전까지 수십 만 명이 넘는 사람들이 남으로 넘어왔다. 이 정도 규모의 사람들이 보금자리를 떠난다는 것은 보통 일이 아니다. 그때부터 이미 사람 살 곳이 아니었다는 뜻이다. 월북한 사람도 있었지만 월남인 수가 두 배 이상 압도적으로 많았다.

한국의 간디라고 불린 조만식은 기독교계 우파의 거두였다. 그는 소련군에게 해방 한국은 민주주의와 시장경제 체제를 받아들여야 한다고 거침없이 요구했다. 조만식을 마음대로 다룰 수 없다고 판단한 소련은 그를 감금하고 정치적으로 매장시켰다.

신탁통치안이 합의되었을 때 소련군정의 태도 역시 동일했다. 소련 측은 1946년 1월 2일과 4일, 5일 세 차례에 걸쳐 조만식에게 모스크바 3상회의의 결정을 지지하라고 압력을 넣었다. 새로 수립될 정부의 대통령 자리를 주겠다고 회유하기까지 했다. 김일성도 12월 말에 빈번하게 조만식을 찾아가 요청했다. 조만식의 오랜 제자인 최용건은 19번을 찾아가 설득했다. 하지만 조만식은 신탁통치안에 대한 지지를 끝내 거절했다. 그러자 소련 군정은 인민위원회 건물을 나서던 조만식을 연행해 고려호텔로 끌고 가 연금시켜버렸다. 이어서 소련군정은 1월 6일부터 북한 전역에서 대규모 찬탁군중집회를 조직해나가는 한편 모스크바 결정을 반대하는 사람은 반동분자로서 숙청해야 한다는 새로운 지침을 발표했다. 곧바로 우익세력 숙청에 나섰다. 1월 23일에는 공개석상에서 조만식을 반동으로 규탄했다. 다시 한 번 북한 내의 우파 인사들에게 재갈을 물린 것이었다.

조만식의 연금 직후부터 북한 전역의 조선민주당 계열 인사들은 대거 남쪽행을 택했다. 이후 북한에서 반소반공반탁세력이 다시는 등장할 수 없었다. 조만식은 그 이후로 끝내 석방되지 않았다. 그는 6.25 남침전쟁 중 최종적으로 '제거'되었다. 끝까지 회유할 수 없자 후퇴하던 북한군이 그를 '처리'하고 떠난 것이다. 그러나 그의 정치적 생명은 이미 1946년 1월에 끝난 상태였다.

거침없는 분단고착화와 3.1절 김일성 폭탄테러 사건

46년 1월 5일 조만식을 연금시켜버리고 우익세력을 제거한 소련군정과 북한공산당은 거칠 것이 없었다. 2월이 되자 아예 '북조선임시인민위원회'를 조직한 뒤 실질적인 단독정부로 기능하게 했다. 위원장에는 김일성이 올랐고 부위원장에 김두봉, 서기장에 강양욱이 선출되었다. 이로써 1945년 12월 17일부터 18일까지 열린 조선노동당 북조선 분국 확대집행회의에서 책임비서로 선출되며 공산당을 장악한 김일성은 북한의 행정부까지 장악하게 되었다. 김일성은 그런 뒤에 2월 24일에는 조만식이 이끌던 조선민주당의 당 대회를 열어 조만식의 오랜 제자였던 최용건을 위원장 자리에 앉혔다. 최용건은 1972년 북한 부주석에까지 오르는 동북항일연군 출신의 공산주의자이자 김일성의 오른팔이었다. 조선민주당은 그렇게 소련군정과 김일성의 위성정당이 되어버렸다.

신탁통치안이 발표된 뒤 북한에서는 이렇게 분단이 고착화되어가고 있었다. 그러다 3월 1일이 되었다. 북조선임시인민위원회는 평양역 앞에서 3.1운동 27주년 기념식을 열었다. 슬그머니 조선노동당 북조선 분국에서 이름을 바꾼 북조선 노동당이 단독으로 갖는 찬탁 행사이기도 했다. 김일성도 북조선임시인민위원회 위원장이자 북조선 노동당 책임비서의 자격으로 참석했다. 대대적인 행사였기에 인파가 몰려들었다. 그리고 그 인파들 사이로 초대받지 않은 세 명이 그림자처럼 끼어들었다.

어느덧 행사가 시작되었다. 정해진 순서에 따라 식이 중반쯤에 이르렀을 때, 참석 인파 속에서 한 사람이 벌떡 일어났다. 곧바로 품에서 수류탄을 꺼내들었다. 주변 사람들은 너무 급작스러운 일이라 제지할 생각조차 못했다. 그저 멍하니 지켜볼 뿐이었다. 하지만 긴장한 때문이었을까. 수류탄이 제대로 날아가지 못했다. 김일성을 노린 수류탄은 멀리 못가고 연단 앞에 떨어졌다. 소련군 장교였던 노비첸코가 달려와 수류탄을 주워들었다. 멀리 던져버리려 하는 바로 그때 수류탄이 터졌다. 노비첸코의 오른 팔이 날아갔다. 오른 쪽 눈에 파편이 박혔다. 그러나 그의 몸이 방벽이 되어 김일성을 비롯한 다른 사람들은 무사할 수 있었다. 노비첸코는 크게 다쳤지만 죽지는 않았다. 나중에 이 사건으로 북한에서 노비첸코는 '3월 1일의 영웅'이라 불렸고 1949년에 3급 국가훈장을 받았다. 나중에 김일성의 80세 생일에도 초대할 만큼 김일성은 이날의 노비첸코를 잊지 않았다.

김일성 암살에 실패한 세 명의 괴한들은 신속히 식장을 빠져나갔다. 이 대담한 청년들은 백의사라는 비밀 조직의 일원들이었다. 원래는 수류탄 투척이 실패할 경우 다른 요원들이 권총으로 김일성을 사살하게 되어 있었다. 하지만 상황이 여의치 않았다. 일단 급히 기념식장을 빠져나가기로 했다. 평양 근처에서 다시 모인 이들은 플랜B를 가동했다. 김일성의 최측근 암살 작전으로 타겟을 변경했다. 최용건, 김책 등이 대상이었다. 미리 확인해둔 집들을 돌아가며 급습했다. 3월 5일, 7일, 9일 수차례 북한 요인들의 집으로 뛰어들었다. 그러나 실패였다. 요인들의 대부분이 집을 비우고 있었다. 마지막으로 13일 북조선임시인민위원회 서기장 강양욱의 집을 타격했다. 폭탄을 던졌지만 강양욱의 아들과 딸이 희생됐을 뿐, 강양욱 본인은 죽이지 못했다.

결국 이들은 추적해온 보안대원들과 총격전 끝에 한명이 사살됐고 한명이 현장에서 체포되었다. 나머지 한명은 간신히 남으로 돌아왔다. 북한 보안대의 조사결과 체포된 1인은 임시정부 내무부장인 신익희 명의로 2월 15일에 발급된 '승차편의 공여에 관한 의뢰장'과 신임장을 가지고 있었다. 테러가 임정의 지시에 따른 것이란 증거를 확보한 것이다. 곧바로 김구와 이승만에 대한 격렬한 비난이 이어졌다. 특히 이 테러사건 이후 김구는 북한에서 불구대천의 원수로 낙인찍히게 되었다.

백의사와 염동진

실패하긴 했지만 대범하게 평양 한복판에서 김일성의 암살을 시도한 단체의 이름은 백의사였다. 이 조직을 주도한 것은 앞서 현준혁 암살에 등장했던 염동진이었다. 이 백의사는 어떻게 임정과 관련을 맺게 된 것일까. 그 시작은 임시정부와 중국 장제스와의 관계로 일단 거슬러 올라가야 한다.

1930년대 임시정부의 김구는 윤봉길, 이봉창 등을 시켜 일본 요인들의 암살에 성공했다. 그러자 중국의 장제스가 '중국의 백만대군이 못한 일을 한국의 한 의인이 이루었다'며 격찬했다. 이후 중국 국민당 정부는 임시정부를 적극적으로 후원하기로 했다. 여러 협력을 베풀었다. 그 중 하나가 중국의 군관학교에서 한국인들을 특별히 교육시켜준 것이었다.

1933년 장제스의 지시로 낙양군관학교에 한인특별반이 만들어졌다. 바로 그곳에서 교육받은 한국인 중에 염응택이란 인물이 있었다. 그는 1934년부터 35년까지 낙양군관학교에서 군사교육을 받은 뒤 중국화북지역으로 떠났다. 독립운동을 위해서였다. 그러다 일본 관동군에게 붙잡혀 투옥되었다. 모진 고문을 받았다. 1940년에야 풀려나 평양으로 돌아왔다. 어떤 일을 겪었는지 모르지만 그 과정에서 실명한 채로 장님이 되어 있었다.

이후 염동진으로 이름을 바꾼 그는 평양에서 1943년 대동단이라는 항일 비밀결사를 조직했다. 요인암살 전문집단이었다. 그러다 일본군이 패망하고 소련군이 진주했다. 대동단이 이번에는 반소반공 비밀결사로 변모했다. 물론 요인암살 전문이라는 성격은 변하지 않았다. 북한 지역내에서 소련군들의 약탈과 부녀자 겁탈 등이 심해지자 염동진은 현준혁을 지목했다. 현준혁은 국내외 공산주의자 중에서 명망이 높았고 조선공산당 평안남도 지구위원회 최고비서라는 직책을 맡고 있었다. 그가 소련군의 만행을 만류하지 않는 것을 보고 염동진은 제거 명령을 내렸다. 9월 3일 현준혁은 암살되었다. 해방정국 최초의 요인암살 사건이었다.

사건이 있은 얼마 후 염동진은 서울 종로 거리에 스며들었다. 소련군의 수사망이 점점 죄어들어왔던 탓이었다. 서울에서 그는 대동단을 백의사로 개칭했다. 여전히 반공비밀결사 단체였다. 그러던 중에 임시정부가 귀국했다. 백의사는 곧바로 임시정부 휘하로 들어가 임정의 특별단체가 되었다. 염동진은 임정을 선택했다. 나름의 이유가 있었다. 미군정은 원래 한반도에서 개인들의 총기소지를 엄격히 금지했다. 그러나 김구와 그 경호원들에게는 총기휴대를 허가했다. 경호를 위해서였다. 임정만을 위한 특별배려였다. 요인암살을 목적으로 하는 백의사는 총기를 합법적으로 소지해야 할 필요가 있었다. 임정 휘하는 안성맞춤이었다. 임시정부 입장에서도 마다할 이유는 없었다. 비상시에 무력단체로 활용하기 좋았다. 백의사를 거둬들였다.

김일성 암살 미수사건을 벌인 백의사는 이런 단체였다. 해방정국에서 보여준 이런 백의사 계열의 우익 백색 테러는 우리 마음을 무겁게 한다. 백의사의 모든 활동이 김구의 지시에 따랐던 건 아니었다. 오히려 염동진의 자의적인 결정인 경우가 많았다. 그러나 백의사와 김구는 크게 보면 상호 협력 관계였다. 앞서 언급한 송진우의 암살도 백의사가 움직인 사건이었다. 백의사는 같은 우익 계열이라도 조금만 생각이 다르면 어김없이 총을 꺼내들었다. 좌익세력에 대한 테러는 말할 것도 없었다. 46년 2월에 백의사는 조공의 박헌영을 납치하려다 실패하기도 했다.

문제는 이런 테러와 암살이 정국을 더욱 더 혼란의 소용돌이 속으로 끌고 들어갔다는 것이다. 한민족의 독립의지를 세계 각국에 알릴 방법이 없었던 일제 식민지 시절, 테러와 요인암살은 불가피한 수단이었다. 그리고 성공적이었다. 안중근의 의거, 윤봉길의 의거, 이봉창의 의거는 일제의 간담을 서늘하게 했고 한민족의 독립의지를 세계에 알렸다. 중국 국민당 정부를 감격시켰다. 여러 도움을 끌어내는 순기능을 했다.

그러나 해방 이후 백의사의 활동은 그렇게 보기 어려웠다. 해방공간은 독립국가를 만들기 위해 온 국민의 역량을 한데 모아야 할 때였다. 통합과 질서를 모색해야 할 때였다. 그런 시기에 테러와 암살은 장애물이 되기 쉬웠다. 백의사의 테러는 증오와 불신을 낳았고, 종국에는 분열의 씨앗이 되었다.

미군정은 한때 염동진과 백의사를 첩보수집기관으로 활용하고자 했다. 백의사 출신들이 미국의 정보기구인 CIA의 한국인 첩보원으로 활동했다. 그러나 미군조차도 백의사를 신뢰하지는 않았다. 미군정은 염동진을 매우 위험하고 악의적인 인물로 간주하고 경계했다.

1차 미소공동위원회의 실패

한편 북한의 소련군정과 김일성은 백의사의 테러미수사건에도 아랑곳 하지 않고 3월 초에 엄청난 사건을 터뜨렸다. 북한 지역 단독으로 '토지개혁'을 실시해버렸던 것이다. 북조선임시인민위원회는 3월 5일에 토지개혁법을 공포했다 이어서 즉시 4만 4천명의 지주들에게서 북한 전체의 토지면적 중 50% 이상을 차지하는 땅을 몰수했다. 이 땅은 북한 전체 농촌인구의 70%에게 무상으로 재분배되었다. 신탁통치를 위한 첫번째 미소공동위원회는 3월 20일 열릴 예정이었다. 그런데 3월 5일에 토지개혁을 실시해 버린 것이었다. 소련은 한반도 문제에 관해 미국과 협상할 의도가 전혀 없었던 것이다.

반면에 미국은 아주 달랐다. 어떻게든 신탁통치를 위한 미소공동위원회(이하, '미소공위')를 성공으로 이끌어야 했다. 그래서 첫 번째 취한 조치가 이승만을 민주의원 의장직에서 사임시킨 것이었다. 이승만은 '건강상의 이유'라고 발표했다. 하지만 실제로는 미군정의 압력 때문이었다. 미군정은 철저한 반소주의자이자 격렬하게 신탁통치를 반대해온 이승만이 부담스러웠던 것이다. 소련 측에서도 이승만을 싫어했다. 굳이 내세워 판을 깰 이유가 없었다. 미군정은 이승만을 이화장에 거의 연금상태로 가뒀다. 정문에는 미군헌병을 세웠고 출입자들을 하나하나 체크했으며 미군정청과 직통으로 연결되는 미군용 전화도 떼어가 버렸다.

그럼에도 하지는 불안했다. 이승만이 미소공위가 열리는 동안 무슨 일을 저지를지 두려웠다. 그래서 두 번째로 취한 조치가 서울에서 내보내는 것이었다. 하지는 미소공위가 열리는 동안 이승만에게 서울을 떠나 있으라고 압력을 넣었다. 물론 하지에게는 또 다른 생각도 있었다. 이승만은 소련측이 배제하려는 대표적인 반탁주의자였다. 이승만의 지방 순회는 그가 얼마나 전폭적으로 대중의 지지를 얻고 있는지 보여줄 수 있는 기회였다. '봐라, 저게 당신들이 임시정부에서 배제하려는 이승만의 지지세력이다. 한국인들은 이토록 이승만을 지지하고 있다. 이런 사람을 배제하고 어떻게 통일임시정부가 가능하겠는가' 이승만의 배제는 오히려 이렇게 협상을 위한 카드가 될 수 있었다. 이승만에 대한 하지의 심정이 복잡했음을 알 수 있는 대목이다. 결국 이승만은 4월 13일에 '모레부터 지방순회여행을 떠난다'고 발표했다.

미군정은 미소공위가 개막되기 전에 공위기간 중 결혼식과 종교행사를 제외한 일체의 집회와 시위를 금했다. 반탁진영에게는 미소공위에서 합의가 잘 되면 신탁통치를 실시하지 않을 수도 있다고 설득해서 미소공위의 결과를 기다리게 해 놓았다. 그런 덕에 미소공위가 시작될 3월 20일 무렵 서울은 매우 조용했다. 희망적인 분위기도 흘렀다. 그러나 소련 대표로 온 슈티코프는 개막연설에서부터 재를 뿌렸다. "미래의 민주주의적 조선임시정부는 모스크바 3상 회의의 결정을 지지하는 각 민주주의적 정당과 사회단체를 망라한 대중단결의 토대 위에서 창설되어야 할 것입니다." 미소공위를 한발짝도 앞으로 못나가게 하는 부비트랩을 설치해놓은 것이었다. 일찍이 좌익 단체로 하여금 모스크바 3상회의의 결정을 지지하도록 내린 지령이 무엇을 위한 것인지가 드러나는 대목이었다.

이 개막연설에 대해 공산당과 좌익세력은 재빠르게 반응했다. 좌익 통합단체인 민주주의 민족전선은 '3상회의의 결정에 반대한 개인 또는 정당, 그 밖의 단체는 임시정부 수립에 발언할 수도, 참가할 수도 없다'고 성명을 냈다. 그러나 우익의 반탁진영에서는 슈티코프의 발언이 무슨 뜻인지도 해석하지 못하고 침묵하거나 원론적인 성명을 발표할 뿐이었다.

슈티코프의 부비트랩은 미소 양측이 사전 조율 기간을 끝마치고 본격적인 회의에 들어선 4월 8일부터 본격적으로 작동했다. 소련이 직설적으로 나왔다. '모스크바 협정에 반대하는 정당이나 단체들은 미소공위의 협의대상이 될 수 없다'. 이렇게 주장하고 나왔던 것이다. 미국측이 받아들일 수 없는 주장이었다. 남한 대다수의 사람들이 신탁통치에 반대하고 있었다. 미군정측은 언론의 자유를 주장하며 과거 '신탁통치에 반대한다'는 의견을 발표했다는 이유로 협의대상에서 제외하는 것은 어불성설이라며 맞섰다. 지루한 공방이 4월 18일까지 이어졌다.

마침내 소련이 한발짝 물러섰다. 이제부터라도 모스크바 협정을 지지하고 미소공위가 장차 결정할 결론에 협력한다고 서약하면 협의대상으로 삼을 수 있다고 타협안을 제시했다. 미국은 이에 동의했다. 미소공위는 4월 18일 미소공위 제5호 성명을 발표하며 '미소공위의 협의대상이 될 정당 단체는 모스크바 협정에 대한 지지를 약속하는 선언서에 서명해야 한다'는 사실을 발표했다.

이 5호 성명에 대해서도 좌익측은 재빨리 반응했다. 조선공산당을 비롯해 남한의 좌익계 정당 단체와 북조선임시인민위원회 등이 앞 다투어 선언서에 서명하고 나섰다. 그러나 남한의 반탁진영은 5호 성명의 뜻을 정확히 이해조차 하지 못해서 통일된 입장을 내놓지 못했다. 지방 순회 중인 이승만은 5호 성명에 서명하자는 의견을 내놓았지만 김구는 입장을 분명히 밝히지 않은 채 한독당 확대작업에만 집중했다. 마음이 급해진 하지는 5호 성명 선언서에 반탁진영의 서명을 유도하기 위해 특별성명을 발표했다. 선언서에 서명하고도 신탁통치에 반대할 수 있다는 내용이 담겨있었다. 우여곡절 끝에 반탁진영이 모두 5호 성명의 선언서에 서명을 했다.

그러자 소련대표단이 이번에는 하지의 특별성명을 문제 삼았다. 5호 성명에 대한 하지의 해석이 모스크바 협정의 본질을 파괴하는 것이라 비난했다. 향후 신탁통치에 반대하겠다는 입장을 취하면서도 5호 성명의 선언서에 서명한 반탁진영은 기만적 반동분자라고 욕했다. 슈티코프의 부비트랩은 강력했다. 결국 미소공위는 더 이상 진전을 볼 수 없었다. 5월 6일 무기 휴회에 들어갔고 소련대표단은 곧바로 평양으로 철수해 버렸다.

이승만의 지방순회강연

한편 하지의 강력한 압력을 받은 이승만은 4월 15일 서울을 떠나 지방순회강연에 나섰다. 사실 이승만은 1910년대 초에 지방순회 선교활동을 한 적이 있었다. 그 경험은 좋았다. 한반도의 여러 실상을 파악할 수 있는 좋은 계기였다. 그 이후 두 번째 전국 순회였다. 미소공위가 열리는 동안 유배를 가있는 거나 다름없었다. 그러나 이승만은 그렇게 생각하지 않았다. 지방순회강연이 꼭 필요한 때라고 역으로 생각했다.

그는 정치가의 필수 요소라 할 수 있는 명망과 조직은 갖추고 있었다. 식민지 시절 독립운동을 통해 쌓은 지지와 한국 최초의 미국 박사라는 유명세, '미국의 소리' 방송을 통해 명망은 쌓을 만큼 쌓았다. 또 '독촉'이라는 자신의 전위조직을 구성해 일정한 조직을 구축했다. 이제 필요한 것은 자신을 확고하게 지지해주는 '지지세력'이었다. 이건 명망만으로는 부족했다. 직접 만나며 설득하고 감화시켜야 했다. 지방순회강연은 좋은 계기였다. 건준과 좌익의 영향력이 강한 지방을 순회하며 우익세력을 결집하고 강화할 기회가 될 수 있었다.

서울을 떠난 이승만은 충청도, 경상도를 돌며 대중집회를 열었다. 이승만의 예상대로 순회강연은 대성공이었다. 이승만에 대한 관심과 열기는 놀랄 만큼 뜨거웠다. 가는 곳마다 수만 명의 군중이 모여들었다. 이게 이승만의 인기구나 할 정도였다. 게다가 이승만은 청년시절 만민공동회때부터 명연사로 이름을 떨친 바 있을 정도로 탁월한 연사였다. 좌중을 쥐었다 폈다 하며 마음을 사로잡을 줄 알았다.

그렇게 군중들을 휘어잡아 놓고 이승만은 본격적으로 공산주의와 소련을 비판했다. 자신이 주도하는 독촉에 대한 지지도 호소했다. 이승만의 좌익 비판은 단순히 그들이 찬탁을 하고 나섰다는 데 그치지 않았다. 훨씬 원론적인 부분까지 비판했다. 이승만은 공산주의가 결코 인민을 행복하게 할 수 없을 것이라고 역설했다. 자본가 타도를 부르짖는 강령 자체가 잘못되었다고 했다.

사실 이승만은 당시 다른 지식인들과는 달리 공산주의를 꿰뚫어보는 눈이 있었다. 토지개혁에 대한 시각만 봐도 남달랐다. 당시 남한 농민들의 관심사는 북한에서 실시된 토지개혁이었다. 북조선임시인민위원회는 3월 6일 '토지개혁 실시에 대한 법령'을 공포한 뒤 5정보 이상의 토지를 몰수해 농민들에게 무상으로 나누어주었다. 북한의 소농과 소작농들이 환호했다. 이 소식은 곧바로 남한지역으로 흘러들어왔다. 같은 방식의 토지개혁을 요구하는 목소리가 서서히 일어나고 있었다. 하지만 이승만은 한마디로 일축했다. "지주에게서 땅을 뺏어서 국가가 챙기는 꼴이지." 북한의 토지개혁은 토지의 매매를 허락하지 않는 무상분배여서 잠시 경작권만 농민에게 맡겨놓은 거나 다름 없었다. 다른 공산국가들처럼 머지 않아 그 땅은 국가의 것이 될 터였다. 실제로 북한의 토지들은 6.25 남침 전쟁이 끝난 후 모두 집단농장으로 바뀌었다. 국가가 대지주가 되고 인민들은 그 땅을 경작하는 소작농에 불과할 뿐이었다. 이승만은 그걸 정확히 내다봤던 것이다. 그런 확고한 신념이 있었기에 이승만은 흔들리지 않을 수 있었다.

단독정부론

그렇게 이승만은 대중들과 호흡하며 지지도를 높이고 반공이념을 전파하며 5월 3일까지 영남유세를 마쳤다. 이때까지만 해도 이승만은 비교적 온건했다. 미소공위가 진행되어 임시정부가 수립될 것을 전제로 강연을 했다. 비록 남북한의 체제가 미소 양국에 의해 조금씩 달라지고 있었지만 분단을 전제하지는 않고 있었다. 다만 남한 지역의 인구가 많으니 비율상 조금 더 남측 인사들이 많이 포함될 것이라 말했다. 그렇게 임시정부를 만든 뒤 신탁통치는 가능하면 받지 않고 자주 독립정부를 세우자는 희망적인 메시지를 대중에게 던졌다.

하지만 호남유세를 떠나려는 5월 6일 이승만은 미소공위가 무기한 휴회되었다는 소식을 전해들었다. 생각이 많아질 수밖에 없었다. 5월 10일 서울로 올라온 이승만은 하지와 김구, 미군정청 정치고문 굿펠로우 대령 등과 잇달아 만났다. 그런 뒤 5월 11일 의미심장한 기자회견을 했다.

"자율적인 정부수립에 대한 국민들의 바람이 큰 것 같다. 나도 이 점에 대해서는 생각한 적이 있다. 발표는 아직 못하겠다.... 지방을 돌아다니며 보니 생각보다 민족사상통일이 되어 있더라. 하루라도 빨리 정부가 수립되기를 갈망하고 있다는 걸 강하게 느꼈다."

남한만의 단독정부를 추진할 수밖에 없다는 생각이 깔려 있었다. 하지만 워낙 의도가 숨겨져 있는 기자회견이었던 터라 별다른 반응은 없었다.

문제는 그 다음날이었다. 5월 12일 서울에서 독립전취국민대회가 열렸다. 독촉국민회의 주최였다. 우파 주요 정당 및 사회단체가 전부 참여한 대규모 군중집회였다. 이 대회에서 민주의원 의장대리 김규식이 깜짝 놀랄 발언을 터뜨렸다. 미소공위의 경과에 대해 대중들에게 보고할 때였다. 김규식이 '미소 양국의 협력을 기대할 수 없으니 38선 이남만이라도 정부를 만들어야 한다.'는 요지의 발언을 했다. 남한 단독정부론이었다.

이 사실이 전해지자 좌익들이 끓어올랐다. 민족 분열의 음모라며 강력히 비판하고 나왔다. 그러자 김규식은 슬쩍 발을 뺐다. 그런 말은 한 적이 없다고 공식적으로 부인했다. 하지만 당시 김규식이 미군정측의 요인과 나눈 대화기록을 보면 김규식은 소련의 협력 없이 단독정부를 수립할 수 밖에 없겠다고 이미 밝힌 적이 있었다. 또 현장에서 강연을 들었던 대회 참석자들도 김규식이 그렇게 말했다고 증언했다. 남한에서 처음으로 단독정부론이 대중들 앞에서 언급된 것이었다.

남한 단독정부론을 처음 언급한 대한국민대표민주의원 의장대리 김규식, 그는 일찍이 고아가 되어 불우한 어린 시절을 보낸 인물이었다. 아버지는 정부를 비판하는 상소를 올렸다가 유배를 당했다. 비슷한 시기에 어머니마저 세상을 등졌다. 김규식은 친척들에게 맡겨졌다. 그들의 생활도 어려웠기에 김규식은 다시 언더우드 선교사가 세운 조선 최초의 고아원에 보내졌다. 하지만 고아원에 있기엔 너무 어렸다. 언더우드는 그를 다시 일가친척에게로 돌려보냈다. 그래놓고 언더우드는 미심쩍은 마음이

들어 그를 다시 찾았다. 김규식은 방치되어 아무도 없는 집에서 혼자 벽지를 뜯어먹으며 허기를 달래고 있었다. 언더우드는 김규식을 다시 데려와 고아원 겸 학당에서 그를 키웠다.

김규식은 매우 총명한 학생이었다. 하지만 아버지를 잊지 못했다. 종종 거리를 방황했다. 그러다 정말 우연히도 유배에서 풀린 아버지를 만났다. 고향으로 돌아올 수 있었다. 그러나 기쁨도 잠시였다. 곧 할머니와 아버지, 그리고 할아버지와 큰형이 차례로 죽었다. 완전히 고아가 된 것이었다. 김규식은 다시 학당으로 돌아갔다. 학업을 마치고 주변의 권유로 미국 유학을 떠났다. 서재필 등이 그의 재주를 아껴 도와주었다. 김규식은 틈틈이 아르바이트를 하며 힘겹게 고학을 했다. 공부할 시간이 별로 없었다. 그러나 그는 워낙 총명했다. 미국 로노크 대학을 매우 우수한 성적으로 졸업했다. 프린스턴 대학에서는 영문학 석사를 마쳤다. 이때 이미 김규식은 영어 뿐만 아니라, 프랑스어, 독일어, 라틴어 등을 자유롭게 구사할 수 있었다. 1904년 석사를 졸업할 때 프린스턴 대학에서 박사과정을 제의하며 장학금을 주겠다고 했다. 그러나 김규식은 귀국했다. 위태로운 상황에 놓인 조국의 독립을 위해 일해야겠다고 했다. 돌아와서 선교와 교육사업에 투신했다. 그런 그를 일본정부가 알아봤다. 도쿄 외국어 대학교 영어교수직을 제안했다. 도쿄 제국대학 동양학과 장학생 입학도 제안했다. 그는 모두 거절했다.

1910년대 초반 조선총독부가 기독교계 독립운동가들을 탄압하기 시

젊은 시절의 김규식. 학자풍의 김규식은 해방 정국에서 오락가락하는 행보를 보였다. 미군정의 부추김에 의해 좌우합작 운동의 중심에 나섰던 그는 좌우합작이 실패로 끝나자 정치의 일선에서 한발 물러섰다.

작했다. 이승만이 하와이로 건너갈 무렵이었다. 김규식은 중국으로 갔다. 중국에서 독립운동을 하다가 1919년 파리강화회의에 참석했다. 제1차 세계대전의 전후처리를 위해 열린 그 회의에서 조선독립을 청원하기 위해서였다. 여운형 등이 결성한 신한청년당의 대표 자격이었다. 그러나 이 시도는 실패로 끝났다. 김규식은 다시 돌아와 임시정부에 참여했다. 잠시 미국으로 건너가 이승만의 구미위원회에서 일하기도 했다. 여운형, 박헌영 등과 모스크바 극동피압박 인민대회에 참여하기도 했다. 좌우를 넘나들며 폭넓게 교류한 인물이었다. 임정에서도 좌우를 통합하기 위한 운동을 전개했다. 그리고 끝까지 임시정부를 지켰다.

해방정국에서 김규식은 큰 세력을 얻지는 못했다. 뛰어난 학식과 인품덕에 언제나 비중 있는 인물로는 남아 있었다. 여운형이 화려한 언변으로 남을 설득하는 연설가 스타일이었다면 김규식은 조곤조곤 말하는 스타일이었다. 대신 듣다보면 누구나 그의 말에 흠뻑 빠져들었다고 한다. 미군정도 그런 김규식을 높이 평가했다. 그에게 각 정치세력들과의 대화와 협상을 위한 중재를 기대했다. 미소공위때 이승만을 내리고 민주의원 의장직을 맡긴 것도 김규식의 공평무사한 태도를 높이 산 까닭이었다. 그런 김규식이 미소공위가 결렬되었을 때 단독정부의 불가피성을 이야기한 것이었다. 미국 유학 경험이 있고 외국어에 능했던 김규식이었기에 해외 소식에 나름대로 귀를 기울이고 있었을 것이다. 차분하고 냉정한 성격이었던 그가 보기에 미국과 소련의 갈등이 커져가는 현실에서 단독정부 말고는 길이 없어보였던 것이다.

그러나 김규식의 발언은 파급력이 크진 않았다. 그의 대중적인 영향력이 크지 않았던 데다가 본인이 발언 자체를 부인해버렸기 때문이다. 그러나 얼마 안있어 또 다른 한 사람이 단독정부를 입에 올렸을 때 그 파급력은 가히 핵폭탄급이었다. 남한 지역 전체를 급격하게 요동치게 만들었던 것이다.

정읍발언

이승만은 1차 미소공위가 무기한 휴회되자 서울에 올라와 미군정의 주요 인사들을 만난 뒤 결심을 굳혔다. 5월 11일 기자회견에서 스치듯 본심을 언급한 이후, 5월 19일 독촉 인천지부 주최로 인천공설운동장에서 연설을 할 때 공산당과 소련에 대한 비판의 강도를 최대치로 올렸다. 인천 인구의 1/4가량인 6만 명의 청중 앞에서였다.

"공산당은 우리나라를 팔아먹으려 합니다. 우리는 그들과 싸우지 않으면 안됩니다. 공산당들은 그들이 조국이라고 부르는 소련으로 가서 살라고 쫓아버립시다. 우리 대한 사람들은 대한 사람끼리 보존합시다."

그리고 호남유세를 떠났다. 마침내 6월 3일 전라북도 정읍에서 그 유명한 '정읍발언'을 터뜨렸다. 해방공간에서 금기가 되다시피한 '분단과 단독

이승만의 단독 정부론이 나온 이후에도 이승만과 김구 사이는 원만했다. 김구는 유보적인 입장을 보이면서도 이승만에 대한 지지를 철회하지 않았고, 이승만은 김구를 계속 끌고가려고 했다. 그러나 장덕수의 암살 이후로 이 둘은 갈라서게 되고 다시는 돌이킬 수 없는 길을 걸었다.

정부론'이란 말을 꺼낸 것이다. 김규식처럼 주워담지 않았다. 정읍에서 독촉 주최의 연설회에 참석한 이승만은 이렇게 말했다. "무기휴회된 미소공위는 재개될 기미를 보이지 않습니다. 우리는 통일정부를 간절히 기다리지만 그것도 어렵게 됐습니다. 이제 우리는 남한만이라도 임시정부 혹은 위원회 같은 것을 조직해야 합니다. 그런 뒤에 38선 이북 지역에서 소련이 철수하도록 세계 여론에 호소해야 합니다." 미소공위에 참가했던 소련측 대표 슈티코프 일행이 서울을 떠난 지 한달여 만에 발표된 성명이었다.

이 '정읍발언'은 이후 이승만이 정권욕 때문에 떠올린 발상이었다고 해석되어 왔다. 그리고 거기서 더 나아가 이승만은 분단의 원흉으로 비난 받았다. 논리는 이렇다. '이승만은 남북 통일 정부에서는 본인이 정권을 잡기 어렵다고 생각했다. 그래서 자신이 정권을 잡기 위해 남한 단독정부론을 주장했고 결국 관철했다. 그 결과 남북의 분단상황은 영구히 고착되었다.' 이것도 모자라 한 가지 억측을 더 덧붙이는 경우도 있다. '남한 단독정부론을 미군정이 후원했다. 결국 이승만과 미국이 한반도의 분단을 가져온 원흉이다.' 이런 해석이 그동안 반론 없이 진실로 받아들여져 왔다. 이런 생각은 '남한 단독정부 수립은 이승만의 정권욕의 산물이다. 이렇게 태어나서는 안 되는 나라였다. 따라서 48년 8월 15일 건국은 인정할 수 없다.'는 논리로 치닫게 된다. 생각보다 많은 사람들이 이런 주장에 알든 모르든 동조하고 있다. 그래서 아직까지 8월 15일은 광복절로 기념될 뿐, 건국기념행사는 치러지지 못하고 있다. 과연 그럴까. 정읍발언은 그렇게 권력욕 때문에 즉흥적으로 떠올려진 발상이었을까.

결론부터 말하면 '아니었다'. 정읍에서 이승만이 터뜨린 '남한단독정부론'은 국제정세를 상세하게 해독하고 있었던 이승만이 미소 간의 냉전 추이를 치밀하게 지켜본 뒤 내린 결론이었다. 더 이상 미소공위의 재개를 기다릴 수 없을 만큼 상황은 급박하다고 생각했다. 어떤 이유였을까. 좀 더 상세하게 살펴보자.

이승만은 해방공간에서 타의 추종을 불허할 정도로 국제정세에 해박한 인물이었다. 그의 경력 전체가 국제 정치의 격동과 함께 만들어졌다. 20대였던 청년시절부터 조미수호통상조약에 기대어 일본의 한국 식민지 병탄을 막으려 뛰어다녔고 프린스턴 대학에서는 국제정치학을 전공했다. 미국 신문과 잡지 등을 탐독하며 미국 각계의 엘리트들과 인맥관계를 맺었다. 1941년에는 『일본 내막기』를 써서 일본의 미국 공습을 예언한 식견을 가지고 있었다. 게다가 1942년 초에 대한민국 임시정부 주미대표로 활약할 때 워싱턴에 연락사무실을 열고 로버트 올리버 교수와 1, 2명의 직원들을 고용해 활용했다. 이 사무실은 미 국무부에 여론전을 펴는 기지가 되는 한편, 필요한 미국 정가의 정보를 수집하는 전진 기지이기도 했다. 이승만은 귀국 이후에도 이 사무실을 계속 유지했다. 그래서 이승만은 그 누구보다도 미국 내의 동향을 정확하게 파악할 수 있었고 미소 양대국간의 관계 진전에 대해서도 손바닥 들여다보듯 하고 있었다.

그런 그가 보기에 미국과 소련의 관계는 급속도로 악화되고 있었다.

1945년 10월 8일 트루먼 대통령은 냉전에 대비해야 한다는 성명을 발표했고 10월 27일 '해군의 날' 연설에서는 동유럽 지역에 소련이 공산체제를 강요하는 것을 반대하며 미국이 군사적인 우월성을 유지해야 한다는 반소적인 발언을 했다. 반면 스탈린은 미국이 히로시마에 원자탄을 투하한 날부터 원자탄 개발에 박차를 가했고, 46년 2월 9일에는 '모든 사태에 대비하기 위해' 중공업 중심으로 전쟁준비를 해야 한다는 연설을 했다. 1946년 3월 5일 전 영국수상 처칠은 이런 상황을 한마디로 요약했다. 미국을 방문한 처칠은 미주리주의 풀턴에서 이렇게 연설했다. "발트해의 슈체친부터 아드리아해의 트리에스테에 이르기까지 대륙을 횡단하여 '철의 장막'이 드리워져 있다." 동서냉전이 돌이킬 수 없는 단계에 이르렀다는 은유적인 표현이었다. 이런 냉전상황을 정확히 알고 있던 이승만이 보기에 미소공위가 아무 성과없이 끝나는 건 너무 당연한 일이었다. 거기에 희망을 걸고 있기에는 상황이 급박하게 돌아갔다.

미소공위를 앞에 두고 북한에서 벌어진 일들 때문이었다. 46년 1월에는 조만식이 연금됐고 북한내 우익인사들은 모두 제거되었다. 2월에는 '북조선임시인민위원회'가 설립되어 실질적인 행정기관으로 기능하기 시작했고, 3월에는 북한 단독의 토지개혁이 실시되었다. 이미 북한만의 화폐도 발행되고 있었다. 어딜 봐도 소련의 의도가 드러나고 있었다. 소련군정은 북한에 단독정부를 수립하고 있었던 것이다.

상황이 이런데 미국의 한반도 정책은 너무도 소극적이었다. 미국은 한

마디로 사태를 관망하고 있었다. 그냥 하는 말이 아니다. 실제로 1945년 8월부터 1947년 초반까지의 미국 한반도 정책은 'wait-and-see 정책'이었다. 중국에서 국민당 정부와 공산당 간의 대결이 어떤 식으로 결판나느냐에 따라 한반도 정책은 달라질 수밖에 없었다. 46년 1월에 미국은 마셜을 대통령 특사로 중국에 파견해 '국공합작'을 추진하려 했지만 상황은 몹시나 유동적이었다. 만약 중국이 공산화되면 한반도의 전략적 가치는 거의 바닥으로 떨어질 게 뻔했다. 그런 곳에 경제력과 군사력을 쏟아부을 수는 없었다. 중국이 결판나길 기다려야 했다.

그렇게 소극적으로 관망하는 미국의 한반도 정책 하에서 남한 지역의 시름은 깊어갔다. 극도의 궁핍과 식량문제, 엄청난 인플레, 실업문제 등 경제가 파탄이 나고 있었다. 당연히 한반도를 해방시켜준 해방군으로서의 고마움 대신 배고파 생기는 원성과 불만만이 고개를 쳐들고 있었다. 공산당이 창궐할 온상이 되어가고 있었다.

게다가 이승만은 미국을 믿을 수 없었다. 한성감옥에 갇혀있던 청년기, 이승만은 미국에 대해 신앙에 가까운 호의를 갖고 있었고 그 후로도 오랫동안 미국의 문화와 종교, 정치, 경제제도를 선호하긴 했다. 그러나 그는 가쓰라-태프트 조약이 1924년 공개되었을 때 엄청난 배신감을 느꼈다. 그때부터 이승만에게 미국은 믿을 수 없는 나라였다. 자국의 이익을 위해서라면 한반도 정도는 언제든 팔아넘길 수 있는 나라였다. 일본의 진주만 공격 후에도 이승만은 끊임없이 미국정부에 대한민국 임시정부를 승인해

달라고 요구했지만 거부당했다. 미국이 소련을 태평양 전쟁에 끌어들이기 위해 일부러 임정을 무시했던 것이다. 곧이어 1943년에는 루스벨트가 한반도 신탁통치안을 영국과 합의해버렸다. 이승만이 펄펄 뛰며 루스벨트에게 항의서한을 보냈다. 얼마 뒤 그는 얄타회담에서 루스벨트가 한국을 소련에 넘겨주었다는 정보를 접했다. 잘못된 정보였긴 하지만 이승만은 미국에 대해 분노에 가까운 경계심을 갖게 되었다.

이승만은 미 국무부 안에 있는 친일파와 친공산주의자들이 얄타회담에서 한반도를 소련에게 팔아넘겼다고 공공연하게 말했다. 근거 없는 말이 아니었다. 1945년 초 얄타회담 때 루스벨트 대통령을 수행했던 국무부 팀 중에는 엘저 히스라는 소련 간첩이 끼어 있었다. 얄타회담에서 히스의 업무는 미 국무장관 스테티니어스의 보좌관으로 '블랙 북'을 관리하는 것이었다. '블랙 북'은 루스벨트 대통령이 스탈린, 처칠과 논의할 주제에 대한 미국의 전략을 정리한 최고 기밀 자료집이었다. 20세기 역사상 가장 중요한 회담의 미국 기밀자료를 소련 간첩이 관리한 것이었다.

이 회담에서 미 국무부는 소련에 일본 영토 쿠릴과 사할린을 넘기는데 반대한다는 메모를 작성해서 히스에게 넘겼는데, 이 자료는 루스벨트 대통령용 브리핑 자료집에는 누락되었다. 놀랍게도 소련 붕괴 후 공개된 러시아 문서보관소에서 쿠릴과 사할린의 양도를 반대하는 미 국무부 문서가 발견되었다. 히스는 1949년 11월 유죄선고를 받고 44개월간 복역한 뒤 1954년에 석방되었다.

이 엘저 히스와 이승만은 악연이 있었다. 1942년 1월 1일 연합국 선언이 있었는데 망명정부를 포함한 26개국이 서명했다. 이승만은 이때 한국 임시정부도 이 선언에 참가하고 싶다는 의견을 전하려 헐 국무장관을 만나러 국무부를 방문했다. 헐은 만나지 못했고 그의 보좌관이었던 엘저 히스를 만났다. 히스는 헐을 대신해 임시정부를 미국이 승인해야 가능한 일이라고 거절했다. 그러자 이승만은 임시정부의 승인이 왜 중요한지를 히스에게 설명했다. '소련이 시베리아 교역의 거점이 될 부동항을 한국에 확보하기 위해 반세기 넘게 호시탐탐 노려왔다. 그래서 미국이 한국의 독립을 미리 승인해놓아야 한다. 안그러면 소련은 일본이 패망한 뒤에 반드시 한국에 들어와 점령할 것이다.' 그러자 히스가 이승만의 말을 막으며 화를 냈다. '소련은 미국의 중요한 전시 동맹국이다. 그런 동맹국을 욕하는 것은 듣고 있을 수 없다. 한국 문제는 일본이 패망한 뒤에 논해도 늦지 않다.' 소련 간첩이었던 히스로서는 불편했을 것이다.

미국의 FBI는 이미 1945년 경부터 미국 정부내에 다수의 소련 스파이가 있다는 것을 감지하고 있었다. 소련간첩이었던 휘태커 챔버스의 증언 덕이었다. 그리고 1946년에는 소련의 암호가 해독되었다. 미국의 첩보기관은 제2차 세계대전이 터지자 미국을 오고가는 외국기관의 통신암호를 해독하는 베노나 계획을 펼쳤다. 일본과의 존망을 건 미드웨이 해전도 이 암호해독의 공이 컸다. 미국은 이 베노나 계획을 통해 1946년 소련의 암호를 해독할 수 있었다. 그 암호를 통해 미 정부내에 상당수의 소련 스파이가 잠입해 있다는 걸 알 수 있게 되었다. 이런 미국내 소련 스파이에 관한 정보를 이승만이 모를 리 없었다. 미국 군부와 국무부 등에 상당한 인맥을 구축해 놓고 있었기 때문이었다. 이런 상황도 이승만으로 하여금 미국의 정책을 불신하게 했을 것이다.

이승만은 미소의 합의하에 미소공위가 순조롭게 진행되어 신탁통치로 이어질 수는 없다고 생각했다. 또한 소련이 북한에서 물러날 리 없었다. 현 상황에서는 불가능한 것이 뻔한 통일정부 수립을 위해 기다리기만 할 수는 없었다. 남은 것은 '남한만의 단독정부'라도 하루 바삐 세우는 것이었다. 정읍발언은 이런 고려 끝에 나온 고민의 산물이었다. 그리고 '남한단독정부론'은 소련이 북한을 점령하고 있는 상황에서의 유일한 길이기도 했다.

이런 결심을 한 이후 이승만의 '남한단독정부'를 세우기 위한 행보는 매우 급해진다. 그래서 혹자는 대통령이 될 욕심에 안달을 한다고 오해할 수도 있다. 그러나 실제로 급했다. 설명하면 이렇다.

소련은 이미 45년 9월 20일 스탈린의 비밀지령에 따라 북한만의 단독정부를 세우기로 방침을 전했다. 이후 미소공위와는 상관없이 착착 절차를 진행시켰다. 그런데 왜 그런 한편으로 신탁통치안을 합의하고 미소공위에 참여했을까. 또 왜 미소공위에 와서는 말도 안 되는 핑계를 대고 무기한 휴회를 끌어냈을까. 그런 모습을 보고 이승만은 왜 다음번 미소공위가 열리길 기다리지 않고 서둘러 '남한단독정부 수립'을 주장했을까.

이 질문에 대한 대답 역시 소련의 스탈린이 뒷날 중국에서 공산당이 승리했을 무렵 명료하게 답을 제시해 놓은 바 있었다. 중국에서 국민당을 밀어내고 승리를 거둔 중국공산당이 제2인자였던 류샤오치를 모스크바에 보냈을 때다. 류샤오치는 스탈린에게 이렇게 앞으로의 일정을 얘기했다. '중국 공산당은 지금 정부 수립을 준비하고 있다. 마오쩌둥은 다음해인 1950년 정월 초하루에 인민공화국 수립을 선포할 예정이다.' 듣고 있던 스탈린이 답했다. '그 생각에 동의할 수 없다. 정식 정부가 없는 상태를 오래 끌면 안 된다. 외국인들의 간섭을 받게 된다. 날짜를 앞당겨 좀 더 일찍 정부를 수립하라.' 이 충고를 받아 들여 중국인민공화국은 예정보다 두 달을 앞당겨 1949년 10월 1일에 정부수립을 선포했다.

이 대화를 보면 스탈린이 한반도를 어떻게 생각했는지는 짐작할 수 있다. '일단 소련이 점령하고 있는 북한지역은 최대한 빨리 단독정부를 수립할 수 있도록 진행시킨다. 그래야 미국 등의 나라가 간섭하지 못한다. 반면 남한지역은 신탁통치를 핑계로 미소공위를 열어서 공회전을 시킨다. 미국이 남한에 남한만의 단독정부를 수립할 수 없도록 시간을 벌자.' 미국과의 냉전을 시작한 소련이 이렇게 생각하는 것은 어쩌면 당연했다. 북한을 실질적으로 지배하면서 남한에는 정식의 정부가 생기지 못하게 하는 것이었다.

이승만의 머릿속도 마찬가지였을 것이다. 이승만과 임시정부는 주권이 없어서 지난 40여년을 세계 각국과 각종 국제회의에 독립시켜달라고 청원해야 했다. 자치능력이 없다고 무시당해야 했다. 그런 마당에 지금 북한은 소련에 의해 단독정부가 빠른 속도로 들어서고 있었다. 가만 놔두면 어떤 무서운 일을 당하게 될 지 알 수 없었다. 오직 '지금'이 기회였다. 지금이 지나가면 강대국들이 어떤 결정을 내릴지 알 수 없었다. 이승만은 실제로 미국이 필리핀처럼 한국을 식민지화할지도 모른다는 우려까지 했었다. 남한만의 단독정부를 '하루라도 빨리 세워야 한다'는 생각이 안드는 게 오히려 이상할 지경이었다.

김규식은 나름대로 파악한 국제정세를 바탕으로 합리적으로 생각해본 결과 '남한단독정부론'을 언급했을 것이다. 그러나 그는 확신이 부족했고 금기를 깨고 나갈 용기가 없었다. 세계정세를 손금처럼 읽고 냉철하게 판단을 내린 뒤 사자 같은 심장으로 '분단'이라는 금기를 뚫고 나갈 수 있는 인물은 이승만 밖에 없었다. '권력에 미친 늙은이'였기 때문이 아니라 '독립에 미친 늙은이'였기에 그랬다. 그게 이승만이 '정읍발언'을 내뱉은 이유이자 배경이었다.

제9장

좌우는 함께 갈 수 있었을까: 1946년 5월~12월

- 1946년 5월 14일 : 조선정판사 사건
- 1946년 6월 11일 : 독립촉성국민회의 전국대회에서 김구가 이승만 지지를 선언
- 1946년 7월 10일 : 김규식과 여운형이 좌우합작위원회를 설립
- 1946년 7월 : 스탈린이 김일성과 박헌영의 면접을 봄
- 1946년 9월 6일 : 미군정, 박헌영 체포령 발동, 신전술 승인으로 남로당의 파업 선동 시작
- 1946년 10월 1일 : 대구 폭동 발발

정읍발언의 여파

6월 3일 이승만의 정읍발언에 좌익진영은 신속하게 반응했다. 다음날인 6월 4일 좌익진영인 민주주의 민족전선(민전)이 성명을 발표해 이승만을 비난했다. 그가 민족의 분열을 영구화하려는 '마각'을 드러냈다는 것이었다. 통합 조직인 민선 외에도 공산당, 인민당, 신민당 등 개별 단체들이 독자적인 성명을 발표했다. 내용은 대체로 같았다. 이승만은 3상회의 결정을 반대하고 미소공위를 결렬시킨 뒤 반소반공운동을 일으켜 남한단독정부를 세우려 든다는 비난이었다. 좌익진영의 대변지인 조선인민보는 '단독정권 음모자는 조선인이 아니다'는 제목의 사설을 실었다. 어디서 많이 들은 이야기다. '신탁통치에 찬성하는 자는 조선인이 아니다'는 것은 우익이 좌익 진영을 비판할 때 쓴 논리였다. 이번에는 좌익 진영이 단독정부론을 그렇게 비판하고 있었다. 정치에서는 흔히 반대 진영끼리 통하는 게 있기 마련이다. 이때도 좌우는 상대를 반민족주의자라고 낙인찍는 전술을 번갈아가며 사용하고 있었다.

김구의 한독당은 정읍 발언 즉시 남한 단독정부에 대한 반대 입장을 표명했다. 이승만의 발언 직후 김구가 머무는 경교장에서는 이승만을 성토하는 고함소리가 길가에까지 흘러나왔다. 이승만에 대한 원색적 비난은 물론이고 그와 연을 끊어야 한다는 주장도 나왔다. 그런 것에 비하면 지금까지 함께 해온 사이를 고려해서인지 한독당의 성명서는 이승만의 이름을 거론하지 않고 우회적으로 언급했다. "요즈음 항간에는 단독정부 수립설이 유포되고 있으나 우리 당으로서는 이에 찬성할 수 없다. 38선의 장벽이 연장되는 한 경제상 파멸과 민족이 격리되어 역사적 큰 비극을 자아내고 있음은 민족통일에도 큰 방해라 아니할 수 없다." 사소한 것이지만 '경제상 파멸'이란 말을 쓰고 있는 대목이 흥미롭다. 당시 전력 및 화학 물자를 북한 지역에 의존하고 있는 남한으로서는 이게 큰 문제였기 때문이다. 단독정부는 민족이니 이념이니 하기 이전에 현실적인 문제이기도 했던 것이다.

6월 10일에는 미군정장관 러치가 기자회견을 통해 단독정부 반대를 명확히 했다. "나는 군정장관으로서 남조선 단독정부 수립에 대해서는 전면 반대한다. 내가 아는 한 이 문제에 대해서는 아무 계획도 없다. 나머지는 모두 근거 없는 말이다." 하지도 6월 23일 굿펠로우에게 보낸 서신에서 이승만의 정읍발언에 대해 격렬하게 반대했다. 하지는 이승만을 '늙은 악당'

이라고까지 표현했다. 하지가 이승만에게 분노해 욕설을 퍼부은 것이 이게 처음도 아니고 마지막도 아니었지만, 매우 화가 난 것은 사실이었다.

우익의 분열

오랜만에 좌익과 우익, 심지어 미군정조차 일치단결하는 모습을 보이고 있었다. 이승만의 놀라운 능력이었다. 좌익 계열과 미군정의 입장이 일치하는 것은 사실 당연한 것이었다. 이 문제에 대해서 미군정은 미 국무부의 지시를 따르고 있었으니 말이다. 미 국무부는 여전히 모스크바 3상 협정의 내용을 실현하기 위해 소련과 협력하려는 중이었다. 단독정부론은 그 모든 것을 부정하고 뒤집는 것이었다. 인정하거나 지지할 수 있는 주장이 아니었다. 출발점은 다르지만 민족주의 우파 진영에서도 단독정부론에 대한 반대 입장은 같았다.

하지만 모두가 이승만을 성토한 것은 아니었다. 김규식이 그러했듯이, 현실을 직시하는 사람이 없지는 않았다. 한민당에서 6월 7일 약간 소극적인 태도로 이승만을 옹호하고 나섰다. 한민당은 '무슨 역적질이나 한 것 같이 선전하니 그 이유를 이해할 수 없다'면서 민족 분열은 이승만(단독정부론)의 책임이 아니라 미소의 분할 점령 때문이라고 지적했다. 안재홍이 이끄는 중도우파 성향의 한성일보도 이승만의 발언을 적극적으로 옹호했다.

안재홍은 대표적인 중도 민족주의자이다. 독립을 위해 사회주의자들과 협력한 일이 많았고 여운형의 건준에도 참여했다. 하지만 건준이 박헌영에 의해 좌익의 온상이 되자 탈퇴해 임시 정부를 지지하는 독자 노선을 갔다. 좌우합작 운동을 지지했고 미군정기에 민정장관을 지내며 한민당과 갈등 관계에 놓이기도 했으나 넓게 보아 건국 참여 세력 중 하나였다(민간인 신분으로 정부에 참여했고, 제2대 국회의원에 출마해 당선되었다). 6 25 남침전쟁 중 납북되었다.

"결국 북조선에서는 북조선임시인민위원회가 이미 북조선 정부행세를 하고 있으니 남쪽에 정부를 세우는 것은 남조선 단독정부가 아니다. 수립될 이 정부로 장차 통일정부를 만들 기초를 세울 수 있을 것이다." 유일하게 사태를 제대로 파악하고 있던 사설이었다.

이 대목에서 안재홍의 단독정부론 옹호는 이채롭다. 안재홍이란 사람의 행보 자체가 특이하기 때문이다. 안재홍은 애국계몽 운동 계열의 많은 독립운동가들처럼 기독교계 학교에서 신학문을 배우고 일본으로 유학을 다녀온 인물이었다. 그는 중도 우파 계열에 속해 있었으나 박헌영과 같은 극좌 사회주의 노선을 혐오할 뿐, 중도 좌파 계열의 여운형과는 아주 친밀하게 지냈다. 그는 좌우 합작과 협력이 중요하다고 생각했다. 여운형의 건준에 처음부터 참여한 것은 그래서였다. 하지만 박헌영이 주도권을 잡자 그는 곧 탈퇴했다.

이후 안재홍은 독자 정당을 만들려고 시도하였으나 결국 김구의 한독당에 입당하고 이승만의 독촉에도 참여하였다. 우익 진영에 속해 있으면서도 그는 반탁 운동에는 참여하지 않은 독특한 노선을 걸었다. 그도 처음에는 반탁의 입장이었으나 차분하게 모스크바 3상 협정 내용을 알아보고 국제 정세를 고려한 뒤 입장을 바꾸었다. 좌우 합작으로 임시정부를 수립한 뒤 신탁통치를 거부할 수 있다고 생각했기 때문이었다. 그는 송진우와 비견될 만한 인물이었다. 그 역시 자기 진영의 정치적 이익을 위해 강경한 노선을 주장하기보다는 합리적인 대안으로 통합을 고민하는 진정성을 갖고 있었다. 주류의 강경파들이 종종 반대되는 입장을 내놓는 그를 끝까지 내치지 않고 손을 잡으려 한 것도 그러한 진정성과 식견을 존중했기 때문이었다. 그는 또한 건준과 결별한 것 외에는 늘 단체의 내부에서 협력하고 활동하면서 이견을 내놓는 책임감 있는 인물이었다.

그런 안재홍이기에 한성일보의 단독정부론 옹호를 무심히 지나치기가 어렵다. 안재홍이 보기에 이승만의 주장이 옳았다. 이미 북쪽 지역에서는 정부 비슷한 것이 들어 서 있었다. 남북 통합을 위해서라도 그에 비견할 만한 조직이 남한에 들어서는 게 맞았다. 단독정부는 분단을 위한 게 아니라 통일 정부 수립을 위해서 필요했다. 다만 안재홍은 북한 지역을 내놓지 않으려는 소련의 야욕을 간과했다. 그래서 이승만보다는 보다 희망적인 전망을 갖고 있었다.

안재홍의 판단과 비교해 볼 때 한독당 등 우익 진영의 단독정부론 반대는 논리적이고 현실적이라기보다는 감정적인 대응으로 보일 정도다. 이미 북한에 실질적인 단독정부가 들어서 있는 상태고, 소련은 동유럽에서처럼 한반도에 좌익이 주도하는 통일 정부를 세우겠다는 야심을 미소 공위에서 드러내었다. 그런 상태에서 남한의 경제적인 혼란과 국민들이 겪는 어려움을 해소하려면 남한만의 정부수립은 진지하게 고려할 문제였다.

아마도 우익 진영에서 단독정부론에 대해 격렬하게 반대하고 나선 것은 '민족의 통일'이라는 명분에 집착한 탓이었을 터다. 그리고 그것은 의도와는 달리 소련이나 북한이 남한의 우익에게 원하는 역할이기도 했다. 여전히 지금까지도 되풀이되고 있는 패턴이다. 싸워야 할 상대를 잊고 명분에 집착하는 습관 말이다.

이승만의 단독정부수립운동

논란을 의도한 발언이긴 했으나 이승만은 여론의 흐름을 무시할 수는 없었다. 지나친 반감은 우선 달래야 했다. '내 발언의 근본 취지는 남조선 단독정부를 수립하자는 것이 아니다. 미소공위 재개만을 기약 없이 기다리지 말자는 것이다. 우선 남조선에서만이라도 정부나 위원회 같은 것을 수립해서 그걸 기반으로, 자율적으로 통일정부 수립을 추진하자는 것이다.' '단독정부'라는 용어가 정서적으로 민족분열을 의도하는 것으로 오해받기 쉬웠다. 이승만은 '자율정부'라는 말로 단어를 바꾸며 사람들의 반감을 진정시키려 했다.

그런 한편 이승만은 남한에서 '자율정부 수립운동'을 전담할 대중운동 조직을 결성하려 애썼다. 그는 이미 미소공위 당시 지방순회 유세를 하면서 독립촉성국민회의 지방조직을 다져놓았다. 그러나 대한독립촉성국민회는 이승만만의 세력이 아니었다. 반탁운동을 위해 김구가 주도하는 반탁국민총동원위원회와 이승만이 이끌던 독립촉성중앙협의회가 46년 2월 8일 통합해서 만들어졌기 때문이다. 이승만이 총재로, 김구가 부총재로 추대되었지만 아직 수락도 하지 않은 상태였다. 파벌간에 갈등도 심했다. 김구계와 김규식계가 많이 참여하고 있어서 보다 더 적극적으로 정부수립운동을 전개할 단체로 거듭나는 것이 필요했다. 이승만은 6월 11일 독립촉성국민회의(이하 '독촉') 전국대표회의가 열렸을 때 기회를 포착했다.

그는 우선 기막힌 연설 솜씨로 김구와의 관계를 일거에 정리하며 독촉 총재직을 수락했다.

"항간에 김구와 이 이승만 사이에 갈등이 있다는 말들을 합니다. 다 쓸데없는 소리입니다. 그런 일 절대 없습니다. 그런 걱정은 말고 여러분들만 한 덩어리가 되어 주세요. 그러면 독립은 꼭 됩니다. 여러분들이 독립을 위해 신탁을 반대하고 나서주니 고맙습니다. 또 이 국민회를 만들어서 내게 총재로 취임해 달라고 하니 고맙습니다. 그러나 나는 명의만의 총재직은 수락하지 않겠습니다."

이승만이 이렇게 연설하자 좌중이 소란스러워졌다. 여기저기서 '그렇지 않습니다', '절대 총재명령에 복종하겠습니다.' 같은 외침이 들렸다. 이승만은 다시 다짐하듯 지방 대표들에게 물었다.

"그러면 여러분은 내 지휘를 받아서 '죽자!'하면 죽을 각오가 되어 있습니까?"

'예'하는 대답과 함께 박수소리가 실내에 가득 찼다.

"그런 각오가 되어 있는 사람은 손을 들어 보세요."

청중들이 일제히 손을 들었다.

"허, 한 손만 드는 걸 보니 절반만 각오가 된 모양이야."

모두가 웃으며 양손을 번쩍 들었다.

"옳지, 전심전력으로 독립운동에 나서겠다는 말이지."

장내에 우레와 같은 박수소리가 울려 퍼졌다. 사람을 휘어잡는 이승만의 탁월한 연설 능력이 빛을 발하는 순간이었다. 몇몇은 연설과 분위기에 감격해서 눈물을 훔치기도 했다. 장내가 그렇게 달구어지자 놀랍게도 김구가 이렇게 화답했다.

"독립을 하려면 먼저 우리 민족이 뭉쳐야 합니다. 어떻게 뭉치느냐 하면 이 박사를 중심으로 해서 뭉칩시다. 삼각산이 무너지면 무너졌지 이박사와 김박사(김규식) 그리고 나 세 사람은 무너지지 않습니다. 우리는 죽음으로써 이승만 박사께 복종하기를 맹세합니다!"

한독당과 임정계열이 이승만의 단독정부론을 비판하며 나온 지 불과 며칠 지나지 않았을 때였다. 이승만을 늘 형님으로 모시던 김구의 개인적인 신의 때문인지, 아니면 그날 장내의 들끓는 열기 때문이었는지는 모르지만 이날 김구는 이승만을 확실하게 따르는 모습을 보였다. '죽음으로써 복종'한다는 표현까지 쓰면서 말이다. 이승만은 여세를 몰아 '민족통일총본부'라는 새로운 산하 단체의 설립을 기습적으로 제의했고 모인 사람들에게서 지지를 이끌어냈다. 그 결과 이승만은 우익의 명실상부한 선두주자가 됐고, 우익은 이승만을 중심으로 독촉과 '민족통일총본부'를 통해 행동을 통일하게 되었다.

여운형과 김규식, 그리고 미군정의 좌우합작운동

그 무렵 이승만을 중심으로 한 우파의 단결과는 상관없이 미 국무부는 새로운 한국 정책을 미군정에 하달했다. '극단적인 우파와 좌파를 배제하고 행정과 입법에 중도적인 인물들을 더 많이 끌어들이라. 더 나아가 이 중도세력을 바탕으로 과도적인 임시정부를 수립하라.' 이게 미 국무부의 새로운 지침이었다. 고민이 많은 미국이 새롭게 꺼낸 카드였다.

이런 지침이 나오게 된 배경에는 중국이 있었다. 앞에서 말한 바처럼, 1차 미소공위가 무산되었을 무렵, 미국은 중국에서 '국공합작'을 추진하고 있었다. 트루먼은 마셜 장군을 중국에 특사로 파견했다. 마셜은 46년 1월에 국민당군과 공산당군의 휴전을 이뤄냈고 '정치협상회의'라는 정치회담을 성사시켰다. 이렇듯 미국은 '국공합작'을 통해 중국문제의 해법을 찾아낸 듯 보였다. 이에 고무된 미 국무부는 그런 '국공합작'처럼 남한 내에서 좌우합작을 이루어내서 그 정치적 성공을 바탕으로 소련을 압박하려고 했다. 한반도에서 좌우합작운동을 펼치려고 한 건 그런 맥락에서였다. 하지만 중국과 한국의 상황이 다르다는 것도 몰랐고, 중국에서도 결국 실패로 끝날 일이라는 건 더더욱 알지 못했다. '제국주의자 미국'이 모든 분야에서 막후의 조종자로 세계를 움직이고 있다고 상상하는 음모론자들은 이런 사실을 받아들이기 어려울 것이다. 당시 미국은 정말로 외교적으로 멍청했다.

미 국무부의 지시를 받은 미군정은 좌우합작운동에 적합한 인물을 모색했다. 미군정은 극우와 극좌 모두를 꺼렸다. 우선 김구의 임정계열은 미군정이 볼 때 극우였다. 그는 반탁운동을 '제2의 독립운동'으로 내세우며 무모한 정권탈취를 기도한 인물이었다. 또한 이승만도 극우로 간주되었다. 극렬한 반소주의자로 반탁운동의 중심에 선 인물이었다. 당연히 배제대상 1호였다. 미 국무부의 지시에서도 이승만-김구 세력은 멀리하라는 지침이 있었다. 반면 소련의 지시를 받는 공산주의자들도 미군정이 협력해야 할 대상은 아니었다. 그들은 극좌로 간주되었고 배제할 수밖에 없었다. 이들을 누르기 위해서는 중도좌파와 중도우파 계열을 통합하는 쪽으로 좌우합작이 진행되어야 했다.

그때 포착된 인물이 김규식이었다. 좌우합작을 추진한 인물은 하지의 정치고문 중 한명이었던 버치 중위였다. 그가 김규식을 점찍었다. 버치가

볼 때 김규식은 사상적으로 진보적인 강령을 제시하여 민중의 지지를 받을 수 있는 인물이었다. 그런 한편으로 소련에 대해서는 비판적인 인물이기도 했다. 미국이 한국에 수립하려는 중도지향적 정부 노선에 가장 적합한 인물이었다.

사실 미군정이 나서기 전에 좌우합작의 기미는 있었다. 중도좌파에 해당하는 여운형이 이미 김규식과 접촉하고 있었다. 여운형은 해방 직후 건국준비위원회를 이끌며 정국을 주도했지만 곧바로 박헌영의 조선공산당에게 주도권을 빼앗겼다. 1945년 11월 조선인민당을 창립했지만 그곳에도 박헌영의 프락치가 집요하게 파고들어 조선인민당은 어느새 조선공산당의 외곽조직처럼 되어 버렸다. 몇 번이나 박헌영에게 농락당한 여운형은 극좌노선을 걷는 조선공산당과 거리를 두며 온건세력이 단결하여 사태를 이끌어야 하겠다고 생각할 수밖에 없었다. 그래서 그도 김규식에게 접근했다.

극단적인 좌우에 대해 실망하긴 김규식도 마찬가지였다. 고국에 돌아오자마자 신탁통치안이 발표됐고 그 뒤 치열한 찬탁반탁 충돌, 송진우의 암살 등을 보아야 했다. 성향상 온건한 그는 극한투쟁이 아닌 길을 찾아야 한다고 생각하고 있었다. 강대국들이 인정하는 임시정부가 수립되면 신탁문제도 민족자결주의에 따라 해결할 수 있으리라고 생각했다. 하지만 그런 그에게 미소공위 결렬은 큰 실망이었다. 하지만 버치의 바람이나 여운형의 심정과는 달리, 김규식은 사실 좌우합작에 대해서 그다지 기대를 걸고 있진 않았다.

사태를 방관하고자 했던 김규식이 좌우합작운동의 중심에 서게 된 건 이승만의 권유 때문이었다. 이승만은 당시 하지의 의도를 잘 알고 있었다. 미 국무부에서 좌우합작을 추진하라는 지령이 내려왔다는 것도 금방 눈치챘다. 미군정 나름의 임시정부 수립을 위한 방안이었다. 무조건 반대만 할 수는 없었다. 한편 하지는 이런 좌우합작 작업을 이승만의 양해 또는 협조 아래에서 진행시키고 싶어 했다. 그래서 이승만에게 알렸고 김규식을 설득해달라고 부탁했던 것이다. 그런 하지의 부탁을 듣고 김규식을 설득하러 간 이승만의 생각은 이랬다. '미국 사람들이 시키는 대로 하게 해보자. 하기도 전에 반대하면 저들이 미련을 갖고 더 고집스러워진다. 일단 하게 해보자. 그래야 그게 안 된다는 것을 깨닫게 될 것 아닌가.' 이승만다운 생각이었다.

이승만은 김규식을 찾아가 하지의 뜻에 따를 것을 권유했다. 김규식은 곰방대에 담배를 피워 물며 답했다. "형님(이승만)은 대통령을 못하면 못 살 사람이고 나는 대통 담배 없으면 못 살 사람입니다. 그냥 담배나 피면서 살게 내버려 둬 주세요." 완곡한 거절이었다. 그러나 이승만은 집요하게 그를 설득했고 결국 김규식은 이승만의 권고를 받아들였다. "내가 희생하겠다."는 것이었다. 영리한 김규식은 자신이 바둑판의 '사석'같은 처지가 될 수 있다는 걸 알았다. 잘 되지 않을 가능성이 훨씬 컸다. 그럼에도 수락했다. 무조건 이승만을 위한 희생은 아니었다. 낙타가 개구멍으로 들어가는 것보다 어려워 보이는 좌우합작이 만약 성공하기만 한다면 민족의 운명이 바뀌는 일이었기 때문이다.

미군정의 권유에 따르기로 한 김규식은 좌우합작을 함께 추진할 인물로 여운형과 원세훈을 선택했다. 원세훈은 식민지시기 임정시절 김규식의 동지였다. 김규식은 1923년 새로운 임시정부가 필요하다고 생각해 조선공화국을 설립해 블라디보스톡에 가서 소련에 의지해 정권을 정착시키려 한 적이 있었다. 원세훈은 그때 김규식과 함께 행동했다. 둘은 원조를 거부한 소련에 의해 추방되어 돌아오며 소련에 대한 환멸도 함께 나누어 가졌다. 해방공간에서는 한민당에 참여하고 있었지만 비주류세력이었다.

김규식을 포섭한 미군정은 여운형과 원세훈에게 접근했다. 좌우합작운동의 주축이 되어 달라고 했다. 둘 다 흔쾌히 수락했다. 마다할 이유가 없었다. 이렇게 해서 좌우합작운동이 진행되었다. 미군정이 요청하고 후원한 것이지만 일단 일이 시작되자 김규식과 여운형은 능동적으로 추진했다. 여러 차례의 예비회담을 진행하며 중도좌파와 중도우파들을 모았다. 그리고 좌우합작의 원칙에 대해 진지한 대화를 나눴다.

중도가 아닌 좌우합작위원회

마침내 김규식과 여운형, 원세훈은 미군정의 후원을 받으며 1946년 7월

10일 10인으로 구성된 좌우합작위원회를 설립했다. 문제는 그 구성이었다. 좌측위원들은 박헌영을 대변할 수 있는 인물이 5명 중 3명이나 되었다. 외형상으로는 공산당, 신민당, 임정좌파에 골고루 안배된 것처럼 보였지만 실제로는 박헌영파였다. 여운형, 허헌, 정노식, 이강국, 성주식 이 5인 중에서 허헌, 이강국, 정노식이 박헌영파였다. 좌익진영의 중심세력이었던 조선공산당의 입장이 잘 반영되게 구성됐던 것이다.

반면 우측위원들은 대부분 우익진영의 중심세력과는 거리가 먼 인물이었다. 김규식, 원세훈, 안재홍, 김붕준, 최동오 이 5인 중에서 안재홍은 국내 중도파세력의 대표적 인물이고 김붕준, 최동오는 임정계 중도파 성향을 가진 인물들이었다. 이승만-김구-한민당 세력과는 거리가 멀었다. 우익진영의 중심세력 입장이 잘 대변될 수 없는 구조였다. 좌우합작위원회의 위원 구성은 그래서 진정한 의미의 좌우합작위원회라기보다는 좌중합작위원회나 다름없었다. 시작부터 실패가 예약된 거나 다름없었다.

그러나 이들은 최선을 다해 좌우의 입장을 조율하기 시작했다. 먼저 좌파세력들이 원하는 것과 우파 세력들이 원하는 것을 모두 논의대상에 올렸다. 토론을 통해 양보할 것은 양보하고 절충할 것은 절충하는 식으로 논의를 해 나갔다.

논의는 쉽지 않았다. 좌우합작위원회가 만들어졌지만 좌측의 민전은 7월 27일 단독으로 좌우합작 5원칙을 발표해버렸다. 내용은 이승만과 김구세력, 한민당 주류세력을 정계에서 배제할 것과 미군정의 정권을 인민위원회에 넘기라는 것이었다. 그러자 좌우합작위원회의 우측인사들이 좌우합작 8원칙을 부랴부랴 발표하며 대응했다. 내용은 미소공동위에서 천명된 미국의 입장과 동일했다. 우익진영 전체가 합의한 원칙이 없었기 때문에 급조한 것이었다.

이런 가운데서도 여운형과 김규식은 겨우겨우 회의를 이끌어 갔다. 그리고 3개월 뒤 10월 7일에 좌우합작 7원칙을 발표했다. 조선공산당 이외의 다른 좌익정당단체가 내놓은 '좌우합작 8원칙'과 우파 단체가 제시한 '좌우합작 5원칙'을 절충한 것이었다. 그러나 3조와 4조가 문제였다. 3조는 토지를 무상으로 분배하자는 내용이었고 4조는 독립국가를 건설하기 전에 조속히 친일파를 청산하자는 내용이었다. 좌익의 견해가 그대로 수용된 것이나 다름없었다. 이승만은 김규식과의 우정 등을 고려해 점잖은 어조였지만 합의된 7원칙을 반대했다. 한민당은 즉각 반발했다. 특히 토지개혁에 관한 3조를 받아들일 수 없었다. '단호히 반대'했다. 반면 김구의 한독당은 원칙적으로는 찬성하지만 일단은 두고 보자는 태도를 보였다. 김구가 이승만을 우익의 지도자로 지지하면서도 단독정부론에 대해서는 두고 보자는 태도를 보이는 것과 비슷했다.

조선공산당은 민전을 통해 반대입장을 천명했다. 박헌영파를 좌우합작위원회에 심어놓고 자신들이 원하는 대로 회의를 좌지우지한 것을 고려하면 앞뒤가 안 맞는 처사였다. 자기들이 주장해놓고 반대한다니 말이 안 됐다. 그걸 설명할 수 있는 이유는 단 하나였다. 소련이 지령을 내렸기 때문이다. 박헌영은 1946년 7월 22일 평양과 모스크바를 방문했다. 이때 소련에서는 미군정이 후원하고 중도파들이 주도하는 좌우합작운동을 무위로 돌리도록 지시를 내렸다. 조선공산당과 신민당이 곧바로 좌우합작 7원칙을 반대했고 여운형이 당수로 있는 인민당만 찬성했다. 그러나 인민당 내에서도 반여운형파들은 합작7원칙을 부정했다. 결국 좌우합작위원회는 간신히 좌우합작 7원칙에 합의하자마자 실패한 것이나 마찬가지가 되었다.

이런 논란을 떠나서 좌우합작운동은 시작부터 한계가 명확했다. 비록 여운형, 김규식이라는 거물들이 주도하기는 했지만 참여한 다른 지도자들은 소수파의 대표들에 지나지 않았다. 게다가 박헌영의 조선공산당은 합작을 저지하는데 골몰했고, 우익의 경우에는 합작에 냉소적이었다. 중간파만으로 뜨거운 해방정국을 뚫고 나가는 것은 시작부터 무리였다.

정판사 사건과 공산당의 전술변화

바로 앞에서도 잠시 언급했지만 1946년 7월에 박헌영은 평양과 모스크바를 다녀왔다. 소련이 박헌영을 모스크바로 불러들였기 때문이다. 김일성과 함께였다. 사실 박헌영으로서는 그 당시 아주 필요한 때 스탈린을 만나게 된 것이었다. 지침이 필요했기 때문이었다. 당시 남한에서는 '조선정판사 위조지폐사건'이 터지면서 공산당의 활동이 위축되고 있었다.

1946년 5월 14일, 미소공위가 성과없이 끝날 무렵 터져 나왔던 조선정판사 사건은 해방정국을 크게 뒤흔들었다. 그 당시 남한에서는 일본 총독부 시절 찍어내던 조선은행권을 여전히 사용하고 있었다. 그러다보니 혼란을 틈타 위조지폐를 찍어내는 범죄가 종종 발생했다. 가뜩이나 미군정하에서 남한 경제는 극심한 인플레에 시달리고 있었다. 위조지폐의 유통은 그런 경제난을 가중시키는 엄청난 중범죄였다. 그런 상황에서 출처 불명의 위폐를 추적하던 경찰이 1946년 5월 4일 뚝섬에 숨어있던 위조지폐단을 덮쳤다. 일당 7명이 검거되었다. 그들이 가지고 있던 위조지폐와 인쇄기계, 잉크, 위조지폐 원판도 압수했다.

문제는 압수된 위조지폐 원판이었다. 경찰은 이 위조지폐 원판의 출처와 지폐를 제작한 장소를 추척해 들어갔다. 그 결과 원판은 조선정판사라는 인쇄소에 숨겨졌던 것이고, 위폐는 근택빌딩 지하에 있는 그 인쇄소에서 제작된 것이라는 게 밝혀졌다. 그리고 조선공산당이 위폐제작을 지시했고 찍어낸 위폐를 당의 자금으로 활용했다는 정황이 포착되었다.

사연은 이랬다. 범죄단이 위폐 제작에 사용한 조선은행 백원권 지폐의 원판은 조선은행이 45년 9월 지폐를 인쇄하기 위해 조선정판사에 가져다 놓은 것이었다. 조선은행은 지폐 인쇄가 끝난 뒤 원판을 다시 회수하려 했으나 이송 도중에 원판이 행방불명되었다. 정판사의 직원들이 그 지폐 원판을 빼돌려 숨겨놓았던 것이다. 그런 정황을 안 조선공산당은 전격적으로 정판사를 인수했다. 공산당원이었던 박낙종을 사장으로 앉혔다. 박낙종은 조선공산당 재정부장인 이관술의 지령을 받아 종업원들이 퇴근한 뒤, 건물지하에서 수차례에 걸쳐 위조지폐를 제작했다. 그 금액이 무려 1,200만원이었다. 당시 신문기자 월급이 600원이었으니 신문기자 1,700년치 연봉이 되는 어마어마한 돈이었다. 이관술은 이 위조지폐를 조선공산당의 당자금으로 유통시켰다.

경찰이 5월 14일 이와 같은 수사 결과를 발표하자 조선공산당은 5월 15일 즉각 부인하는 성명을 발표했다. 조선공산당의 위신을 추락시키려는 모략이며 날조라는 것이었다. 그와 함께 공산당은 공판장에 공포분위기를 조성하며 범죄를 은폐하려 했다. 첫 공판이 열린 법정 밖에서는 수천 명의 공산당원이 몰려와 '적기가'를 부르며 농성했다. '공산당 만세' '재판소를 부숴라' '판검사를 때려죽여라' 이렇게 외치며 돌팔매질을 해서 아수라장을 만들었다. 결국 미군헌병이 동원되어 극렬분자 47명을 체포한 끝에 간신히 진정되었다. 공포분위기는 법정 안에서도 계속되었다. 야유와 고함으로 방청석이 들끓었다. 이후 공판은 33번이나 열려야 했다.

공판이 열리는 내내 공산당의 방해는 대단했다. 증인을 협박해서 증언을 번복하게 하고 담당 판사와 검사들을 협박하기도 했다. 수사도중 고문을 받았다고 허위진술을 해서 외부 의사로부터 검진을 받는 해프닝도 벌였다. 그러나 결국 조선공산당은 경찰이 제시한 여러 증거들을 뒤집지 못했다. 이 사건은 결국 1946년 11월 28일 최종공판까지 가서야 피고인들에게 최고 무기 징역에서 최저 징역 10년까지 중형이 선고되며 종결될 수 있었다. 하지만 이 사건이 터졌을 때부터 미군정은 본격적으로 공산당의 불법행위를 대대적으로 단속하게 되었다.

모스크바에서 박헌영을 불러들인 때는 이럴 무렵이었다. 공산당 활동은 위축되고 있었고, 여운형과 김규식의 좌우합작 운동에도 명확하게 대응할 지침이 필요했다. 모스크바로 올라가기 전에 박헌영은 평양에서 김일성을 만나 이른바 '신전술'을 언급했다. 박헌영의 생각은 이러했다. 그동안에 조선공산당은 민주주의 민족전선 같은 좌익 통일전선기구를 조직하거나, 인민당이나 신민당 같은 좌익계열의 당을 괴뢰화시키는 정치공작사업을 주로 해왔다. 비교적 온건한 방식의 전술이었다. 그러나 이제 온건한 방식의 전술이 어려워졌다. 따라서 남한지역에 폭력을 통해 혼란을 일으키는 방식이 필요하다, 혁명의 분위기를 무르익게 하기 위해서는 '신전술'로의 전환이 필요하다는 것이었다. 이런 생각에 대해 김일성은 반대였다. 좀 더 두고 보자고 했다. 둘의 견해가 엇갈리면 조정해 줄 곳은 하나였다. 모스크바였다. 김일성과 함께 박헌영은 스탈린을 만나러 갔다.

스탈린이 박헌영과 김일성을 불러들인 이유는 따로 있었다. '최종면접'이었다. 조선공산당을 누구에게 맡길 것인가, 그걸 마음 속으로 정하기 위해서였다. 스탈린은 먼저 박헌영을 격려했다. 어려운 여건 속에서 혁명과업을 잘 수행해주고 있다고 칭찬했다. 그러나 조선공산당은 김일성에게 맡기기로 결정했다. 이론가이자 모험주의적이었던 박헌영보다는 유격대 출신의 김일성이 스탈린의 구미에 맞았다. 김일성이 조선의 지도자로 최종 결정된 것이었다. 대신 박헌영에게는 다음과 같은 소련의 지시가 하달되었다. "남조선 좌우합작을 추진하지 말 것. 미군정이 남조선에서 추진하려고 하는 정부에 참여하지 말 것. 왜냐하면 이것은 중앙정부의 수립을 앞당길 것이기 때문." 미군정이 남조선에서 추진하려고 하는 정부는 '입법의원'을 말하며, 중앙정부는 남한만의 단독정부를 의미했다. 좌우합작을 깨라는 지시였다. 이와 함께 박헌영은 '신전술'로의 방향 전환도 대략적인 승인을 받았다. 남로당이 폭력 노선을 노골적으로 드러내게 되는 배경이 이러했다.

박헌영의 좌익 재편

박헌영은 7월 22일 서울로 돌아왔다. 그런 뒤 곧바로 그동안 중립적인 입장을 취하던 좌우합작에 대해 반대의사를 명확히 했다. 그리고 7월 27일 조선공산당(조공)이 이끄는 민전을 통해 좌우합작 5원칙을 일방적으로 발표했다. 이 5원칙에는 토지의 무상몰수 무상분배, 친일파 즉각 박멸이라는 조항과 함께 남조선에서 정권을 인민위원회로 즉시 이양하도록 한다는 조항과 군정고문기관 또는 입법기관(민주의원) 창설에 반대한다는 조항이 들어가 있었다. 실제로 바라는 것이라기보다는 상대방이 받아들일 수 없는 요구사항만 모아놓았다. 박헌영이 받아온 소련의 구체적이고 직접적인 지령을 고스란히 반영한 것이었다.

그런 한편으로 조선공산당은 여운형의 조선인민당을 무력화시키는 좌익 3당 합당운동을 전개했다. 공산당이 여운형의 반대를 무시하고 5원칙을 밀고 나가자 여운형은 민전에서 탈퇴하고 동시에 조선인민당 당수직도 내놓았다. 그러자 조선인민당 중앙위원회는 여운형이 당수직을 내놓은 3일만인 8월 16일 합당을 결정했다. 물론 여운형이 생각했던 3당 합당이 아니라 조선공산당에 흡수되는 방식이었다. 박헌영이 조선인민당에 심어놓은 프락치들이 여운형을 허수아비로 만들어버렸던 것이다. 박헌영은 이렇게 해서 여운형을 중심으로 한 중도 좌파 세력들을 배제하고 조선공산당 중심으로 좌파를 재편했다. 여운형은 이 사건을 계기로 박헌영과 완전히 결별했다. 당시 여운형은 배신감에 치를 떨었다. 조용히 미군정측에 박헌영을 제거할 수 없냐고 요청할 만큼 둘 사이의 골은 깊어졌다.

9월이 되자 미군정은 좌익세력에 대한 압박의 수위를 높였다. 9월 6일 미군정은 조선공산당의 박헌영, 이강국, 이주하 등에 대한 체포령을 내렸다. 9월 7일에는 『인민보』, 『현대일보』, 『중앙신문』 등 3개의 좌익계열 신문을 포고령 위반으로 폐간시켰다. 정판사 사건 이후로 좌익계 신문들은 연일 미군정을 비방하는 기사를 내보내고 있었다. 이에 미군정도 정면대결을 펼치기로 한 것이다. 이미 8월 16일에 조선노동자전국평의회(전평)의 서울 본부를 전격 수사해서 가맹자 기록과 장부, 기타 문서를 압수한 터였다.

상황이 이렇게 돌아가자 박헌영은 다시 한 번 모스크바의 의견을 물었다. 9월 9일 박헌영은 '당이 사회단체들을 어떻게 지도해야 하는가'를 물었다. 신전술을 확실히 승인하라는 요청이나 다름 없었다. 슈티코프가 답해왔다. '테러와 압제에 반대하는 대중적인 시위와 항의를 조직하라.' 9월 11일과 16일 두 차례에 걸쳐 이와 같이 지시했다. 그리고 9월 28일에는 '조선공산당에게 200만원을 지급하라'는 지시를 내렸다. 이때부터 소련 군정은 3개월 동안 300만원과 39만원, 122만 루블을 조선공산당에 보내줬다. 엄청난 돈이었다. 모스크바는 박헌영의 신전술을 허락한 것이었다. 두둑한 자금은 보너스였다.

모스크바의 허락이 떨어지자 10월로 예정되어 있던 총파업이 앞당겨졌다. 조선공산당은 9월 24일에는 철도파업, 9월 26일에는 경성전기 파업, 9월 28일에는 기타부문에서 파업을 일으키기로 결정했다. 여운형을 허수아비로 만들며 조선공산당을 중심으로 신민당, 조선인민당을 흡수해 통합된 남로당(남조선노동당)은 12월 정식출범하기로 되어 있었지만 이미 9월부터 일사불란한 조직을 갖추고 있었다. 남로당의 노선은 스탈린과 슈티코프로부터 내려온 극단적인 강경투쟁 노선으로 결정되었다. 남한에서 좌익 폭력 혁명을 일으키려는 박헌영의 위험한 도박이 시작된 것이었다.

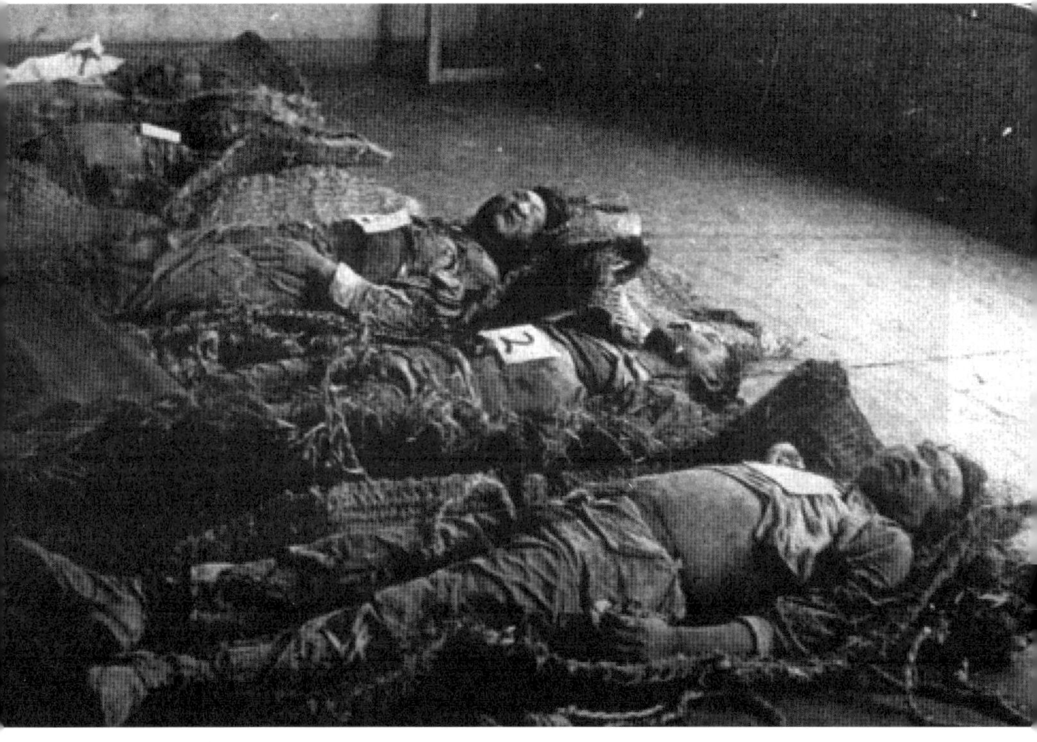

박헌영의 '신전술'은 폭동과 테러로 남한 사회를 혼란에 빠뜨려 좌익 봉기를 꿈꾸는 것이었다. 서생적 혁명가의 결단이란 결국 시민들의 생명을 볼모로 한 무모한 도박에 지나지 않았다.

'신전술'과 9월 총파업

앞서도 말했지만 미군정은 한반도를 점령했을 때 거의 아무런 준비가 되어 있지 않았다. 정치적으로도 그랬지만 경제 분야의 준비부족은 심각했다. 미군정의 경제정책은 형편없었다. 초기부터 삐걱거리던 남한 경제는 1946년이 되자 더욱 악화되었다. 물가가 천정부지로 치솟았다. 반면에 생필품은 너무 모자랐다. 특히 쌀이 부족했다. 심각한 상황이었다.

미군정의 실정이 문제였다. 미군정은 1945년 10월 5일부터 배급제 대신 한반도의 실정에 맞지 않는 자유시장정책을 실시했다. 그러자 시장에서는 쌀의 매점매석이 일어났다. 두 달 사이에 쌀값은 여덟 배로 뛰어올랐다. 공급이 시원치 않은데 수요는 많으니 당연한 결과였다. 독립정부 수립이니 통일이니 외쳐도, 결국 이기적인 욕구가 인간의 본성인 까닭이었다. 상인들이 쌀을 창고에 재워놓을수록 쌀값은 가파르게 튀어 올랐다. 결국 쌀값은 최대 60배까지 올랐다. 결국 미군정은 1946년 1월 25일에 미곡수집령을 발포했다. 쌀을 강제로 수집해서 배급하겠다는 조치였다.

그러자 이번에는 쌀이 잘 걷히지 않았다. 지주들은 쌀을 내놓기 싫어 소작료를 낮춰주는 대신 소작농들이 쌀을 미군정에 바치게 했다. 소작농들도 쌀을 내놓지 않았다. 공출되는 쌀에 돌을 섞기도 하고 물 속에 쌀을 숨기기도 했다. 그러자 미군정은 공출에 불응하는 소작농들을 유치장에 가두는 등 가혹하게 대했다. 미군정에 대한 소작농들의 분노가 하늘을 찌를 지경에 이르렀다. 미군정으로서는 불가피한 조치였지만 요령도 없었고 의지도 부족했다.

게다가 물정 모르는 군정 관리들의 망언이 사람들의 염장을 질렀다. 당시 미군정 운수부장 코넬슨은 "인도인들은 굶고 있는데, 조선 사람은 강냉이도 먹을 수 있으니 행복하지 않은가"라고 했다. 농산부장 헐츠는 "시장에는 고기도 있고 다른 잡곡도 있지 않은가. 쌀이 없으면 다른 것이라도 사야지 쌀이 없다고 굶는다는 것은 믿어지지 않는다."라고도 했다. 이게 당시 군정관리들의 상황인식 수준이었다. 민심은 들끓을 수밖에 없었다. 그리고 배고픔은 사람들을 사납게 만들었다. 언제 어느 때 불만이 터져 나올지 모를 나날들이 이어졌다.

하지만 이런 분위기는 조선공산당에게는 절호의 찬스였다. '신전술'이라는 극단적인 강경노선을 택한 공산당은 그런 사람들의 불만을 '기름'으로 활용했다. 박헌영의 지시 아래 전국노동자평의회(전평)가 대규모 파업을 준비했다. 총파업과 함께 식량배급증대와 임금인상을 요구하는 대규모 대중시위도 유도하기로 했다. 생활고와 미군정에 대한 불만이라는 '기름'은 이미 충분했다. 거기다 한순간에 불을 지르면 훨훨 타오를 것은 자명한 이치였다.

9월 23일 부산철도노동자 7천여 명이 가장 먼저 파업에 돌입했다. 9월 24일에는 서울을 포함한 전국 4만여 명의 철도노동자가 모두 파업에 참가했다. 곧바로 전국의 철도운행은 중지됐고 물자운송 역시 마비되었다. 파업의 명분은 노조에 대한 처우개선이었다. 하지만 실제로는 남로당의 지시에 따른 계획적인 파업이었다. 이어서 파상공세가 시작되었다. 철도에 이어 전신, 전화, 전기, 운수, 섬유, 금속, 화학, 출판, 신문 등 40여개의 노조 소속 노동자 25만 명이 차례로 파업에 들어갔다. 파업이 1주일간 계속되자 사회 전체가 마비될 지경에 이르렀다.

노동자들뿐만 아니라 학생들도 가담했다. 9월 초부터 이미 미군정과 국립대학안 반대운동으로 각을 세우고 있던 터였다. 거기에 좌경학생들의 선동이 불을 붙였다. 미군정으로서는 사면초가의 상황이 벌어졌던 것이다.

미군정은 총파업을 불법으로 선언하고 강경하게 진압하기로 했다. 9월 30일 3천5백명의 경찰이 철도노조 총파업본부를 급습했다. 농성중이던 1천 8백명의 노조원이 검거됐고 이로 인해 총파업은 대략 일단락되었다. 그러나 한 번 터져나온 사람들의 불만은 식을 줄을 몰랐다.

10월 폭동

결국 10월 1일 대구에서 일이 터졌다. 공산당은 배고픈 사람들을 '쌀'을 가지고 선동했다. 그들은 사람들을 이끌고 오전부터 대구 시청과 도청 앞에서 쌀을 달라는 데모를 벌였다. 하지만 단순히 쌀을 달라는 데모가 아니었다. 쌀을 달라는 외침 사이로 '박헌영 선생 체포령을 취소하라'는 구호가 섞여 나왔다. 공산당을 상징하는 '적기가'도 때때로 흘렀다. 저녁이 될 때까지 수천 명의 사람들이 대구역 근처에서 100여명의 경찰과 대치했다. 일촉즉발의 상황이었다. 이런 상황에서는 작은 충돌도 크게 번지는 법이다. 대구역 광장에 모여 있던 노동자들이 경찰에게 어느 순간 돌을 던지기 시작했다. 놀란 경찰들은 다급하게 발포했고 대구역 근방은 순식간에 아수라장이 되어 버렸다. 그 와중에서 1명이 숨졌다.

다음날 아침 경찰발포 사건에 대해 강력하게 항의하던 사람들이 흥분해서 경찰서와 관공서를 급습했다. 그런 와중에 시위대에 스며들어 있었던 극렬분자들은 경찰관과 우익인사들의 집을 습격해 그 가족들을 죽였다. 수법이 무척 잔인했다. 삼덕동 민순경의 집으로 트럭을 몰고 돌진한 폭도들은 부인의 복부를 칼로 찔러죽이고 쇠파이프로 세 자녀의 뒤통수를 후려쳐 죽였다. 60대 노모를 참나무 몽둥이로 때려죽인 뒤 달려들어 짓밟았다. 대구 수성천변에서 방직공장을 하던 서씨의 집에 뛰어들어간 폭도들은 집을 방화하고 서씨의 운전사 집에 있던 가족 7명을 찾아내 몽둥이로 때려죽였다. 서씨의 부인과 큰딸의 시체는 승용차에 새끼줄로 매달아 대구 시내를 한 시간 반가량 끌고 다녔다. 시체가 너덜너덜해질 지경이었다.

이런 잔인한 테러는 '신전술'로 전환한 공산당의 전형적인 수법이었다. 폭도들이 경찰이나 우익인사, 그들의 가족을 이렇게 잔인하게 죽이면 그

폭력이 원환고리를 만들었다. 동료와 가족을 참혹하게 잃은 경찰과 우익 청년들은 눈이 뒤집혀 다시 좌익세력의 가족들에게 잔인하게 보복한다. 그리고 이것은 더 큰 폭력을 다시 불러 온다. 그렇게 폭력이 돌고 도는 사이에 정작 처음 폭력을 가한 공산당 폭도는 숨어들고 결국 책임은 미군정(건국 이후에는 대한민국 정부)에게 전가된다. 여기에 유언비어와 날조, 편향된 선동이 더욱 더 사회를 어지럽게 한다. 이런 방식으로 남한 사회 내에 끝없는 폭력과 증오가 만연해지게 만드는 것, 그게 폭력혁명을 유도하는 신전술이었다. 인민의 목숨을 판돈으로 내건 잔인한 도박이기도 했다. 성공하든 실패하든 무고한 피가 무수히 흐르게 만든 전술이었다.

그런 한편으로 폭도들은 시내의 각급 학교를 찾아다니며 학생들을 선동했다. 경찰이 무고한 양민을 학살하고 있다고 허위사실을 유포했다. 대구의대, 대구사범대, 대구농대에 있던 400여명의 좌익 학생들이 동조했다. 중도계 학생들은 사태를 정확하게 파악하지 못한 채 이성을 잃고 폭도들에게 합류했다. 중학생까지 포함해 1만5천여명이 가담했다. 심지어 대구의대 학생회장 최무학과 4명의 학생들은 콜레라로 죽은 시체에 시트를 덮고, 대구역에서 경찰에 의해 죽은 시체라며 학생들을 선동하기까지 했다. 이들은 시체를 앞에 놓고 집회를 한 뒤 800여 미터를 행진했다. 그 순간 사회에 만연해 있던 불만이 미군정과 경찰에 대한 분노로 바뀌며 미친 듯이 타올랐다.

시위대가 대구경찰서 앞에 모였다. 다시 한 번 일촉즉발의 대치상태가 되었다. 시위대를 이끌던 공산당원들이 모든 경찰들의 무장해제를 요구하고 나섰다. 그렇게만 하면 해산하겠다고 했다. 대구경찰서장은 그 말을 믿고 모든 경찰들에게 무장해제를 명령했다. 경찰들은 순순히 총을 무기고에 넣었다. 하지만 일단 발동이 걸린 시위대는 순순히 해산하지 않았다. 얼마 안 있어 경찰서로 난입했다. 이들은 100여명의 잡범들을 포함한 죄수들을 풀어주고 무기고에서 소총과 대검 등을 털어 시내로 나섰다. 이때부터 공산당 폭도들은 경찰서에서 탈취한 무기로 무장을 한 뒤 우익인사들을 찾아 나섰다. 만나는 대로 무자비하게 학살했다. 대구시내는 혼란의 무정부상태가 되었다. 상점의 약탈이 행해졌고 곳곳의 파출소와 지서들이 습격을 당해 점거되었다. 경찰력이 무력화되었다. 경찰만으로는 진압이 불가능한 상황이 되어 버렸다. 결국 미군정은 대구지역에 비상계엄령을 선포했다.

이미 폭력시위를 주동한 남로당 분자들은 계엄령 선포 전에 대구 외곽지역으로 빠져나간 뒤였다. 대구 인근 지역으로 폭동을 확산시킬 준비도 되어 있었다. 10월 3일 오전 성주지역에 도착한 그들은 계속해서 경찰서를 습격하고 우익인사들을 살해했다. 칠곡, 화원, 달성, 왜관, 영천, 구미, 상주 등으로 폭동이 계속 퍼져나갔다. 공산당은 아주 조직적이었다. 조를 짠 뒤 자동차를 탈취해 경북의 각 군청 소재지로 시위주동자들을 파견했다. 그게 폭동을 이어가는 방식이었다. 다른 지역에는 호응투쟁을 전개하라는 지시가 하달되었다. 폭동의 불길은 계속해서 타올랐다.

혼란은 11월까지 계속되었다. 대구 경북 지역에서 경찰만 100여명이 죽었다. 공무원과 민간인 사망자까지 포함하면 300여명이 넘게 죽었다. 부상자는 1천명 이상이었다. 결국 경찰 4천5백명과 미2연대, 대전2연대의 각 1개 중대 등 군경병력, 그리고 우익청년 수천 명이 진압에 참여하면서 폭동은 겨우 가라앉았다. 하지만 이로 인해 시작된 남한 지역의 이념 내전은 살육전의 양상이 되었다. 서로 피를 본 경험이 생겼기 때문이다. 이때부터 좌우 이념 대립은 정치적 정파의 경쟁이 아니라 서로를 소멸시키기 위한 전쟁의 양상을 보이기 시작했다.

미군정은 이 사건을 계기로 공산당원들을 대거 구속, 체포했다. 이때 도망친 상당수의 좌익들은 월북을 하거나 팔공산으로 숨어 들어갔다. 산으로 숨어든 이들은 '빨치산'이 되었다. 남한 빨치산 부대의 시작이었다. 또 도망쳐서 추적을 피한 좌익청년들 중 일부는 묘하게도 미군정청이 창설한 '국방경비대'로 스며들었다. 지금으로 치면 군대로 들어간 것이었다. 문제는 미군정청이 1946년 창설된 국방경비대의 대원을 뽑을 때 '사상'에 대해서는 상관하지 않았다는 것이었다. 미군정청은 개인의 인권과 사상의 자유를 보장한다는 취지에서 사상검증을 전혀 하지 않았다. 대신 신체검사와 간단한 구두시험만으로 신병들을 뽑았다. 이런 조건은 언제 경찰의 추적에 걸려들지 모를 좌익들이 숨어들기에 안성맞춤이었다. 대한민국 정부가 수립된 뒤 국방경비대는 내부에 좌익들이 숨어있는 채로 국군으로 승격되었다. 국군 내 좌익세력들은 이렇게 또아리를 틀게 되었다.

이후로 빨치산과 국군 내 좌익세력, 이 둘은 남한 내부에 잠복한 '보이지 않는 위협'이 되어 버렸다.

9월 총파업과 10월의 대구폭동으로 인해 좌우합작운동도 사실상 완전히 끝이 났다. 소련의 지령으로 '신전술'로 돌아선 조선공산당은 신민당과 인민당을 통합하여 11월 23일 남조선노동당을 결성했고, 이후 극좌폭력 노선으로 치닫게 되었다. 반면 남한단독정부론을 들고나온 이승만은 우익진영의 통합을 공고히 했지만, 이승만-김구-한민당 세력을 배제하려는 미 국무부와 미군정의 정책에 곧 가로막히게 되었다. 아직 대한민국 건국으로 가기 위해서는 넘어야 할 산들이 많았다.

제10장

한국에서 발을 빼는 방법

- 1946년 10월 20일 : 미군정, 과도입법의원 민선의원 선거
- 1946년 12월 4일 : 이승만 도미
- 1947년 3월 : 임정의 제2의 쿠데타 시도 불발
- 1947년 3월 12일 : 트루먼 독트린 발표
- 1947년 4월 21일 : 이승만 귀국
- 1947년 5월 21일 : 제2차 미소 공위
- 1947년 7월 19일 : 여운형 암살
- 1947년 9월 23일 : 한반도의 독립 문제가 유엔총회의 의제로 채택됨
- 1947년 10월 21일 : 미소공위 결렬
- 1947년 11월 14일 : 유엔총회에서 미국의 결의안 채택(남북 총선거)
- 1947년 12월 2일 : 장덕수 암살, 김구와 이승만의 결렬

이승만, 운명을 걸고 미국으로 떠나다

대구폭동의 여파가 가라앉을 무렵인 1946년 12월 4일 이승만은 미국으로 떠났다. 미국 정부를 직접 설득하겠다는 생각이었다. 좌우합작위원회를 둘러싼 미군정의 공작 때문에 더 이상 기대할 게 없기도 했다. 알다시피 미군정은 미 국무부의 지시에 따라 중도파 중심의 좌우합작을 시도했으나 실패했다. 그럼에도 불구하고 미군정은 좌우합작위원회를 중심으로 한 중도파세력 육성을 포기하지 않았다. 우선 미군정은 좌우합작위원회와 공동회담을 열어 남한의 당면문제들을 토의했다. 문제는 이미 미군정의 최고자문기관인 남조선대표 민주의원이 있었지만 미군정은 이를 무시했다. 민주의원은 이승만과 김구를 중심으로 한 우익이 장악하고 있었기 때문이었다.

미군정은 거기서 멈추지 않고 한발 더 나아갔다. 과도입법의원을 설치하려고 추진했던 것이다. 그에 따라 10월 20일부터 31일까지 남한 전지역에서 각 도별로 과도입법의원 민선의원 선거를 실시했다. 게다가 미군정은 선거의 감시를 좌우합작위원회에게 맡겼다. 감시를 맡은 좌우합작위원회는 선거로 뽑힌 사람들도 아니고 남한의 정치세력들로부터 권위를 인정받은 단체도 아니었다. 그럼에도 미군정은 전폭적으로 힘을 실어준 것이었다.

미군정의 속셈은 명확했다. 미군정이 생각하기에 남한의 민중들은 '진보적인 강령'을 원하고 있다고 여겨졌다. 그 때문에 극좌노선을 걷는 공산당이 남한 민중들에게 설득력이 있다고 본 것이다. 따라서 그런 남한의 민중들은 극좌적인 공산당이 불참한 가운데 선거를 하게 되면 좌우합작위원회에 참여하고 있는 중도파의 사람들을 대거 찍을 거라고 생각했다. 미군정은 그렇게 뽑힌 중도파들과 함께 남한의 정국을 헤쳐 나가려고 했다. 그래서 대구폭동의 여파로 공산당이 수면위에서 활동하기 어려운 시점에 민선의원 선거를 실시한 것이다.

그런데 선거결과가 미군정의 예상을 완전히 빗나가 버렸다. 중도파의 참패였다. 총 45명의 민선의원을 뽑는 선거에서 실질적인 우익진영의 인사가 40명에 육박할 정도가 되어버렸던 것이다. 중도파들은 이승만이나 김구 같은 걸출한 지도자도 없었고 지방 조직도 갖추지 못하고 있었기 때문이었다.

이렇게 되자 선거에서 패배한 좌우합작위원회 사람들은 민선의원 선거를 불법 부정선거로 규정하고 나왔다. 하지에게 선거를 전면 무효화하거나 적어도 서울과 강원지역에서의 선거를 무효화하자고 건의했다. 서울에서는 한민당의 위원장인 김성수와 2인자 장덕수를 포함한 3명의 한민당 인사가 입법의원 정원을 모두 차지했고 강원도에서는 독촉계열의 한독당 인사 3명이 정원을 독식했던 것이다. 그러자 하지는 별다른 이유를 제시하지 않은 채 11월 25일 서울시와 강원도의 선거를 무효로 선언해버렸다. 이런 미군정의 일방적인 조치에 대해 한민당과 독촉이 격렬하게 반발했지만 미군정은 꿈쩍도 하지 않았다.

미군정의 이러한 행태로 인해 이승만은 태도를 바꾸게 된다. 그 전까지만 해도 그는 미군정이 좌우합작위원회를 만들어 좌우합작을 추진하려는 것을 나름대로 용인하고 있었다. 이승만 생각에는 그렇게라도 해봐야 한다 싶었다. 그래야 그게 불가능하다는 것을 미군정 인사들이 알게 될 거라고 생각했던 것이다. 그래서 싫다는 김규식을 설득하기도 했고 입법의원 선거도 온건하게 지지했다. 자신이 있었던 것이다. 그런데 이쯤 되니 이승만은 미군정이 노골적으로 이승만과 김구를 완전히 배제하려고 한다는 걸 알게 되었다.

격분한 이승만이 하지를 찾아갔다. 좌우합작위원회를 중심으로 한 공작을 그만두라고 요청했다. 하지가 적반하장으로 나왔다. 이승만이 정권을 장악하도록 용납할 생각이 없다고 답했다. 다시 이승만이 응수했다. '지금껏 당신이 여러 가지 과오를 저질렀지만 나는 한국국민들에게 당신을 변호하려 노력해왔다. 이제 끝났다. 지금부터는 공개적으로 당신에게 반대하겠다.' 하지도 지지 않았다. '미국은 협박에 의해 정책을 바꾸지 않는다. 지금이라도 미군정의 프로그램에 협력하라. 그렇지 않으면 당신은 끝장이다.' 회담은 결렬되었다.

이승만은 그 길로 김구와 측근들을 만나 대책을 협의했다. 김구가 강하게 나왔다. '당장 임시정부를 한국의 유일한 합법정부로 선포합시다. 그래서 미군정으로부터 정권을 접수합시다.' 쿠데타를 시도하자는 말이었다. 이미 한 번 실패로 끝난 적이 있으면서도 김구는 그로부터 배운 게 없었다. 김구의 현실 파악 능력이 어떤 수준이었는지를 여실히 보여주는 또 다른 사례이다. 화끈하게 '저지르는' 걸 좋아하는 사람들이 이에 열광할 수는 있다. 이를 부추겼던 김구의 추종자들도 김구만큼이나 단순하고 무모한 편이었다. 그러나 그런 역량으로는 정치를 하기엔 역부족이다.

이승만은 김구의 제안에 반대했다. '그건 한국민중과 미군이 충돌하는 사태를 불러 일으킬 수 있다. 내가 미국에 가서 미 국무부와 언론인들을 설득하겠다. 외교적으로 문제를 해결하자.' 김구는 만약 이승만이 미국에 가서 수주일내로 자주독립 보장을 얻어오지 못하면 곧바로 쿠데타를 일으키겠다며 기다리겠다고 했다.

이제 이승만으로서는 건곤일척의 승부가 남은 거나 다름없었다. 미 국무부와 미군정이 우익세력을 배제하기로 한 건, 중도세력들과 함께 소련과의 미소공위를 거쳐 신탁통치로 가겠다는 구도였다. 이루어질 수도 없었고, 설사 이루어진다 해도 그건 한반도의 공산화였다. 바로 그 순간에도 이북에서는 단독정부를 공고히 하며 유사군대까지 거의 창설해놓고 있었다. 유일한 길은 한국문제를 유엔 총회에 호소하여 해결하는 것뿐이었다. 그렇게 마음먹고 이승만은 미국으로 떠났다.

이승만의 미국 활동과 김구의 2차 쿠데타 시도

이승만은 12월 7일 워싱턴에 도착했다. 원래 이승만의 계획은 트루먼 대통령과 미국무성 고위관리들을 만나 한반도의 상황과 한국문제 해결에 대해 자신의 생각을 낱낱이 설명할 계획이었다. 그런 다음 유엔총회 의장을 만나서 한국문제를 유엔총회에 상정해달라고 요청할 생각이었다. 이승만은 워싱턴에 도착하자마자 자신이 미국에서 독립운동을 할 때부터 도움을 받았던 모든 측근인사들을 불러모았다. 스태거스 변호사, 제롬 윌리엄스 기자, 굿펠로우 미군정 정치고문, 로버트 올리버 박사, 임영신, 임병직 등이 모였다. 이들을 총동원해 면담을 시도했다. 그러나 '보이지 않는 장벽'은 너무 높았다. 트루먼 대통령과 마셜 국무장관, 미국정부의 고위인사들 중 어느 누구도 만날 수 없었다. 폴 헨리 스파크 유엔총회 의장과의 면담마저도 '미 국무부로 추정되는 강력한 세력'에 의해 좌절되었다.

이승만은 방식을 바꿀 수밖에 없었다. 독립운동을 할 때의 방식처럼 의회와 언론을 뚫기로 했다. 윌리엄 놀랜드, 로버트 태프트, 아더 반덴버그, 존 스파크만 의원 등을 만나 자신의 생각을 알렸다. 제롬 윌리엄스를 비롯하여 AP통신의 존 하이타워, 시그리드 안, UP통신의 스튜어트 헨슬리, 뉴스 위크의 해롤드 아이작 기자 등이 이승만을 위해 기사를 써주었다. 이승만은 그들에게 다음과 같은 생각들을 흘렸다. '미 국무부 내에 일부는 공산주의에 기울어지고 있는 것 같다."남조선 주둔 미군사령관 하지 중장은 좌익에 대해 호의적이다. 미군정은 조선의 공산당에 대해 원조를 계속하고 있다."현재 북조선의 소련군은 50만명의 조선인민군대를 훈련시키고 있다. 반면에 남조선은 이런 훈련을 실시하지 못하고 있다.' 약간의 과장은 있었지만 틀린 말은 아니었다. 미 국무부 내에는 소련의 스파이가 잠입해 있었다는 사실은 나중에 명확하게 밝혀졌다. 훈련받고 있는 북한군이 50만이라는 건 과장이었지만 실제 16만명 정도는 되었다는 것 역시 훗날 밝혀졌다.

물론 하지에 대한 언급은 다분히 감정적인 측면이 있었다. 하지만 그도 그럴 만했다. 이승만은 미국에 도착해서 한국으로부터 날아온 남조선 입법의원의 관선의원 명단을 전해 들었다. 하지가 발표한 관선의원 명단은 놀라웠다. 관선의원 정원 45명의 절반이 넘는 26명이 중도파와 온건좌익이었다. 미군정이 우익 일색이었던 민선의원에 대해 균형을 맞추기 위해 의도적으로 지명한 것이었다. 우익진영은 6명 뿐이었다. 게다가 미군정은 미국 교포사회에서 이승만을 반대하는 데 앞장서 온 중도좌파 김호와 김원용도 관선의원으로 임명했다. 우익과 이승만의 뒤통수를 때린 인선이었다. 이승만이 격분할 수밖에 없었다. 하지와 미군정이 남한에서 이승만과 김구가 주도하는 우익세력을 배제하기 위해 불공정하고 비민주적인 통치를 하고 있다는 걸 알려야만 했다. 이승만은 맥아더와 미 국무부에 편지를 썼다. '하지가 새롭게 소집한 과도입법의원 대부분은 좌익이며 정말 인지도 있는 지도자들은 전혀 포함되지 않았다.' 제대로 하지의 뒤통수를 때린 고발이었다.

이런 사실이 하지의 귀에도 들어갔다. 그는 화가 머리끝까지 나서 이승만이 국내로 보낸 신년사를 가로채 신문에 게재하는 것을 금지했다. 사실 하지가 이승만이 보낸 신년사를 보도금지한 건 화가 나서만은 아니었다. 이승만은 자신이 희망하는 일은 마치 곧 이루어질 듯 말하는 습관이 있었다. 대중들을 선동하는 버릇 때문이었다. 그가 보낸 신년사도 비슷한 맥락이었다. '국제정세는 한국의 즉각적인 독립을 지지한다' 이승만은 신년사에 이렇게 적어 보냈다. 그러나 미군정과 하지 입장에서는 미 국무부의 방침이 바뀌지 않는 한 미소공위를 재개해야만 했다. 당연히 이런 신년사는 용납할 수 없는 것이었다. 하지의 입장에서 보면 이승만은 항상 문제를 일으키는 인물이었다. 애초에 그 여지를 주지 않는 게 나았다.

그런 한편 이승만이 미국으로 건너가 사력을 다해 펼친 로비는 큰 반향을 불러일으키지 못했다. 원래 5-6주간 미국에 머물 예정이었지만 체류기간을 연장하는 것이 불가피했다. 그러는 사이 남한에서는 1947년 1월

11일에 하지가 미소공위가 곧 재개될 것이라는 미소 양군 사령관의 서신 내용을 공개했다. 서신이 공개되자 다시 남한 사회가 들끓었다. 소련측 서신 내용이 문제가 되었다. 모스크바 결정을 반대한 정당, 사회단체 대표자들은 배제하라는 내용이 들어있었던 것이다. 하지는 1차 공위와 마찬가지로 모스크바 결의를 지지한다는 서명을 첨부하면 된다고 수정안을 내놓았지만 반탁 열기는 다시 끓어올랐다.

제2의 반탁 운동은 계획대로 김구가 주도했다. 1월 18일에 대규모 반탁 운동을 일으킬 작정이었다. 이건 원래 이승만과 김구가 이승만의 도미외교 전에 계획한 것이었다. '이승만이 미국에서 외교적 해법을 찾는 동안 김구는 남한에서 대규모 집회를 주동한다. 군집한 사람들의 규모는 크면 클수록 좋다. 혹시 미군정이 극단적인 조치를 취해 김구를 체포한다면 그건 더 좋다. 이를 통해 김구를 반탁의 순교자로 띄우며 미국과 세계인의 관심을 끈다.' 이런 계획이었다. 그러나 이 계획은 실행 전에 미군정 하지의 첩보망에 걸렸다. 하지가 이승만에게 자제할 것을 전문으로 경고했다. 김구에게도 마찬가지로 경고를 보냈다. 애초부터 김구의 계획에 회의적이었던 이승만은 1월 16일 미국에서 김구에게 자제하라는 전문을 보냈다. 김구는 일단 하지와 이승만의 권고를 받아들였다. 1월 18일에 열린 반탁데모에서 군중들에게 과격한 행동을 삼가고 조용히 해산할 것을 당부했다.

이런 과정에서 김구는 반탁운동의 열기가 여전히 뜨겁게 살아있음을 확인했다. 이때부터 김구는 이승만 도미 전에 내놓았던 계획을 다시 독자적으로 추진했다. 이승만이 빠른 시일 내에 미국으로부터 확약을 받지 못하면 자신의 쿠데타 계획을 추진하겠다고 천명한 바 있었다. 김구는 재빨리 반탁 비상국민회의를 국민의회로 이름을 바꿨다. 그리고 국민의회는 임시정부의 대한민국 임시의정원을 계승한다면서 과도입법의원과 대립하는 진정한 입법기관이라고 자처했다. 3.1절을 전후해서 정부를 수립하겠다는 것이었다. 2차 쿠데타 시도였다. 문제는 첫번째 쿠데타 시도 때처럼 어설픈 시도였다는 점이다. 신문에서는 '아이들 장난'이라고 비판했고 이승만과 한민당은 '국제정세를 모르는 미숙한 자살행위'라고 어이없어 했다. 미군정이 가만있을 리가 없었다. 3월 5일과 6일 김구, 이시영, 조완구, 유림, 조소앙 등을 주한미군 사령관실로 불러들였다. 빨리 철회하지 않으면 잡아넣겠다고 협박했다. 김구는 어쩔 수 없이 굴복했고 계획은 불발로 끝나고 말았다. 김구가 벌인 해프닝이었다.

트루먼 독트린, 미국의 대아시아 정책이 바뀌다

김구의 어설픈 쿠데타가 해프닝으로 끝나는 동안에도 이승만의 대미외교는 잘 진행되지 않고 있었다. 많은 사람들을 만났고 전보와 편지도 수시로 보냈다. 그러나 여전히 유엔총회참석과 미국 대통령 면담은 고사하고 새로 미 국무장관이 된 마셜과도 접촉이 되지 않고 있었다.

그럴 때 1947년 3월 12일 트루먼의 미의회연설이 터져나왔다. 트루먼은 소련의 공산화 위협을 받는 터키와 그리스에 4억 달러 규모의 경제 및 군사 원조 지출을 승인해달라고 의회에 요청했다. 그와 함께 트루먼은 다음과 같이 연설했다. '미국은 공산주의 침략에 대항하여 자유민주주의 제도와 영토보전을 위해 투쟁하고 있는 세계의 모든 국민을 원조해야 한다. 따라서 미국은 공산주의 세력의 직간접적인 공격을 받는 국가와 제도를 지원, 수호할 것이다.' 역사적인 트루먼 독트린이 발표된 것이었다. 이 트루먼 독트린은 그동안 이승만이 일관되게 주장해오던 반공, 반소 노선과 완전히 일치하는 것이었다. 벽에 막힌 이승만의 도미외교에 단비와 같은 소식이었다.

이승만은 당장 트루먼 대통령에게 감사와 찬사의 편지를 보냈다. 이승만의 생각에는 한국 역시 공산주의의 위협에 시달리는 나라이니 트루먼 독트린의 혜택을 입을 수 있을 거라 내다봤던 것이다. 이승만은 편지에서 트루먼 독트린에 대한 자신의 생각을 설명했고 한국의 독립에 대한 지원을 요청했다.

그러나 상황은 그리 간단치 않았다. 우선 마셜이라는 인물이 미국무장관이 되었다는 것은 의미심장했다. 마셜은 1946년 한 해 동안 중국의 장제스 정부를 후원하기 위해 특별 고문으로 파견나갔던 사람이다. 그가 돌아와 작성한 보고서는 미국의 동아시아 정책을 바꾸게 한다. '미국이 국민당 정권을 대신해서 중국을 통치하거나 엄청난 자원을 투자할 생각이 없

트루먼은 루스벨트 행정부에서 부통령이었지만 행정부에서 일어나는 중요한 일들을 거의 알지 못했다. 그러나 대통령이 된 후 그는 신념에 찬 단호한 대처로 강력한 지도자의 모범이 되었다. 그의 트루먼 독트린은 공산주의와의 대결을 천명한 것으로, 훗날 한국이 미국의 원조를 이끌어낼 수 있는 중요한 근거가 되었다.

다면 더 이상 중국문제에 관여해서는 안 된다'는 보고서를 작성했기 때문이다. 결국 중국을 포기하라는 말이었다. 그런 그가 1947년 1월에 미 국무장관으로 취임했다. 당연히 한반도의 운명은 크게 요동칠 수밖에 없었다.

당시 미국에서는 남한을 공산화시키지 않는 유일한 길은 미국이 장기적인 계획을 세우고 남한에 경제원조를 제공해서 남한경제의 기초를 확고히 다지는 것이라는 걸 잘 알고 있었다. 그러나 문제는 '전략적 가치'와 '돈'이었다. 미국이 적극적으로 개입하기에 한반도는 너무 멀었고 돈이 많이 들었다. 반면 급한 건 한반도 뿐만이 아니었다. 유럽이 훨씬 심각했다. 한창 소련의 비호 하에 게릴라전이 진행되고 있던 그리스와 터키부터 원조해야 했다. 중요도 면에서 한반도는 그리스와 터키에 비교가 안 되었다. 그리스와 터키를 방관한다면 지중해 전역이 공산화될지도 모를 일이었던 것이다.

게다가 미국은 이 당시 그리스와 터키뿐만 아니라 유럽의 경제재건을 위해서도 막대한 액수의 원조가 필요했다. 47년 6월에 발표되는 '마셜 플랜'이 바로 유럽 원조계획이었다. 미국이 유럽에서 공산주의의 팽창을 막기 위해서는 경제를 복구시켜야만 했다. 전쟁으로 인한 파괴가 빈곤을 가져왔고, 배가 고프면 공산주의는 만연할 수밖에 없었다. 유럽의 경제원조는 한시도 미룰 수 없는 현실이었다. 결국 문제는 '돈'이었다. 반면 미국 역시 전쟁으로 인해 긴축재정이 불가피했다. 돈을 한도 끝도 없이 쓸 수는 없는 노릇이었다. 한정된 돈으로 일을 도모하려면 효과가 가장 적은 지역은 제외해야 한다. 한국은 그 당시 미국이 측정한 중요도 순으로 볼 때 16개 나라 중에서 15등이었다. 거의 가치가 없단 얘기였다.

한마디로 47년 3월의 트루먼 독트린과 47년 6월의 마셜플랜은 공산주의로부터 '유럽'을 방어하기 위한 일련의 조치였다. 게다가 아이러니컬하게도 이로 인해 한국은 미국이 전략적으로 포기하는 지역이 되어버렸다. 단지 너무 빠르게 발을 빼기가 힘들 뿐이었다. 체면을 지키며 가급적이면 소련에 통째로 내주지 않는 범위 내에서 서서히 빠져나와야 할 지역이었다. 그랬기에 트루먼 독트린에도 불구하고 47년 4월 모스크바 외무장관 회의에서 미국의 국무장관 조지 마셜은 소련 외무장관 몰로토프와 미소 공위 재개에 합의하게 됐던 것이다.

그러나 이승만은 거기까지는 알지 못했다. 다만 번즈 국무장관 시절의 소련에 대한 유화정책이 끝나고 미국이 소련의 팽창야욕에 대해 자각하게 된 것이 기뻤을 뿐이다. 그리고 그런 소련의 공세를 미국이 적극적으로 막아내겠다고 밝힌 것에 고무되었다. 물론 정치인 이승만에게도 좋은 기회였다. 이승만 본인이 트루먼 독트린을 끌어낸 것은 아니었지만 이승만의 도미 외교 4개월 동안 트루먼 독트린이 터져나온 건 분명했다. 사실 이승만은 원래 김구가 '제2의 쿠데타'를 추진했던 3월 초에 한반도로 돌아오려 했다. 그게 미 국무부의 방해로 한 달 이상 귀국이 지연되어 버렸다. 그러는 사이에 트루먼 독트린이 발표됐던 것이다. 전화위복이었다.

내막이야 어쨌든 겉으로 보기에는 이승만의 도미외교가 영향을 미친 것처럼 보였다. 운이 좋았다. 역사적인 인물들에게서는 종종 우연을 기회로 만드는 능력을 엿볼 수 있다. 이승만이 그랬다.

이승만이 바빠졌다. 간신히 귀국허가를 받은 이승만은 4월 5일 미국을 떠나 동경에 들러 맥아더를 만났다. 그런 뒤에 국빈 자격으로 상해를 거쳐 남경에서 장제스와 회담을 나눴다. 그런 뒤 장제스가 제공한 특별군용기 '자강호'를 타고 4월 21일 광복군 총사령관 이청천을 대동해서 김포공항에 도착했다. 게다가 이 무렵인 4월 19일 한국의 마라토너 서윤복이 보스톤 마라톤에서 우승했다는 소식도 들려왔다.

이승만은 이 모든 호재들을 한데 섞어 자신의 미국방문을 화려하게 포장해 선전했다. '트루먼 독트린'은 이승만이 정읍에서 선언했던 단정노선에 힘을 실어줬다. 맥아더나 장제스가 이승만을 지지했다는 표현은 이승만을 훨씬 거인으로 만들어 주었다. 그런 자신감으로 이승만은 1947년 4월 27일에 열린 귀국환영대회에서 김구와 김규식, 그리고 하지에게 목소리를 높였다. 김구에게는 임정법통론을 고집할 필요가 없다고 했다. 하지와 김규식에게는 좌우합작을 단념하라고 했다. 대신 자신과 보조를 맞추라고 열변을 토했다. 하마터면 아무런 성과없이 빈손으로 돌아왔을지 모를 이승만의 대미외교는 이렇듯 극적으로 성공리에 포장되며 마무리되었다.

이승만과 김구, 한민당의 갈등

이승만이 화려하게 미국에서 돌아왔지만 남한의 정세는 더욱 꼬여가고 있었다. 미군정과 하지는 여전히 김규식과 여운형의 좌우합작파를 밀어주며 미소공위의 재개를 기다리고 있었다. 게다가 반탁의 동지인 김구가 오락가락했다. 김구는 임정법통론을 버리지 못하고 있었던 것이다. 임정의 한독당 내부에서는 임정의 정통성을 포기하자는 사람들을 제명하기까지 했다. 임정봉대 운동을 재개하려는 의지가 강렬해지고 있었다.

이승만은 이런 상황에서 귀국하자마자 남한만의 정부 수립을 위한 새로운 정부수립방법론을 제시했다. 그의 구상은 이랬다. 우선 미군정과 합작해 보통선거법을 제정하고 총선거를 통해 과도정부를 수립한 다음, 이 정부를 유엔에 참가시켜 남북 통일을 촉진시켜야 한다는 것이었다. 총선거를 통한 정부수립, 즉 총선직행론이었다. 트루먼 독트린으로 미국의 대소정책이 바뀌었으니 하지가 추진하는 좌우합작도 불필요하며, 굳이 임정법통을 고집할 필요없이 곧바로 총선거로 직행하자는 것이었다. 4월 29일 귀국연설과 5월 8일의 연설에서 거듭 이런 의견을 강조했다.

문제는 미소공위였다. 47년 5월 21일 서울에서 미소공위가 재개될 예정이었던 것이다. 미소공위의 재개를 강력하게 희망했던 하지로서는 가만히 있을 수가 없었다. 이승만의 입에 재갈을 물려야 했다. 여러 가지 조치를 취했다. 이승만을 사실상 가택연금시켰고 우편물들은 미군 방첩대와 정보부에서 검열했다. 늘상 있던 이승만의 방송연설과 신문 인터뷰도 금지시켰다. 또한 이승만에게 제공되는 정치자금을 차단시켰다. 이 때문에 미국에서 유지되던 워싱턴 사무소마저 운영에 곤란을 겪게 되었다.

그런 가운데 5월 21일 서울에서 제2차 미소공위가 개최되었다. 그런데 막상 미소공위가 개최되자 우익 내부에 균열이 왔다. 미소공위가 열리기 전에는 우익 내부에서 격렬한 토의를 거쳐 '신탁통치반대, 소련식 민주주의 반대'라는 명분을 내걸고 미소공위에 참가하지 않기로 의견을 모았었다. '트루먼 독트린'의 영향이었다. 소련과의 대결노선을 천명한 미국이 결국에는 미소공위를 열지 않을 것이라는 생각으로 이승만의 단정노선을 따랐던 것이다. 그런데 예상 밖으로 미소공위가 개최된 것이었다. 일부가 동요하기 시작했다. 미소공위에 참가하지 않았다가 만약 임시정부가 구성되면 권력배분에서 배제되지 않겠느냐는 우려 때문이었다.

결국 한민당이 먼저 돌아섰다. '참가해서 반대한다'는 명분을 내걸고 미소공위에 참가를 결정했다. 이승만은 완곡하게 '나는 참가하지 않겠다. 그쪽은 자율적으로 알아서 하라'고 했지만, 이때 그는 한민당에게 무척 실망했다. 권력이 있는 곳에 모든 명분을 내팽개치고 달려드는 기회주의자들이라고 생각했던 것이다. 김구의 한독당 내부에서도 미소공위에 찬성하는 혁신파와 민주파가 이탈해 따로 당을 결성했다. 결과적으로 미소공위가 개최되면서 이승만과 김구 세력은 우익내에서도 고립되어 버렸다.

당시 제2차 미소공위는 남한 내에서는 성공가능성이 매우 높은 것으로 점쳐지고 있었다. 또한 1차 때와는 달리 비교적 순조롭게 진행되기도 했다. 미국이 무척 적극적이었다. 우익지도자를 포섭하려는 노력을 맹렬하게 전개했다. 그렇게 되자 그와 반대로 김구와 이승만에 대해서는 우려의 목소리가 높아졌다. 지도력이 모자라고 전망이 잘못되었다는 것이었다. 그러나 이승만은 미소공위를 매우 부정적으로 봤다. 기본적으로 공산주의와의 협상이란 근본적으로 불가능하다는 신념을 갖고 있기도 했거니와 미국의 정책변화는 분명 소련과의 대결로 치닫고 있는 게 분명했기 때문이었다. 미국 방문 중에 있었던 '트루먼 독트린'에 이어 미소공위가 열리고 있던 6월 5일에는 마셜이 하버드 법학박사 학위 수여식 연설에서 '마셜 플랜'을 발표했다. 유럽부흥을 위한 방대한 원조계획이었는데, 이는 경제적 원조를 통해 소련의 팽창주의를 저지하겠다는 뜻을 분명하게 밝힌 것이었다.

이에 이승만은 김구와 함께 6월 23일 반탁데모를 기획했다. 비록 임정법통론을 둘러싸고 김구와 갈등이 있었지만 '반탁'이라는 차원에서는 그래도 뜻을 같이 하는 사이였다. 6월 23일은 미소공위 참여단체의 등록마감일인 한편, 보스톤 마라톤의 영웅 서윤복 환영대회가 열리는 날이었다. 두 사람은 그런 분위기를 이용해 전국 곳곳에서 반탁시위를 펼치도록 지시했다. 그러나 이 시위는 당시 분열된 우익진영의 현실 때문에 기대만큼 성공적이지는 못했다.

제2차 미소공위의 결렬과 여운형 암살사건

많은 기대에도 불구하고 제2차 미소공위는 역시 이승만의 예측대로 1차 때와 마찬가지로 헛바퀴를 돌았다. 6월 25일 서울에서 남조선 정당 및 사회단체와의 합동회의를 열고, 7월1일 평양에서 본회의를 개최한 뒤, 북조선 정당 및 사회단체와의 합동회의를 가졌을 때만해도 순조로운 듯했다. 이 무렵 미국대표단은 평양에 있던 조만식을 만났다. 조만식은 그 당시 소련 군정에 의해 1년이 넘도록 연금상태에 있었다. 미국대표단을 만난 조만식은 남한에 내려가 정치활동을 하고 싶다는 소망을 전했다. 그와 동시에 미국만의 신탁통치가 바람직하다는 말도 했다. 조만식은 소련군정 치하의 현실을 너무 잘 알고 있었다. 소련에 대해서는 기대할 것이 없다는 말이었다.

역시 조만식의 말이 맞았다. 소련에는 기대할 것이 없었다. 본격적인 협의를 위해 정당, 사회단체의 명부를 미국과 소련 대표단이 작성하려 할 때 문제가 불거졌다. 소련이 1차 공위 때와 똑같이 반탁투쟁위원회에 가입해 있는 남한의 정당 사회단체 전부를 배제하자고 나왔던 것이다. 이 얘기는 남한의 우익진영은 물론 중간파 진영의 주요 정당까지 모두 배제하자는 말이었다. 그냥 공산화하자는 말이나 다름없었다. 이때부터 미소양측은 성명을 통해 상대방을 비난하는 선전대결을 펼칠 뿐이었다. 사실상 결렬된 거나 다름없었다.

이 무렵 여운형이 암살되었다. 1947년 7월 19일이었다. 그날 오후 1시 여운형은 외출했다 집으로 돌아가던 중이었다. 그의 까만색 세단이 혜화동 로타리에서 커브를 그리며 돌 때 괴한이 차 문을 열고 올라타 여운형을 향해 총격을 가하고 도망쳤다. 여운형은 병원으로 이송 중에 숨졌다. 해방이 된 지 3일만에 테러를 당하기 시작해 그 날까지 열한 번째였다. 열한 번째 테러는 결국 여운형의 목숨을 거둬갔다. 해방공간을 뒤흔든 빅4 중의 한 명이 유명을 달리하는 순간이었다. 향년 62세였다.

여운형은 46년 좌우합작이 실패하고 조선인민당이 프락치들에 의해 남로당으로 합당되면서 정계 은퇴를 선언했었다. 그러다 1947년 초 미소공위가 재개될 조짐을 보이자 정치활동을 다시 시작했다. 아직 지지자들이 10만 여명은 될 것으로 보고 47년 5월 24일 근로인민당을 결성했다. 그런 한편 여운형은 미군정청에 의해 총리격인 민정장관에 임명될 예정이었다. 미군정과 여운형은 제2의 좌우합작운동을 계획하고 있었다. 여운형은 찬탁노선에 서서 미군정과 협력하여 신탁통치에 들어가야 한다는 입장이었던 것이다.

이런 여운형의 움직임은 우익과 좌익 모두를 적으로 만드는 노선이었다. 반탁노선의 우익청년들이 보기에 여운형은 임정에 대한 위협이었다. 반면 당시 소련은 '여운형이 본격적으로 남로당과의 대결을 선언한 뒤 근로대중들에게 파고들고 있다'는 보고서를 받아들고 있었다. 소련과 남로당 모두에게 달갑지 않은 행보이기도 했던 것이다. 그래서 그를 암살한 배후는 여전히 논란의 대상이다. 백의사 계열의 극우청년이 죽였다는 설도 있지만 박헌영 계열이 죽였다는 주장도 만만치 않다. 1981년 평양에 사는 여운형의 딸 여연구씨의 증언도 있었다. "부친을 암살한 것은 종파주의자들이었다."

어느 쪽이었든 여운형의 암살로 좌우합작운동은 사실상 끝나버렸다. 여운형의 암살 이후 김규식도 급속히 우경화된 데다가 당시 사회적 상황도 좌익들에게 불리하게 돌아갔던 까닭이었다. 그리고 무엇보다도 미국의 정책이 바뀌었다.

국면의 전환

미소공위의 결렬이 확실해지자 하지는 새로운 대책을 국무부에 요청했다. 미 국무부 내에서도 미소공위가 결렬되면서 이제는 모스크바 협정의 틀 안에서 한반도 문제를 해결할 수 없다는 것을 명확히 깨닫기 시작했다. 국무부 내에서 숱한 논의가 오간 끝에 7월 말경 미국무성 동북아 부국장 앨리슨이 초안을 작성한 이른바 '앨리슨 계획'이 마련되었다. 내용은 이랬다. '미소공위가 결렬되면 소련에 요청해서 미영중소 4개국 회의를 연다. 이 회의를 통해 한반도에서 자유총선거를 실시한다. 그 선거를 통해 통일임시한국정부를 수립한다.' 이게 제1안이었다. 만일 소련이 이를 거부하면 유엔에 상정한다는 것이 제2안이었다. 이 앨리슨 계획은 미국정부의 한국문제특별위원회의 심의를 거쳐 곧바로 실행에 옮겨졌다.

1947년 9월 8일 미국은 워싱턴에서 미영중소 4개국 외상회의를 열고 한국문제를 협의하자고 제의했다. 당연히 소련은 미소공위의 교착상태는 미국의 책임이며 한국문제를 4개국 외상회의에 넘기는 건 모스크바 회담에 위배된다고 맞섰다. 미국의 예상대로였다. 미국은 다시 9월 16일 한반도 문제를 유엔에 넘기겠다고 소련에 통고했다. 그리고 9월 17일 미국의 유엔대표는 유엔사무총장에게 조선독립문제를 유엔총회의 의제로 포함시켜달라고 요청했고, 유엔총회는 9월 23일 표결을 통해 한국독립문제를 의제로 채택했다. 이렇게 되자 소련은 9월 26일 미소공위의 소련대표단 슈티코프를 통해 '그렇다면 48년 초까지 한반도에서 모든 외국군대를 철수하고 한국인 스스로가 정부를 수립하도록 하자'고 제안해왔다. 남북 좌익을 합친 세력이 당연히 승리할 것이고, 만약 그렇지 못해도 북한에 양성해놓은 군대가 있으니 무력으로라도 좌익이 정권을 차지할 수 있으리라는 계산에서였다.

이런 소련의 제안은 미국으로선 고민스러웠다. 소련의 제안대로 미군이 조기철수하면 미국의 외교적, 군사적 위신이 실추될 것은 분명했다. 국제사회에서 이런 비난이 빗발칠 것이었다. '미군이 남한에서 철수하자마자 남한이 공산화되었다. 미국은 남한의 공산화를 방치했고 성급하게 주한미군을 철수했다. 무책임하기 이를 데 없다.' 그러나 다른 한편으로 미국은 재정부담을 덜고 싶었다. 하루라도 빨리 미군을 조기철수하고 싶었다. 그럴 때 소련이 한반도 주둔 외국군의 철군을 제안해준 것이었다. 그건 '미국으로 하여금 한국에서 품위있게 철수할 수 있도록 해주는' 제안이었다. 군침이 돌 수밖에 없었다.

하지만 미국은 소련의 제안을 전적으로 거부하지 않되 그 문제 역시 유엔에서 토의하자는 정도에서 마무리했다. 스스로 결정해서 발을 빼는 것도 부담스러웠던 것이다. 모든 것이 이승만의 생각대로 진행되어 버렸다. 물론 이승만이 주도한 것은 아니었다. 하지만 이승만은 일이 그렇게 될 수밖에 없다는 것을 알고 있었다. 그리고 어차피 이렇게 될 거면 빠를수록 좋았다. 정읍발언도, 방미외교도 그런 차원에서 시도된 것이었다.

아이러니컬하게도 이렇게 미국의 동아시아 정책이 바뀌면서 가장 혜택을 입은 건 일본이었다. 원래 미국은 전범국가 일본을 무력한 농업국으로 전락시킬 계획이었다. 이른바 '평화로운 전원국가'로 만들 생각이었던 것이다. 그러나 중국을 포기하면서 사정이 달라졌다. 소련공산주의의 팽창을 막을 새로운 파트너가 필요했다. 그게 한반도는 아니었다. 일본이 선택되었다. 그 순간 일본은 '평화로운 전원국가'로 남아있을 수 없었다. 미국은 국가 중심의 산업화를 통해 일본경제를 부흥시켜야 했다. 강력한 친미정부를 세운 뒤 경제 개발의 로드맵을 만들어 실행시키는 수순이 필요했다. 무모한 야심으로 세계 곳곳을 불바다로 만든 전범국가는 이렇게 어처구니 없게도 번영의 수순을 밟게 되어 버렸다. 그리고 얼마 안 있어 6.25 남침전쟁이라는 한반도의 비극을 발판으로 삼아 군수물자특수를 누리며 비약적인 경제성장을 보인다. 전범국가 일본은 이렇게 죄값을 전혀 치르지 않은 채 행운을 누리게 되었다. 제대로 반성하지 않는 일본이라는 나라는 이렇게 만들어졌다.

어쨌든 이제 미소공위는 무의미해졌다. 한국문제는 미국과 소련의 손을 떠나 유엔으로 넘어가게 되었다. 1947년 10월 21일, 미소공위에 참여하기 위해 서울에 머물렀던 소련 대표단이 떠났다. 아마 다시 올 일은 없을 터였다.

이승만의 정부수립운동

한편 이승만은 제2차 미소공위가 개최되는 동안에도 줄기차게 단독정부수립을 위한 움직임을 계속하고 있었다. 반탁투쟁을 전개하는 한편 독촉간부진을 단정수립에 적극적인 인사들로 개편했다. 아울러 기회가 날 때마다 남한지역의 단독총선실시의 당위성을 알렸다. 그러다 6월 하순 보통선거법이 과도 입법의원에서 통과되자 그 선거법을 그대로 적용해서 한국민족대표자 2백명을 뽑았고, 이들을 바탕으로 한국민족대표자 회의를 결성했다. 이승만의 생각은 이 한국민족대표자 회의에 김구의 국민의회를 통합해서 자신이 주도하는 우익의 정부수립운동기구를 만들려는 것이었다.

그러나 이승만의 이 같은 생각은 쉽지 않았다. 늘 보조를 맞춰오던 김구와 한독당이 엇나갔기 때문이었다. 김구는 막연한 임정봉대론과 당위에 입각한 남북총선거론을 들고 나오며 통합에 협조하지 않았다. 김구는 이승만과 임정인사들 사이에서 끝없이 흔들렸다. 이승만이 김구를 간신히 설득해놓아도 임정출신의 한독당 세력을 만나고 나면 다시 원점으로 돌아갈 뿐이었다. 우유부단한 김구의 성정 탓이었다. 47년 9월에 들어서면서 미소공위가 사실상 결렬상태에 처해졌고, 미국이 한국문제를 유엔에 상정하는 쪽으로 가닥을 잡았다. 그러자 미소공위에 참여하며 이승만을 떠났던 한민당 세력이 다시 이승만에게 복귀했다. 이승만은 꾹 참고 한민당을 품고 가기로 했다.

그때 보통선거법이 공포되었다. 9월 3일이었다. 이미 6월 하순에 통과된 법을 미군정은 그때까지 미루고 있었다. 이승만은 기회를 놓치지 않고 남한단독총선운동을 강화해나갔다. 한민당, 조민당, 독촉국민회, 민통 등 우익진역의 정당, 단체 대표들을 수시로 만나며 여론을 몰아갔다. 그러나 김구의 한독당만은 이런 움직임에 일절 참여하지 않으며 유엔감시하의 남북총선만을 반복적으로 주장할 뿐이었다. 이승만이 칼을 뽑았다. 9월 16일 한독당이 제안한 국민의회 주석추대를 최종적으로 거절하는 성명을 발표하며 임정세력과 선을 그었다.

그런 가운데서도 이승만은 김구에 한해서는 자신과 이견이 없을 줄 믿는다며 품으려 했다. 이승만은 김구가 임시정부 시절에도 자신을 정면으로 비판하지 않았고 사상적으로도 동일한 노선을 취해왔던 점을 존중했다. 또 이승만은 김구가 자신과 만났을 때는 남한단독총선에 동의하면서도 한독당에 가서는 임정인사들의 주장을 꺾지 못한다는 걸 잘 알고 있었다. 사실 이승만은 몇 번이나 김구에게 임정인사들과 갈라서라고 권한 바 있었다. 그들은 사상적으로 잡다하게 분열되어 행동을 통일하지 못하면서도 늘 '대한민국 임시정부'라는 권위만 앞세우고 비현실적인 노선을 취한다는 이유에서였다. 하지만 김구는 독립운동시절의 동지애 때문에 그러지 못하고 있었다. 이승만은 어느 때인가 그런 김구에게 이렇게 개탄했다. "다 썩은 동아줄, 이걸 못 끊어, 이걸 못 끊는단 말이야."

한국문제가 유엔총회의 의제로 정식 채택되었다는 사실이 언론에 보도되고, 반면 미소공위가 10월 말에 완전히 결렬되면서 이승만의 주가는 훨씬 높아졌다. 한반도의 국내외정세가 그동안 이승만이 예측한 그대로 돌아갔기 때문이었다. 대중들에게 이승만은 마치 '선지자'와 같은 권위를 갖게 되었다. 당연히 조속한 남한단독총선을 주장하는 이승만의 주장은 훨씬 잘 먹혀들게 되었다. 그런데 이번에도 김구와 한독당이 어깃장을 놓고 나섰다. 이전보다 심했다.

이전까지는 그래도 의견이 대략은 같았다. 미국측이 한국문제를 유엔으로 이관했을 때 김구와 한독당, 김규식과 중도우파는 모두 전폭적으로 지지를 표명했다. 반면 슈티코프가 미소 양군 조기 철수를 제의했을 때는 그들 모두 일제히 반대입장을 내세웠었다. 김구는 늘 이승만의 입장과 다를 바가 없었다. 단지 남북한 총선거를 하자는 감상적이고 비현실적인 주장 때문에 엇나갔을 뿐이었다. 그런데 그런 김구가 당시 중도파들이 주장했던 남북협상론을 들고 나왔다. 미국의 한국문제 유엔상정에 반대한다고도 했다. 반면 슈티코프가 내세운 남북한 동시 외국군 철수에 찬성한다고 했다. 이승만의 민족대표자회의와는 단절하겠다고도 했다. 놀란 우익 진영의 한민당 간부들이 김구를 찾아가 설득해서 실제 행동에 옮기는 것은 잠시 유보시켰다.

왜 이런 일이 벌어졌을까? 미군정 때문이었다. 미국은 한반도 문제를 유엔에 이관하면서 분명히 소련은 유엔감시하의 남북총선을 받아들이지 않을 거라 예측했다. 그럴 경우 남한지역에서만 총선을 실시하기로 내부 방침을 정하고 있었다. 그건 이승만이 가려는 길과 한치도 다르지 않았다. 그럼에도 불구하고 미군정은 이승만 주도의 남한 총선 운동을 저지하려 했다. 왜 그랬을까. 이유는 두 가지였다. 하나는 남한단독총선운동이 너무 과열된 나머지 소련이 어깃장을 놓을까봐 두려웠기 때문이다. 시간이 흐를수록 미국에 좋을 건 하나도 없었다. 또 한 가지는 미 국무부에게는 이승만이 눈엣가시였기 때문이다. 그래서 미군정은 미소공위의 미국측 수석대표 브라운을 시켜 김구와 비밀회담을 가졌다. 브라운은 그 회담에서 넌지시 미국정부가 이승만과 그의 남한단독총선론을 반대한다는 정보를 흘렸다. 앞으로 김규식과 제휴해서 이승만의 남한단독총선추진에 제동을 걸어달라고 당부했던 것이다. 그런데 김구는 브라운과의 회담에 고무된 나머지 너무 멀리 나가버렸다. 브라운은 단지 김규식과 연계해서 이승만과 남한단독총선론을 견제하라는 제안을 흘렸을 뿐이었다. 그래서 김구가 미군정이 양성하려는 중도세력이 되길 바랐던 것이다. 하지만 김구는 그 과정에서 미소양군의 조기 동시철수론과 남북협상론을 수용해버렸던 것이다.

그러던 중 마침내 1947년 11월 14일 유엔총회에서 한국문제에 관한 미국의 결의안이 다수결로 채택되었다. 그러나 이승만은 마음을 놓을 수 없었다. 유엔의 개입으로 인해 권력이 북한으로 넘어갈 수도 있었다. '이미 북한에는 실질적인 정부가 들어서 있다. 중립적인 유엔위원단이 한반도에 들어올 경우 정치적으로 혼란스러운 남한보다 북한지역의 의견에 더 귀를 기울일 가능성이 많다.' 이게 이승만의 우려였다. 마음이 급해진 이승만은 일단 북한과 대등한 협상력을 가진 남한의 임시단독정부를 만드는 것이 급선무라고 생각했다. 그러자면 미군정청 하에서라도 총선거를 실시해야 하지 않을까 고민했다. 또 다른 가능성도 있었다. 만일 소련이 유엔감시하의 총선거에 불응한다면 결국 남한만의 총선거가 될 수밖에 없었다. 그것도 대비해야 했다. 이승만으로서는 머리가 복잡할 수밖에 없었다.

그러나 김구는 여전히 오락가락했다. 47년 11월 24일 남한단독선거는 국토 양분의 비극을 가져올 거라는 성명을 내며 이승만의 남한단독총선론에 정면 반박했다. 이승만이 다시 한 번 김구를 끌어안기로 했다. 그날 이승만은 김구를 이화장으로 불러 한 시간 가량 설득했다. '소련이 반대하여 남한만의 총선거가 실시된다면 그렇게 만들어진 정부는 단독정부가 아니다. 미래의 통일을 지향하는 통일정부다.' 우유부단한 김구가 다시 마음을 바꿨다. 11월 30일 김구는 이승만의 정부수립노선을 지지하는 성명을 발표했다. 이승만의 정부수립노선과 자신의 생각이 동일하다는 점을 명백하게 천명했다. 약간의 갈등이 있었지만 이때까지는 이승만과 김구가 함께 갈 수 있었다. 한민당도 마찬가지였다. 그들은 김구를 여전히 이승만과 함께 자신들의 지도자라고 생각하고 있었다. 김성수 역시도 송진우 암살이라는 껄끄러운 사건에도 불구하고 임정에 대한 의리를 버리지 않았다. 그런 맥락에서 김성수는 한독당과 한민당의 통합을 지속해서 추진하고 있었다.

장덕수의 암살이 가져온 것

그런데 바로 이때 장덕수가 암살되었다. 한민당의 정치부장이었던 장덕수는 47년 12월 2일 자택에서 총격을 맞고 즉사했다. 그는 한민당의 두뇌나 다름 없었다. 비록 일제 말기 친일 부역의 혐의가 있었지만 해방 후 그는 매우 중요한 인물로 대우받았다. 뛰어난 정치적 식견과 판단력이 있었기에 미군정도 장덕수를 높이 평가했다. 이승만과 송진우도 늘 그의 말에 귀기울였다. 장덕수가 자신을 대놓고 비판하는데도 김구조차 장덕수를 무시하지 못했다. 장덕수는 한민당의 정치적 노선과 이론, 강령을 세운 이였다. 송진우가 암살된 이후로는 한민당의 중심인물이 되었다. 제2차 미소공위가 시작되었을 때 장덕수는 이승만, 김구와는 달리 참석하기로 결정했다. 그로 인해 장덕수는 이승만, 김구와 사이가 틀어지긴 했다.

특히 장덕수는 김구와 사이가 좋지 않았다. 배짱 두둑한 성격 때문에 할 말은 하고 사는 성격이었던지라, 김구와의 언쟁을 꺼리지 않았다. 때문에 김구의 추종자들은 장덕수를 매우 싫어했다. 8개월 전에 우파 정당 통합을 위한 논의가 진행됐을 때도 김성수는 찬성했지만 장덕수는 반대했다. 한민당이 임정에 흡수 통합되는 것은 바람직하지 않다는 것이었다. 미소공위 참여를 둘러싸고는 김구와 장덕수 간에 고성이 오고가기도 했다. 임정을 종교처럼 지지하는 한독당원들에게 장덕수는 눈에 가시 같은 존재였다.

12월 4일 경찰은 암살 용의자로 박광옥과 배희범을 체포했다. 이들은 자신들은 김구의 추종자이며 김구는 자신들의 혼이라고 주장했다. 게다가 이들은 백의사 단원이기도 했다. 46년 말부터는 김구와 백의사가 멀어졌지만 어쨌든 김구는 장덕수 암살의 배후로 지목되게 되었다.

사실 해방공간에서의 암살은 정치적인 계산 하에서 치밀하게 이루어지는 것이 아니었다. 대체로 '꼴보기 싫은 사람'을 제거하는 형태였다.

응징이나 분풀이, 보복, 경고성인 경우가 대부분이었다. 해방 직후 북에서 일어났던 현준혁 암살사건부터 송진우, 여운형, 그리고 장덕수에 이르기까지 대부분의 암살은 암살범이 속해있는 진영의 정치적 입지를 좁

히는 결과를 초래할 뿐이었다. 그렇게 볼 때 장덕수 암살이 김구의 지령에 의해 이루어졌을 것 같지는 않다. 얻을 것이 아무것도 없었기 때문이다. 그러나 장덕수의 암살은 의도치 않게 우파를 분열시켜버렸다. 이로 인해 한민당과 한독당의 사이는 완전히 틀어졌고 우파정당의 통합은 물건너 가버렸다. 한독당원들이 벌인 암살사건은 한독당에게 오히려 독이 되었다.

당시 경찰을 비롯한 대다수의 사람들은 장덕수 암살의 배후에 임정이 있다고 생각했다. 문제는 과연 어디까지가 배후인가였다. 경찰은 김구까지 소환해서 수사하려 했다. 김구의 정치적인 무게를 아는 미군정이 이를 저지했다. 그러나 한독당의 당수인 김구를 수사 참고인으로 부르는 것만큼은 저지할 수 없었다. 김구는 장덕수 암살사건과 관련해 증인으로 출석하는 것을 몹시 부담스러워 했다. 이승만에게 미군정청의 법정에 출두하지 않게끔 힘을 써달라고 부탁했다. 그러나 이승만은 매몰차게 거절했다. 송진우에 이어 장덕수까지 암살한 한독당의 행태에 진절머리가 났던 까닭이었다. 그 대신 오히려 김구의 국민의회를 무시하고 독촉과 민족대표자회의 인사들을 중심으로 한국민족대표단을 구성하여 명단을 발표해버렸다. 이들은 1월초에 서울에 오기로 되어있는 유엔조선임시위원단을 만나 의견을 대변할 사람들이었다.

김구는 이때 이승만에게 크나큰 배신감을 느꼈다. 이때의 일로 인해 김구는 이승만과 결정적으로 결별하게 되었다. 그 일이 있고나서 김구는 불과 20일만에 입장을 바꿔서 "우리는 여하한 경우에든지 단독정부는 절대

반대할 것이다."는 성명을 발표해버렸던 것이다. 이승만측이 즉각 사과하고 이승만이 연일 김구와 만나 사태가 수습되는 듯했지만, 김구는 얼마 뒤 48년 1월 유엔조선임시위원단과의 면담에서 또다시 입장을 바꿔 선철군-후총선 및 남북협상을 주장하고 나왔다. 이승만과 김구는 이제 함께 가기는 힘들어질 만큼 멀어져버렸다.

제11장

남북협상의 시도 : 1948년 1월~4월

- 1948년 1월 8일 : 유엔 조선 임시위원단 방한
- 1948년 2월 7일 : 남로당 2.7 구국 투쟁
- 1948년 2월 16일 : 김구, 김규식 북한에 남북 회담 제의
- 1948년 2월 19일 : 유엔소총회에서 메논이 연설함
- 1948년 2월 26일 : 유엔소총회에서 남한 단독선거 의결
- 1948년 3월 16일 : 김일성과 김두봉, 김구와 김규식에게 남북협상 제의
- 1948년 4월 3일 : 제주도에서 무장대가 단선 반대를 외치며 무장 반란을 일으킴
- 1948년 4월 19일 : 김구, 남북협상을 위한 방북
- 1948년 4월 30일 : 김구, 김규식, 김일성, 김두봉의 4자 회담
- 1948년 5월 5일 : 김구와 김규식, 성과 없이 귀환

불확실한 전망

1947년 11월 14일 유엔총회는 유엔 감시하의 남북한총선거를 결의했다. 하지만 아직도 대한민국이 만들어지기 위해 넘어야 할 산은 많았다. 유엔 결의안에서 결정한 건 중립적인 국가들의 대표로 구성된 유엔조선임시위원단을 한반도에 파견한다는 것이었다. 그들이 한반도 문제를 결정하게 한다는 게 유엔 결의안의 핵심이었다. 한반도 문제라는 공이 이제 유엔조선임시위원단으로 넘어간 거였는데, 문제는 이들의 권한과 역할조차 분명치 않았다는 점이었다. 아직 모든 것이 불확실했다.

이승만은 이들이 혹시 남과 북을 1대 1의 대등한 실체로 놓고 통일정부를 구성하도록 하지 않을까 걱정했다. 분명 인구 비례상으로는 남한이 북한보다 두 배가 많았다. 그렇지만 반면에 북한은 이미 소련에 의해 의견이 하나로 통일되어 있었다. 그런 내막을 유엔조선임시위원단이 모르고 잘

못 판단하게 되면 한반도의 운명은 크게 달라질 수 있었다.

게다가 유엔조선임시위원단의 활동도 전망이 썩 밝지만은 않았다. 당시 소련이 강력히 반발하고 있었기 때문이었다. 한반도 문제는 애당초 모스크바 3상 회의에서 정한 대로 미국과 소련 양국에 맡겨져 있었는데 미국이 제멋대로 유엔으로 넘겼다는 것이었다. 남한 내부에서도 좌익과 중도파들의 반발이 심했다. 이들은 묘하게도 소련이 제안한 미소양군 동시 철수와 남북협상을 줄기차게 주장해오고 있었다.

상황이 이렇게 되자 이승만은 미군정과 하지를 압박했다. 유엔조선임시위원단 입국 이전에 남한 지역에서만이라도 총선거를 하자고 했다. 북의 인민위원회에 대응하는 실질적인 정부나 국회가 있어야 한다는 주장이었다. 사실 이승만의 머릿속에는 그 외에 또 다른 이유도 있었다. '유엔조선임시위원단이 들어왔을 때 하지는 나(이승만)와 김구를 배제할 가능성도 있다. 대신 좌우합작운동을 주도한 김규식이나 같은 노선의 안재홍을 내세울지도 모른다. 소련군정에서 추천한 대표들은 100퍼센트 공산주의자들이다. 그런데 자칫 잘못하면 미군정이 소련 공산주의의 속내를 모르는 좌우합작파들을 추천할 위험이 있는 것이다. 만약 그들이 서로 만나 한반도 문제를 풀어간다면 상황이 어떻게 흘러갈지 알 수 없다.'

그러나 미군정은 11월 27일 특별성명을 발표해 '유엔 감시하에 총선거가 실시되기 전에는 남조선에서만의 총선거는 없을 것'이라고 확실하게 못 박았다. 북한의 인민위원회 같은 남한의 임시정부를 유엔 주재 총선거 이전에는 만들 수 없게 된 것이었다. 이제 이승만에게 남은 길은 유엔 주재 남한 총선거만이라도 빠른 시간 내에 관철시키는 것이 되었다.

이승만이 남한 예비총선거 실시를 두고 하지와 싸우는 동안, 김구는 이승만으로부터 멀어지고 있었다. 김규식 역시 미 국무부와 미군정의 한반도 전략이 바뀌면서 미군정으로부터 별 필요 없는 '사석'으로 간주되게 되자, 미군정과 결별하고 중도노선 정파들을 통합해 민족자주연맹이라는 조직을 발족시켰다. 우파에서 떨어져나가 중도파에 서게 된 것이었다. 총선거를 앞두고 우파는 그렇게 분열되어 버렸다.

임시위원단의 방한

해가 바뀌고 1948년 1월 8일 유엔조선임시위원단이 속속 한반도에 도착했다. 1월 12일부터는 인도 대표 메논을 임시의장으로 선출한 뒤 업무를 시작했다. 활동을 시작한 유엔조선임시위원단은 먼저 한국인들의 의견을 수집했다. 기존의 선거법과 제도를 검토했고 자유로운 총선거를 실시할 방법을 모색했다.

1월 22일에는 유엔조선임시위원단에서 협의하고자 하는 대상인물들이 발표되었다. 이승만, 김구, 김규식, 김성수, 조만식, 박헌영, 김일성, 허헌, 김두봉 이상 총 9명이었다. 남한과 북한, 좌와 우를 골고루 만나겠다는 생각이었다. 그러나 유엔조선임시위원단은 이들 모두를 만날 수는 없었다. 1월 23일 소련의 그로미코 국제연합 대표가 국제연합 사무총장에게 서한을 보내왔기 때문이다. 소련은 유엔조선임시위원단에 참여하지도, 협조하지도 않을 것이라는 내용이었다. 아울러 유엔조선임시위원단의 북한 방문을 공식적으로 거부한다고도 했다.

어쩔 수 없이 유엔조선임시위원단은 일단 남한쪽 지도자들부터 만나기로 했다. 1월 26일부터 공식적인 면담이 시작되었다. 남한지도자들이 생각하는 총선거 방식과 절차에 대한 의견을 듣기 위해서였다. 이승만은 면담에서 2단계로 선거를 해야 한다고 주장했다. 남한에서도 북한처럼 공인된 대표들이 먼저 구성되어야 한다는 것이었다. 그게 어려우면 결국 남한만의 총선거로 정부를 수립한 뒤 남북이 통일을 해야 한다고 밝혔다.

김구는 달랐다. 먼저 미소 양군이 철수한 뒤 남북의 요인들이 회담을 통해 합의해야 한다고 주장했다. 그런 뒤에 총선거를 실시해서 통일정부를 수립해야 한다고 말했다. 이틀 뒤인 1월 28일에는 면담과는 별도로 유엔위원회에 보냈던 자신의 의견서를 언론에 공개하며 자신의 남한총선 반대입장을 명확하게 했다. 내용은 다음과 같았다. '미소 양군이 먼저 철수해야 한다. 그런 다음 남북의 요인들이 만나 총선거 방법을 논의해야 한다. 북한의 공산당이 소련을 등에 업고 비민주적으로 선거를 진행한 것처럼 미군정 아래서는 특정정당(한민당)이 선거를 가지고 장난칠 수 있다. 그래서 더더욱 남한만의 총선거는 반대할 수밖에 없다.'

한반도의 운명을 결정지을 유엔조선임시위원단의 활동. 이들이 어떤 결정을 내릴지, 한반도가 어떻게 될 것인지 아무도 예측할 수 없었다. 이승만만이 홀로 적극적으로 이 나라의 운명을 개척하고자 했다.

김구가 제출한 의견서의 내용은 여러 면에서 논란이 되었다. 앞서 설명한 대로 총선거를 치르는 절차는 소련과 북한이 내놓은 주장과 거의 똑같았다. 게다가 미군정에 대한 불신이 노골적으로 드러나 있었다. 마지막으로 한민당에 대한 비난이 담겨 있었다. 여러 곳을 들쑤셔 놓은 것이나 다름없었다. 이 당시 미군정은 장덕수 암살사건의 배후로 김구를 지목하고 집요하게 추적하고 있었다. 김구와 미군정이 사이가 좋을 수가 없었다. 한민당의 두뇌라 할 장덕수를 암살한 배후에 한독당이 있다는 정황이 나온 이상, 한민당과 김구의 관계 역시 악화될 수밖에 없었다. 그리고 김구는 장덕수 암살 사건의 수사 당시, 이승만에게 도움을 청했다가 매몰차게 거절당했기 때문에 이승만에게도 감정이 많았다. 단독정부를 세우자는 이승만 노선에서 그때 김구는 돌아서버렸다. 김구의 의견서는 이런 맥락에서 나온 것이었다.

유엔조선임시위원단을 1월 27일에 만난 김규식도 남북한 동시철군을 지지하고 남한 단독선거를 반대한다는 의견을 제시했다. 그런데 그 이유가 지금 봐도 납득이 되지 않는다. 김규식은 북한이 50만 명 이상의 병력을 보유하고 있기 때문에 남한 단독정부를 수립하면 북한의 정권이 그 무력을 앞세워 남침할 수 있다고 우려했다. 그렇기 때문에 남북의 요인들이 협상을 해서 남북통일정부를 세워야 한다고 했다. 하지만 이것은 공산화를 막기 위해 공산당에게 칼을 쥐어주자는 말이나 다를 바 없었다. 소련공산주의와 그 지시를 받는 김일성을 너무 안일하게 생각한 탓이었다.

메논에게 호소하다

유엔조선임시위원단은 상이한 배경과 이념을 가진 각국 대표들의 모임이었다. 당연히 위원단 내부에는 다양한 의견이 존재했다. 그럼에도 중립을 표방해야 했다. 그런 입장에서는 남북의 지도자들이 만나 회담을 해야 한다는 김구와 김규식의 주장을 주의 깊게 들을 수밖에 없었다. 이승만은 초조해졌다.

그런 한편으로 유엔조선임시위원단은 중요한 결정이 한 가지 필요했다. 소련측의 거부로 북한지역에서 위원단의 활동이 불가능해졌기 때문에 향후 방침이 필요했던 것이다. 의견이 둘로 갈렸다. 중국과 프랑스, 필리핀 대표는 곧바로 미군 점령하의 남한지역에서 총선거를 실시하자고 했다. 그러나 캐나다, 오스트레일리아, 인도, 시리아 대표가 반대했다. 그건 위원단이 자체적으로 결정할 수 없는 문제이니 향후 방침에 대해 유엔 소총회에 문의하자고 했다. 표결에 붙였다. 결국 유엔소총회에 문의하는 쪽으로 의견이 모아졌고, 의장 메논이 파견되기로 결정되었다. 다시 모든 것은 유엔 소총회에 맡겨졌다.

이 사실을 안 이승만과 김구 등 한국의 지도자들은 메논에게 여러 가지 방법으로 로비를 시도했다. 그러나 메논은 중립을 지키겠다는 입장만 되풀이했다. '객관적인 상황만 유엔에 전하겠다. 내 의견은 하나도 내세우지 않을 것이다.' 이게 메논의 생각이었다. 메논은 그런 입장에 서서 아예 한국 지도자는 아무도 만나지 않으려 했다. 그런데 놀랍게도 이승만은 메논을 끝끝내 만나고 말았다. 전혀 의외의 경로를 통해서였다.

시인 모윤숙, 바로 그녀였다. 모윤숙은 해방 직후 여성지식인으로 활발한 활동을 벌였다. 그녀가 따르던 인물이 이승만이었다. 모윤숙은 훗날 '대통령 할아버지'라 친근하게 부를 정도로 이승만과 친했다. 그런 그녀는 유엔위원단을 위한 일종의 파티 컴패년 조직을 만들어 활동하고 있었다. 이화여대 학생들이 중심이 되어 유엔조선임시위원단의 파티에 참석해 분위기를 온화하게 만드는 역할이었다.

특히 모윤숙은 의장인 메논과 가깝게 지냈다. 메논은 의식적으로 정치 이야기를 피했는데, 모윤숙은 그런 메논의 성향에 맞춰 정치와는 상관없이 문학이나 예술을 소재로 한 대화를 나누며 친해졌다. 메논의 출국이 가까워진 어느날 이승만이 모윤숙에게 부탁했다. '메논을 어떻게든 만나게 해달라.' 유엔소총회는 유엔조선임시위원단의 보고를 신뢰하고 그에 따라 결정을 내릴 가능성이 높았다. 그러므로 메논이 유엔소총회에서 한국의 상황을 어떻게 보고하느냐에 따라 유엔소총회 결의의 내용은 180도 달라질 수도 있었다. 다급했다. 이승만은 어떻게든 메논을 만나야 했다.

며칠 뒤 메논에게 모윤숙은 급히 만나자는 연락을 했다. 그가 약속장소에 나가보니 모윤숙과 함께 이승만이 앉아있었다. 메논이 기를 쓰고 피해 다니던 이승만이었다. 메논이 정색을 하고 모윤숙에게 항의했다. 모윤숙은 잠시만이라도 좋으니 이승만의 이야기를 들어달라고 간절히 부탁했다. 어쩔 수 없었다. 자리를 박차려 했던 메논은 이승만의 이야기를 묵묵히 들었다. 이승만은 간신히 얻은 짬을 이용해 최대한 메논을 설득하려 했다. 남북한 동시철군과 남한단독총선 반대는 소련의 의도를 그대로 따르는 것이라고 했다. 왜 소련의 의도대로 움직이면 안 되는지도 간절히 설명했다. 현 상황에서 최선의 선택은 남한만의 단독총선이라고 재차 강조했다. 그러나 메논은 그에 대해 별다른 대꾸없이 아무런 긍정적인 암시도 주지 않았다. 그렇게 자리가 파하고 메논은 2월 16일 유엔소총회로 떠났다. 이승만과 모윤숙으로서는 결과만을 초조하게 기다려야 했다.

남로당의 '2.7 구국투쟁'

한편 1948년 2월 7일부터 남로당은 전국적인 투쟁에 들어갔다. 이른바 '2.7구국 투쟁'이었다. 소련은 이미 북한 해주에서 남로당을 원격 지휘하고 있던 박헌영에게 남한지역에서 대규모 파업과 폭동, 시위, 무장테러를 전개하라고 지시해놓고 있었다. 남한지역에서 유엔위원단의 활동을 방해하고 유엔총회의 결정에 대해 남한주민이 격렬하게 반대하는 것처럼 보이기 위해서였다.

소련은 이미 미국이 한국문제를 유엔으로 이관시킬 때부터 좌익이 주도권을 장악하는 통일정부 구성을 기획하고 있었다. 1947년 9월 미소양군을 3개월 이내에 동시철군하자고 미국에 제의한 것도 그 때문이었다. 미소양군을 철수시키고 남한을 미군정의 영향권으로부터 떼어놓으면 좌익이 헤게모니를 장악하는 통일정부를 얼마든지 구성할 수 있다는 생각이었다. 충분히 가능했다. 북한의 확고한 공산정부와 남한의 좌익, 중간파, 그리고 우익 이탈파(김구, 김규식 등)를 합쳐 통일전선을 만들고 남한의 우익을 고립시키면 되었다. 이런 기획이 최종적으로 무산되어도 미군이 없으면 북한에 양성되어 있는 '무력'으로 한반도의 공산화를 최종 달성할 수 있을 터였다.

소련의 그와 같은 기획을 남북한의 좌익세력은 그대로 따랐다. 미국이 9월 17일 유엔에 한국문제를 이관하자 남북한 좌익세력은 순차적으로 '한국문제의 유엔이관저지', '유엔총회 결의의 이행반대 및 저지', '소련제안의 관철'을 위한 투쟁을 전개했다. 유엔조선임시위원단이 서울에 왔을 때 남로당은 '남조선 반동적 단정의 조산부''편파적 선거감시로 남한단정을 수립하려는 기관'이라며 비난을 퍼부었다. 기타 좌익단체인 민주주의 민족전선도 유사한 성명을 발표하며 뒤따랐다. 수많은 좌익정당과 단체들이 유엔위원회에 항의서한을 보내며 이에 호응했다.

문제는 중도파들의 활동이었다. 중도파들은 유엔결의 반대와 남북협상을 추진하기 위해 47년 10월 '각정당협의회(정협)'를 조직해 활동해오고 있었다. 주로 중도좌파 성향의 인사들이 주도해 만든 이 단체는 미소양군 조기철수와 남북협상을 강력히 주장했다. 소련의 제안과 다를 바 없었다.

그랬기에 이들은 자신들의 뜻과는 별도로 좌익세력에게 명분을 주는 결과를 가져왔다. 중도파들이 가지고 있던 막연한 민족주의와 현실성 없는 낙관성은 내부에 침투되어 있던 남로당 프락치들의 공작에 여지없이 흔들렸다. 지나치게 친소좌경화된 성명을 발표해서 김구와 김규식도 47년 11월 경에는 정협과 거리를 두려고 할 정도였다. 그만큼 중도파는 좌경화되어 있었다.

그러자 상황이 묘하게 돌아갔다. 중도파에서 먼저 남북협상이라는 카드를 주장하고 나오면 남로당은 현 시국에 적절한 조치라며 받아들이는 논평을 내보내며 호응했다. 마치 짜고 치는 카드놀음 같았다. 철저한 명분쌓기, 공산당의 전형적인 수법이었다. 과거 46년 7월 공산당과 조선인민당, 그리고 남조선신민당의 3당을 합당해 남로당을 만들 때도 방법은 똑같았다. 공산당은 이미 3당 합당을 기획해놓은 뒤, 인민당에 심어놓은 프락치들로 하여금 먼저 3당 통합을 제의하도록 했다. 그런 다음 그걸 수락함으로써 명분상으로는 인민당이 제안한 것을 공산당이 받아들인 것으로 보이게 했다. 마치 대등한 통합처럼 보이지만 공산당이 나머지 신민당과 인민당을 흡수통합한 것에 불과했다. 중도파와 남로당의 모습이 지금 그와 비슷하게 돌아가고 있었다.

47년 12월 하순에 중도파진영의 보다 광범위한 연합체인 민족자주연맹이 정식으로 결성되고, 우익진영에서 이탈한 김구와 한독당이 합류하면서 중도파의 활동은 더욱 강화되었다. 그 전까지만 해도 유엔조선임시위원단 입국에 긍정적이었던 김구와 한독당의 합류는 안타깝게도 미소양군조기철수, 남북협상이라는 소련측의 제안에 힘을 실어줬다. 그리고 유엔총회 결의반대와 유엔조선임시위원단 축출을 주장하는 좌익에게 명분을 제공해주게 되어 버렸다. 협력해야 할 라이벌과의 경쟁이 분열로 이어지면 결국 싸워야 할 적을 혼동하는 결과를 낳는 법이다. 정치가 등장하는 곳에서는 항상 그렇다. 그래서 정치의 출발점은 적을 제대로 규정하는 데 있다. 김구와 김규식은 여기서 뼈아픈 실수를 저지르고 있었다.

중도파의 뒤에서 명분을 쌓던 남로당은 2월 7일 아침 좌익통일전선기구인 민전을 통해 남한사회에 선전전을 시작했다. '총선거를 전인민적으로 보이코트하는 투쟁을 벌이자'. 이렇게 분위기를 띄우자 전평 산하의 노동조합원들이 '유엔위원단 반대, 남조선 단정반대, 미소양군 동시철퇴, 이승만 김성수 등 친일반동분자 타도, 임금인상, 정권을 인민위원회로 넘길 것' 등을 요구하며 전국적인 파업에 들어갔다. 크고 작은 데모가 동시다발적으로 전개됐고 일부지역에서는 좌익분자들이 경찰관서 습격, 전신전화선 단절, 전신주 절단, 철도기관차 파괴 등의 소요를 일으켰다. 각급학교에서는 좌익학생단체인 민주학생연맹의 선동으로 동맹휴학에 들어갔다. 이들은 이런 투쟁을 '조국침략대행기관 유엔조선임시위원회를 몰아내고 조국을 식민지화 영구분열로부터 구하기 위해' 행하는 것이라며 '구국투쟁'이라는 이름을 붙였다. 상당한 인명피해와 시설파괴를 가져온 남로당의 '2.7 구국투쟁', 즉 파업과 데모, 그리고 폭동은 대략 2월 20일 경까지 산발적으로 이어졌다. 그러나 경찰이 주모자를 적극적으로 검거하며 강력하게 대응했고, 일반 국민들이 냉정하게 반응함에 따라 크게 불붙지 못했다. 열흘 남짓만에 사그라 들었다. 그러자 남로당은 잠시 숨고르기에 들어갔다. 그 숨고르기 뒤에는 더 큰 비극이 준비되고 있었다.

유엔소총회, 남한만의 총선거를 결정하다

한편 1947년 2월 19일에 유엔소총회가 열렸다. 이 자리에서 메논은 유엔위원단이 파악한 한반도의 상황이 어떠한지를 설명했다. 그리고 가능한 대안을 제시한 다음 유엔소총회의 결의를 요구했다. 여기까진 매우 객관적이었다. 그러나 남한 지역의 대표적인 정당을 소개하고 그들의 의견을 설명할 때 그의 태도는 확 달라졌다.

"위에서 말한 정당 가운데 유엔에 의해 한국의 국민정부로서 승인될 정부를 남한에서 즉시 수립하자고 주장하는 두 정당이 있습니다. 이승만 박사가 이끄는 독촉국민회, 그리고 김성수씨가 이끄는 한국민주당입니다. 그들이 남한 대다수 사람들의 의견을 반영하는지는 확실히 잘 모르겠습니다. 그러나 그들이 남한 여론의 주요부분을 대표한다는 건 확실합니다.

그런데 이 두 정당은 도저히 측량할 수 없는 재산을 하나 가지고 있습니다. 그 재산은 바로 이승만 박사입니다. 그의 이름은 남한에서는 마술적인 이름입니다. 그의 연륜과 학식, 그리고 사교적 매력은 대단합니다. 미국의 윌슨 대통령과도 친분이 깊었습니다. 그는 지금까지 살면서 한국의 자유를 일관되게 옹호해왔습니다. 그래서 저는 생각합니다. 마치 판디트 자와할랄 네루(Pandit Jawaharlal Nehru)가 인도의 국민적인 지도자인 것처럼 이승만은 한국의 국민적 지도자가 될 수 있을 것 같습니다.

안타깝게도 이승만 박사는 좌우대립으로 인해 극우적인 사람으로 알려져 왔습니다. 한반도의 분단을 꾀한다는 것입니다. 하지만 이박사는 한국의 영구적 분단을 옹호하거나 꾀하기에는 너무도 위대한 애국자입니다."

놀라운 논평이었다. 훗날 메논은 자신의 일생에서 이성보다 감정이 앞서 결정을 내린 것은 이때가 유일했다고 말했다. 자신을 간절히 바라보던 모윤숙의 눈동자가 그를 괴롭혔다고 했다. 물론 메논은 비교적 객관적이고 중립적으로 남한의 상황을 설명했다. 그러나 이승만이 주장하는 남한 단독정부수립을 위한 남한만의 총선거 가능성에 대해서는 평소보다 훨씬 우호적으로 발언했다. 남한만의 총선거가 무위로 돌아갔을 때 모윤숙이 얼마나 실망하고 슬퍼할지를 떠올렸기 때문이었을까.

메논의 유엔소총회 연설이 보도된 뒤 남한 사회는 다시 뜨거워졌다. 메논은 유엔소총회에서 네 가지 방법을 제시했다. (1) 남한단독정부수립을 위한 단독선거, (2) 협의할 대표를 뽑기 위한 단독 선거, (3) 남북 회담을 통한 다른 방법 모색, (4) 유엔조선임시위원단 철수, 이렇게 네 가지였다. 남한의 언론에서는 여론조사에 들어갔다. 결과는 압도적으로 3번, 남북회

시인 모윤숙. 그녀는 대한민국 건국의 숨은 공로자이기도 했다.

담을 통한 다른 방법 모색에 대한 지지가 높았다. 심정적으로 한국 사람들은 누구도 분단을 원하지 않았던 것이다. 그러나 문제는 해법이었다. 민족의 영구적인 분단을 피하려면 어떻게 해야 하는지에 대해서는 아무도 대답하지 못했다. 그냥 남북이 갈라지면 안 된다는 막연한 안타까움을 그런 여론조사에 담아냈을 뿐이었다.

이렇게 되자 하지는 2월 19일 관저로 이승만과 김구, 김규식을 초대했다. 그는 남한 사회를 대표하는 세 명의 지도자가 서로 다른 의견을 내놓기 때문에 유엔조선임시위원단이 혼란을 느낀다고 했다. 그래서 그들에게 한 가지 제안을 했다. 세 명이 공동명의로 유엔소총회에 단독선거에 합의한다는 내용의 전문을 보내자는 것이었다. 그러나 세 사람은 하지 앞에서 즉각 논쟁을 벌였다. 김구와 김규식은 남북지도자 회담을 시도하는 동안 선거는 미뤄져야 한다고 했다. 그들은 이미 2월 16일에 북한의 김일성과 김두봉에게 남북지도자회담을 제안하는 편지를 보내놓고 있었던 것이다.

그 주장을 들은 이승만은 벌컥 화를 냈다. '만일 당신들의 반대로 유엔조선임시위원단이 남한에서 선거를 실시하지 않겠다고 하면 누가 책임지겠는가.' 이승만은 남한만의 선거 말고는 해결책이 없다는 걸 누구보다 잘 알고 있었다. 뻗대고 나오는 김구와 김규식을 도무지 이해할 수가 없었다. 그러나 김구와 김규식은 생각을 바꾸지 않았다. 전문을 보내는 데는 합의하지 않았다. 다만 '그럼에도 불구하고 유엔이 만약 남한만의 선거를 결의한다면 그것은 지지하겠다.' 이렇게만 약속하고 두 사람은 떠났다. 그리고 이들의 약속은 끝내 지켜지지 않았다.

며칠 뒤 2월 24일 유엔소총회의 결의가 있었다. 메논의 연설이 영향을 발휘했는지, 미국의 입김이 컸는지는 알 수 없었지만, 결론은 유엔이 활동할 수 있는 지역에서 단독선거를 실시한다는 것이었다. 그리고 2월 26일 마지막으로 의결을 위한 투표가 있었다. 찬성이 31표, 반대가 2표, 기권이 11표였다. 마침내 남한지역에서 단독선거를 치르기로 결정된 것이었다.

역사적인 결정이었다. 비로소 한반도 남쪽이라도 소련의 위성국가가 되지 않을 가능성이 확실히 열린 것이었다.

이 소식이 한반도에 전해졌다. 엇갈린 반응이 나왔다. 이승만은 '이 결과를 환영한다. 이제부터 전 민족이 협력해서 모범적인 선거를 치르자.' 이런 내용의 성명서를 발표했다. 반면 김구는 실망이 컸다. '이렇게 되도록 방기한 소련이 문제다. 그리고 그걸 시정하지 못한 유엔도 무능하다. 나는 남한의 단선도 반대하고 북한의 인민공화국도 반대한다.' 이런 입장을 발표했다. 하지와의 회담에서 한 약속을 뒤엎은 것이었다. 그리고 내용도 무책임했다. 유엔과의 협력도 거부한 소련이 과연 동시 철군 후 중립적인 선거와 통일정부 수립을 보장해줄 것이란 믿음이 어디서 나온단 말인가. 왜 여전히 현실을 파악하지 못했을까.

하지만 이럴 때 북은 어땠는지가 중요하다. 유엔의 남한단독선거 결의가 있었을 무렵 북한도 남한과 비슷한 처지였을까. 당치않다. 여러 번 말했지만 남에서 단독정부수립을 놓고 티격태격 하는 동안에도 북한은 거침없이 정해진 길을 가고 있었다. 북한은 이미 실질적인 단독정부의 토대를 다져 놓고 있었다. 1948년 2월 무렵에는 거기서 한걸음 더 성큼 나아간 상태였다. 2월 6일에 북한의 북조선인민회의는 소련이 만들어준 헌법초안을 채택했다. 사흘 뒤인 2월 8일에는 조선인민군이 창설되었다. 남한이 단독정부를 세우냐 마느냐로 다투고 있을 때 북한에는 헌법과 군대가 만들어졌던 것이다. 김구가 이걸 모르지 않았다. 다만 김구의 눈을 가린 건, '민족이 갈라져서는 안 된다'는 신념과 '민족 앞에서 이념은 걸림돌이 되지 않을 것'이라는 막연한 믿음이었다. 그리고 자신이 이끄는 임시정부 세력이 그 과정에서 주역이 되어야 한다는 노욕도 버리지 못했다. 정치적 야심을 갖는 건 문제가 아니지만, 그로 인해 현실에 대응하지 못한 게 문제였다.

좌익과 중간파의 남한총선파탄투쟁

유엔이 남한 단독 선거를 치르기로 정하자 유엔조선임시위원단과 미군정은 바빠졌다. 법령을 정비하고 선거날짜를 확정해야 했기 때문이었다. 유엔조선임시위원단은 유엔소총회의 결의에 따라 점령군사령관 하지와 협의해서 남한지역에서의 선거를 48년 5월 9일에 실시하기로 결정했고 이를 3월 1일 공포했다. 헌데 5월 9일이 일요일이라고 기독교 단체에서 강력히 반대한 데다 그날이 마침 '일식'(日蝕)이었다. 결국 다음날인 5월 10일로 최종 결정되었다.

소식이 퍼진 남한 사회가 다시 들끓기 시작했다. 앞에서 말한 대로 김구가 48년 2월 28일 양비론을 들고 나왔다. '나는 조국을 분할하는 인민공화국도 남한의 단선도 반대한다.' 안타까운 노릇이었다. 양비론을 주장하면서도 단선반대, 남북협상론으로 치달았던 건 결국 북한과 소련의 의도를 도와주는 것에 지나지 않았기 때문이었다. 김구와 달리 김규식은 한발 뒤로 뺐다. 김규식도 같은 날 유엔소총회의 결의를 비판하며 선거에 불참하겠다고는 했지만 남한단독 선거에는 반대하지 않는다고 선언했다. 반대를 개인의 영역에만 한정한 것이다. 반면 대다수 중도파의 군소정당들은 이구동성으로 유엔소총회 결의를 반대하고 단선반대와 단선불참을 선언하고 나섰다.

그러자 남로당과 민주주의민족전선(민전)은 기다렸다는 듯 투쟁을 선동하고 나왔다. 1948년 3월 8일 민전이 먼저 입을 열었다. '조국의 국토양단, 민족분열, 남조선 식민지화, 군사기지화 하려는 미제의 노골적인 단정계획이다. 성스러운 전인민적 항쟁에 전국의 동포와 일체의 애국자가 총동원 궐기하자.'

같은 날 남로당도 보조를 맞췄다. '단선단정 분쇄하고 양군철퇴로 민주주의인민공화국 건설하자.' 이렇게 선동했다. 어이없게 남로당은 2월 6일에 통과된 북한의 조선민주주의인민공화국 임시헌법 초안을 지지하는 운동도 함께 벌였다. 민족의 분열을 막기 위한 투쟁을 한다면서 분단을 더 공고히 하는 북한의 단독정부 헌법을 지지한다는 말이었다. 도무지 말이 되지 않는 행태였다. 그러나 해방공간의 이 시점에서 이승만 이외에는 아무도 그 모순을 지적하는 사람이 없었다. 오히려 김구와 김규식이 가세한 중도파는 좌익세력의 단선반대와 남북협상 주장에 공동보조를 취하는 모양새가 되어버렸다. 의도했든 의도하지 않았든 그렇게 되어버렸다.

3월 12일에는 그동안 남한사회에서 소외감을 느끼고 있었던 인사들도 단선반대, 선거불참을 내세우며 나섰다. 김구와 김규식이 홍명희, 조소앙, 조성환, 조완구, 김창숙과 함께 성명을 발표했던 것이다. 이른바 '7거두 공동성명'이었다. 남한단선은 독립과 통일의 가능성을 없애고 동족상잔의 참화를 격화시킬 것이기에 반대한다는 성명이었다. 미군정의 고문격으로 한국에 와있던 서재필도 동참했다. 단선반대로 묵직한 무게가 실렸다.

그러자 북한의 김일성도 가만히 있지 않았다. 북한 전역에서 남한총선 반대 군중집회를 열었다. 그리고 4월 3일 남한총선에 대해 다음과 같은 반대성명을 발표하며 남한에서의 단선반대투쟁에 화답했다. "조국의 통일과 자유와 독립을 위하야 투쟁하는 조선의 애국자들은 더욱 굳게 결속하야 국토를 양단하고 민족을 분열할려는 미제국주의자와 그 앞재비 민족반역자를 폭로하야 단정을 조작하는 단선희극을 배격 분쇄하자."

그렇게 선전선동전이 벌어지는 가운데 남로당은 '2.7 구국투쟁' 이후 기획하고 있었던 카드를 꺼내들었다. 본격적인 무장투쟁이었다. 남로당은 5.10 총선거를 파탄내기 위한 두 단계 기획을 갖고 있었다. 1단계는 선거 실시 전까지 파괴파탄 투쟁을 벌여 선거를 못하게 한다는 것이었다. 그럼에도 불구하고 선거가 실시될 경우, 2단계는 선거무효화투쟁에 돌입한다는 전략이었다.

그 1단계로 남로당은 총선을 파탄내기 위한 무장유격대를 결성했다. '선전선행대'라 이름 붙인 무장게릴라조직을 4월 1일부터 가동했다. 3월 29일부터 선거인 등록이 개시됐기 때문이었다. 남로당의 선전선행대에 편입된 당원들은 당의 각급기관과 관계를 단절한 채 오직 선전선행대의 독자적인 명령계통에 따라 폭동 및 무장유격투쟁에만 전념하도록 되어 있었다. 이와 함께 남로당은 소규모의 보조적 무장투쟁조직인 백골대와 유격대도 함께 조직해서 선전선행대와 병행하여 무장투쟁을 벌이게 했다.

남로당의 무장게릴라 부대들은 곧바로 활동에 들어가 일단 면사무소와 선거사무소부터 타격했다. 선거인 등록업무를 마비시키기 위해서였다. 선거인 명부작성의 기초가 되는 호적서류를 불태워버렸다. 아울러 경찰관서, 관공서, 우익인사가옥 등을 습격해 불태웠고 통신시설과 운송기관 등의 공공시설과 생산시설을 파괴했다. 경찰관, 반장, 통장, 동회장, 선거위원, 우익인사, 유력후보자 등을 습격해서 살상했다.

그런 한편으로 남로당은 그런 파탄투쟁이 '민의'에 의한 것이라고 치밀하게 포장했다. 특히 김구와 김규식이 4월 말 평양의 남북협상회의에 참석했다 돌아오자 남로당은 그 회의의 결정에 따른 것이라며 재빨리 '남조선 단선반대투쟁전국위원회'를 조직하고 각 도, 시, 군에 지부를 조직하게 했다. 그리고 이 위원회들을 총선파탄투쟁의 전면에 내세웠다. 이런 남로당의 조치는 매우 영리한 것이어서 대중들에게는 선전선동과 무장폭력투쟁이 단지 좌익세력만의 책동이 아닌 광범한 정치세력의 연합투쟁인 것 같은 인상을 심어줬다. 거기에는 김구와 김규식 같은 저명한 인사까지 포함되어 있었기 때문이었다. 이 위원회의 명의로 남로당은 모든 남로당 외곽단체에 파업과 동맹휴학, 데모, 식량요구 투쟁 등을 지시했고, 대중들에게 미군정이 단선을 반대하려는 인민들의 투쟁을 피바다 속에 잠그고 있다고 선동했다.

5월 10일 총선이 가까워지자 남로당은 모든 조직을 동원해 날뛰었다. 8일과 9일 양일 동안 총력을 기울여 국가마비상태를 초래하려 하는 한편, 투표일 당일에는 폭력으로 투표소를 습격하고 투표에 참여한 주민들의 부락에 방화와 약탈을 자행했다. 수많은 인명피해가 있었고 상당수의 시설이 파괴될 만큼 지독했다. 그러나 그럼에도 불구하고 경찰과 우익진영의 선거보호 노력으로 남로당의 총선파탄투쟁은 단 한 곳을 제외하고는 모두 실패로 돌아갔다. 그러나 그 단 한 곳에서 대한민국 역사에 다시는 있어서는 안 될 비극적인 사건이 터져 나오고 말았다. 제주였다.

제주 4.3 사건

남로당이 5.10 총선거를 파탄내기 위한 무장투쟁에서 가장 대규모로 소요를 일으키려 택한 곳이 제주였다. 이를 위해서는 해방공간의 제주가 갖는 특성을 잠깐 살펴볼 필요가 있다. 그 당시 제주는 섬 전체가 군사기지처럼 되어 있었다. 제2차 세계대전 말기 일본군은 일본 본토를 지키기 위해 제주를 군사기지로 삼았다. 10만의 대병력을 주둔시키면서 곳곳에 참호와 군사시설을 마련해놓았다. 그랬기에 무장유격대들이 활약하기에 좋았다.

한편 해방이 된 뒤 제주에는 5만 6천명 가량의 엄청난 외부 인구가 유입되었다. 그런 와중에 중국에서 의용군이나 팔로군에 속해 있었던 과격 공산주의자도 다수 스며들었다. 이들은 해방공간에서 혈연관계를 이용하기도 하고 지속적인 경제원조를 해주기도 하면서 농부와 어부들을 남로당원으로 적극 포섭했다. 그래서 제주에만 약 6만에서 7만 명의 남로당원이 확보되었다. 게다가 제주는 육지에서 멀었다. 목포로부터 140Km, 부산으로부터 285Km 떨어져 있었기에 무장폭동이 일어날 경우 진압군이 쉽게 당도하기 어려웠다.

애초에 제주도는 미군정에 우호적이지 않았다. 섬 특유의 배타적인 정서도 있었지만, 일본군이 주둔하는 내내 주민들에게 미군에 대한 공포심을 심어놓은 탓도 컸다. 군사 기지를 위한 요충지였으니 당연한 일이었다. 일본은 오키나와에서도 미군에 대한 공포와 반감을 선전을 통해 주민들에게 주입시킨 바 있었다. 애초에 불신이 쌓여있는 상태에서 흉년과 콜레라가 돌면서 식량문제까지 겹쳐 미군정과의 갈등은 더 커져 있었다.

1947년 전국에서 치루어진 3.1절 기념식은 단순한 기념식이 아니었다. 특히 남로당이 주동이 된 좌익계열의 3.1절 기념식은 미군정 반대, 인민공화국 수립을 내건 반정부시위였다. 제주도 마찬가지였다. 남로당은 제주의 3.1절 기념식에 무려 2만5천명의 인원을 대대적으로 끌어 모아 시위를 벌였다. 그런 와중에 기념식장에서 아이 하나가 말을 탄 경관의 말발굽에 치이는 사건이 벌어졌다. 시위대 중 한명이 시위대열 사이를 지나던 기마경찰의 말 항문에 작대기를 꽂아 넣었던 것이다. 놀란 말이 이리저리 뛰어 올랐고 그러다가 어린아이 하나가 그 말에 치이고 말았다. 그러자 시위대에서 누가 먼저랄 것 없이 경관에게 돌을 던졌고 놀란 경찰이 경찰서로 도망쳤다. 시위대는 경찰서까지 돌을 던지며 쫓아갔다. 그런데 경찰서에서는 그걸 습격으로 알고 총을 쏘아 버렸다. 당시에는 경찰서를 폭도들이 타격하는 경우가 상당히 많았던 까닭에 오해해버린 것이었다. 안타깝게도 이 사건으로 6명이 죽었다.

남로당은 이런 사건을 놓치지 않았다. 분노한 사람들의 마음을 이용했다. 3월 10일 곧바로 경찰에 항의하는 파업을 주도했다. 수많은 사람이 파업에 동참했다. 파업은 3월 18일까지 이어지다 별다른 소득 없이 3월말에 잠잠해졌다. 그러나 사람들의 마음 속에 앙금은 남았다. '미군정 앞잡

이 경찰이 총을 쏘아 사람이 죽었다.' 이런 반감이 깊이 새겨졌다. 남로당은 미군정에 대한 제주도민의 반감이 크다는 것을 이용하기로 했다. 제주에서 5.10 선거파탄운동의 거대한 불꽃을 피워올리기로 한 것이었다. 4.3 사건은 그렇게 기획되었다.

1948년 4월 3일 일요일 새벽, 남로당 무장유격대 약 350여 명이 움직였다. 그들은 일본군이 파묻고 간 무기를 파내어 들었다. 이미 47년부터 팔로군 출신으로부터 체계적으로 훈련을 받은 이들이었다. 그들은 일사불란하게 제주도 전체 24개의 지서 중에서 12개의 지서를 습격했다. 그와 동시에 우익단체와 우익인사 집을 습격해서 경찰관과 우익인사, 그리고 그 가족들을 잔인하게 살해했다. 관공서와 교회당, 사찰 등은 불을 질렀다.

10월 대구 폭동 때와 수법은 동일했다. 제주도 신엄지서장 문익도 경감은 머리가 톱으로 잘렸고 남원지서 고일수 순경은 칼로 난도질을 당하고 목이 잘렸다. 조천지서에서는 60이 넘은 한 경찰관 부모의 목과 팔 다리를 잘라 죽였고 임신 6개월의 부인은 몽둥이에 맞아 죽었다. 비극이 시작된 것이었다. 경찰관이나 우익인사의 가족을 잔인하게 죽인 행동은 피해자들을 분노하게 만들었다. 폭력이 고리를 만들며 걷잡을 수 없이 커질 터였다. 나머지 사람들에게는 불안과 공포가 그득했다. 그게 남로당 수뇌부가 무장폭동을 통해 노리는 바였다. 두려움과 공포, 그것이 만들어내는 과잉된 진압, 그리고 혼돈. 이 모두가 계산된 작전이었다. 그래야 5.10 총선이 불발될 것이었다.

폭도들은 밤마다 마을을 다니며 적기가를 부르고 5.10 선거 반대를 외치며 선거관리위원과 우익인사를 죽였다. 이때 폭도들에게 경찰관을 죽이면 현상금도 줬다. 계급에 따라 1-3만원까지 내걸었다. 요즘의 화폐가치로 따지면 수천만 원 이상의 거액이었다. 그런 가운데 경찰관과 경찰가족이 무참히 도륙되었다. 그들은 경찰이 죽인 동료의 시신을 관에 담아 메고 상복을 입고 데모를 벌이기도 했다. 이때 폭도의 두목이었던 김달삼은 사람들에게 틈나는 대로 북조선 인민군이 38선을 넘어 수원까지 와있다고 거짓말을 했다. 한 달만 참으면 제주도는 해방이 되고 그러면 평등한 세상이 온다는 선동을 벌였다. 도민들은 이 말을 믿고 무장대원에게 돈과 밥을 제공했다.

미군정은 경찰력만으로 폭동이 진압되지 않자 각도에서 경찰 1개 중대씩을 차출하여 8개 중대 1,700명을 제주도에 급파했다. 한편 경무부장 조병옥은 서북청년회에 요청하여 서북청년회 요원 500명을 제주도에 투입했다. 그럼에도 무장폭도들의 기세가 워낙 강해서 경찰의 희생자만 늘고 사태는 진정되지 않았다. 봉기한 폭도들은 한라산 깊숙한 곳에 숨었다가 밤이 되면 마을로 뛰어들어 우익인사를 죽였다. 독이 오른 우익청년들과 경찰들도 체포작전을 펼칠 때 보복적인 경향을 띨 수밖에 없었다. 처참한 인명피해는 계속 늘어갔다. 마침내 4월 17일 제주도에 주둔하고 있던 제9연대에도 진압작전에 들어가라는 지시가 떨어졌다.

문제는 국방경비대 제주 9연대에는 남로당 프락치들이 가득했다는 것이었다. '영원한 야전사령관'이자 '참군인'으로 명성이 높았던 채명신 장군의 증언이다. 채장군이 1948년 4월 10일 육사를 졸업하고 소위로 제주 9연대 소대장으로 부임해갔을 때, 도착한 첫날 소대원 42명 전원이 증오와 살기로 자신을 노려보았다고 한다. 부대가 완전히 빨간 첩자로 가득했다고 증언할 정도였다.

특히 9연대의 오일균 대대장과 문상길 중위, 이윤락 중위 세 명은 남로당이 심어놓은 대표적인 프락치였다. 이들은 우선 4월 27일 100여명의 사병을 탈영시켜 무장대에 합류시켰다. 게다가 그들에게 탄약고를 털게 해서 무기와 탄약을 훔쳐가게 했다. 이로 인해 제주무장폭도들은 보다 본격적인 무장을 하게 됐고 장기전을 펼칠 수 있게 되어버렸다. 프락치들은 그러고도 태연하게 9연대에 그대로 잔류했다.

그러면서 이들은 9연대장 김익렬 중령에게 폭도들과의 평화협상을 제안해서 김달삼과 만나게 했다. 그리고 4월 28일 협상이 타결되었다. 3일 안에 전투를 중지한다는 약속을 맺었다. 그러나 폭도들이 평화협상을 맺은 건 9연대의 토벌을 늦추고 시간을 벌기 위한 것일 뿐이었다. 그들의 목적은 5월 10일의 총선거를 파탄내는 것이었기에 약속은 애당초 지켜질 수 없었다.

폭도들이 먼저 평화협상을 깼다. 4월 29일 오라리 마을의 우익청년 박두인과 고석종을 납치해 산으로 끌고 갔고 4월 30일에는역시 우익 단체인 대동청년단원의 부인인 강공부와 임갑생을 산으로 끌고 가다 임갑생은 놓치고 임산부였던 강공부는 살해해버렸다. 그러자 5월 1일 살해된 강공부의 장례식에 참석했던 우익청년들은 분을 못이기고 오라리 연미 마을에 들어가 좌익청년들의 빈집 12채에 불을 질러버렸다. 이게 이른바 '오라리 방화사건'이었다.

지금도 일각에서는 우익청년들이 '오라리 방화사건'을 일으키는 바람에 '평화협상'이 깨졌고 4.3의 비극이 걷잡을 수 없이 번져버렸다고 책임을 전가한다. 그러나 분명 폭도들이 먼저 협상을 깼고 우익청년들은 빈집을 불태운 정도였다. 게다가 5월 3일 폭도들은 귀순하기 위해 하산하는 주민들을 기관총과 칼빈총으로 난사하기까지 했다. 이들은 경찰로 가장해서 주민들과 경찰, 미군, 경비대를 이간질하려 했던 것이다. 이로 인해 '평화협상'은 아예 없었던 일이 되어 버렸다.

폭동은 계속되었다. 특히 5월 10일 선거방해공작은 극렬했다. 곳곳의 투표소를 습격했고 읍사무소가 폭파되었다. 선거인명부를 압수하고 선거에 참여하는 사람들을 죽였다. 이로 인해 북제주군 갑구와 을구는 투표율 미달로 선거가 무효화됐고 남제주군만 간신히 당선자를 낼 수 있었다.

그런 한편 5월 6일부로 9연대장이었던 김익렬은 문제의 '평화협상' 때문에 해임되었다. 반란세력들과 협상을 맺는다는 것 자체가 군인으로서는 있을 수 없는 일이었다. 미군정과 조병옥 경무총감은 그 점을 문책했다. 대신 박진경 중령이 후임으로 왔다. 그는 김익렬과는 달랐다. 초기 하산을 독려하는 선무활동을 하다가 5월 12일부터 5월 27일까지는 본격적인 진압작전에 들어가 상당한 성과를 거뒀다. 그 공로로 박진경은 6월 1일 대령으로 진급했다.

그러자 남로당 프락치들은 또다시 움직였다. 일단 9연대 안의 남로당원 병사 41명을 집단 탈영시켜 박진경을 해임시키려 했다. 이 일이 여의치 않자 결국 6월 18일 9연대 내의 남로당 프락치는 잠들어 있던 연대장 박진경의 이마와 심장에 총알을 박아 넣어버렸다. 주동이었던 문상길과 손선호는 결국 체포되어 사형되었다.

연대장 암살사건으로 인해 6월 말에서 7월 초의 제주는 혼돈 그 자체였다. 밤이면 폭도가 무서웠고 낮이면 경찰서의 호출이 두려웠다. 양쪽이 모두 눈이 시뻘겋게 뒤집혀 있었다. 하지만 이때까지는 군과 경찰에 의한 양민학살은 없었다. 희생자들은 주로 좌익폭도들이 죽인 경찰관과 우익인사들, 그리고 그들의 가족들이었다. 아울러 그 잔인한 폭력으로 인해 원한을 품은 군경가족, 우익청년들의 보복성 폭력이 뒤따랐을 뿐이었다. 그러는 사이 군경합동소탕작전으로 7월에서 8월로 접어들자 상황은 한풀 꺽인 듯 보였다.

이 무렵 폭동의 주동자인 김달삼은 8월 25일 북한 해주에서 열린 인민대표자 회의에 참석하기 위해 제주도를 빠져나갔다. 제주의 무장폭도들은 군경의 대대적인 진압 때문에 산속 깊은 곳에 숨어 있으면서 김달삼이 북한에서 무기를 지원받아 곧 내려올 것을 기다렸다. 그러나 김달삼은 두 번 다시 제주로 돌아오지 않았다. 제주 도민들의 피를 대가로 북한에서 조선민주주의인민공화국 헌법위원회 헌법위원으로 선출되었고 2급 훈장까지 받았다. 김달삼과 남로당 수뇌부들은 도민들이야 어떻게 되든 애당초 관심이 없었다. 단지 제주도를 혼돈에 몰아넣고 5.10선거를 막아 남한 단독정부가 들어서는 것을 지연시키면 그뿐이었다.

그렇게 무책임하게 제주를 빠져나간 남로당 지휘부를 대신해 제주무장폭도들의 사령관직을 물려받은 사람은 김달삼의 행동대장이었던 이덕구였다. 지도자를 자처하던 간부급들은 모두 사라졌고, 북한에서도 제주에서의 폭동을 이제는 부담스러워했다. 반면 군경의 토벌작전은 점점 숨통을 조여오고 있었다. 그런 상황이 이덕구를 몰아붙였고 이덕구는 어이없이 비극적인 선택을 하고 말았다. 1948년 9월 15일을 기점으로 이덕구는 토벌대를 단번에 섬멸하고 제주도를 해방시키겠다며 극단적인 모험주의를 택한 것이었다. 그리고 그로 인해 제주도에 씻을 수 없는 상처가 만들어지고 말았다.

남북협상

1948년 3월 16일, 아직 제주의 비극이 발생하기 전 남한단독선거 반대의 목소리가 거세던 무렵 김구와 김규식 앞으로 한통의 비밀서한이 날아들었다. 김일성과 김두봉 명의의 편지였다. 4월에 남북협상을 하자는 내용

4·3 사건은 반란으로 시작되어 무고한 희생자를 낳은 학살극으로 끝을 맺은 사건이었다. 이 사건에서 가장 비난 받아야 할 사람들은 가망 없는 반란에 가족과 친지, 마을 사람들을 끌고 들어간 반란 무장대이다. 그리고 반란에 적극적으로 가담하지 않은 모든 희생자들은 국가 건설을 위한 안타깝고 고귀한 희생으로 추모하는 게 바람직할 것이다.

이었다. 김구와 김규식이 2월 16일 공동명의로 남북회담을 이미 제의한 바 있었다. 거기에 대한 아무런 답도 없다가 불쑥 날아든 것이었다.

그러나 김구와 김규식은 그 편지에 고무되어 '남북협상'을 맹렬하게 추진했다. 조소앙과 홍명희, 한독당과 민족자주연맹, 국민의회 등을 모조리 모아 통일독립운동자협의회라는 남북협상파의 통일전선기구를 만들었다. 중도좌파성향의 각정당협의회도 합류시켰다. 그럴 무렵 3월 25일 다시 북한에서 남북협상회의가 열린다는 성명을 발표했다. 김구 김규식과 아무런 상의도 없었고 남북협상의 목적도 달랐다. 남한총선을 반대하는 남북조선의 정당 사회단체들이 평양에 모여서 소련의 제안을 관철시키는 투쟁계획을 마련하자는 것이 목표였다. 김구와 김규식은 자신들이 제안한 남북협상과 성격이 전혀 다른 것이었지만 북한측 제의에 응하기로 했다. 일단 만나는 것이 중요하다고 생각했다. 평양에 가서 김일성을 만나 담판을 하면 막연하지만 어떤 성과를 거둘 수 있을 거라고 믿었다.

냉철한 이승만은 그게 답답했다. 4월 1일 이승만은 이렇게 비판했다. "남북회담 문제는 세계에서 소련 정책을 아는 사람은 다 안다. 시간을 끌어서 한반도를 공산화하자는 계획에 불과한 거라는 걸 대부분 간파하고 있다. 그런데 한국의 지도자들이 이걸 모르고 요인회담을 홀로 계속 주장한다면 웃음거리가 될 뿐이다."

김구, 김규식도 모르지 않았다. 방북을 머뭇거렸다. 그럴 때 4월 14일 유진오, 김기림, 염상섭 등 학계와 문화계의 유명인사 108명이 성명서를 발표하고 나섰다. 남북협상을 지지한다는 내용이었다. 평양행을 망설이는 김구와 김규식을 밀어붙이기 위해 홍명희와 백남운 등이 움직인 결과였다. 지식계가 이렇게 나서자 방법이 없었다. 떠밀리듯 김구와 김규식은 북행을 택했다.

이때 재미있는 에피소드 하나가 있다. 김구의 결단은 북한에서도 놀라운 반전으로 받아들여졌다. 설마 했는데 진짜 온다는 것이다. 황급하게 거리에 있는 벽보와 플래카드를 수거해야 했다. 김구는 백의사를 시켜 46년 3.1절 기념식에 김일성 암살단을 보낸 적이 있었다. 그런 이유로 북한 전역에 "살인강도단 두목 김구 이승만 타도하자" 같은 포스터가 나부끼고 있었다. 김구가 온다는데 이걸 놔둘 수는 없었다. 북한은 아주 재빠르게 움직였고 그 덕에 김구는 자신을 비난하는 플래카드를 보며 북으로 올라가는 민망함은 겪지 않을 수 있었다.

어찌됐든 김구는 4월 19일 평양으로 떠났다. 김규식도 이틀 후에 그 뒤를 따랐다. 4월 20일 평양에 도착한 김구 앞에 놓인 건 북한이 다 짜놓은 각본에 따라 일방적으로 진행되는 회의였다. 격분한 김구는 그 날 이후 일절 회의에 참석하지 않았다. 북한이 준비한 '전조선정당사회단체대표자연석회의'는 그런 가운데 26일 공식 폐회되었다. 이 회의에서 '조선정치정세에 관한 결정서'와 '남조선 단선단정반대 투쟁대책에 관한 결정서'가 채택되었다. 전자는 "남한에서 정부수립을 하지 말고 북한의 인민위원회를 받아들이라."는 내용을 담고 있었고, 후자는 "평양회의에 참석한 남한지역

정당 사회단체들은 모두 '남조선 단선반대투쟁 전국위원회'에 자동적으로 가입되며 이 위원회의 투쟁활동에 무조건 동조할 것을 약속한다."는 내용이었다. 김구와 김규식은 제대로 들러리를 선 것이었을 뿐만 아니라, 앞에서 언급한 것처럼 이후 남한에서 남로당이 벌인 극단적인 총선반대 무장투쟁에 힘을 실어주고 말았다. 이 '남조선 단선반대 투쟁 전국위원회'는 극심한 총선반대투쟁이 남로당의 획책이 아니라 우익을 제외한 남한 대다수의 여론이라는 인상을 대중들에게 심어줬기 때문이다.

어쨌든 김구와 김규식은 그럼에도 희망을 버리지 않았다. 김일성, 김두봉과의 대화에 기대를 걸면서 4월 30일 평양 김두봉의 집에서 4자 회담에 참석했다. 김일성은 노련했다. 다소 거북스러울 수도 있는 이 4자 회담을 진지한 협상이 아니라 연석회의 이후의 피로연 느낌으로 진행했다. 때문에 4자 회담이 진행되는 중에도 옆방에서는 파티가 열리고 있었다. 사적인 만남의 자리가 되어버리고 말았던 것이다. 게다가 주고받은 내용도 허망했다. 김구와 김규식은 남북한 어느 쪽에도 단독정부가 들어서서는 안된다고 했다. 하지만 북한에는 문패만 안 걸었지 화폐개혁과 토지개혁을 끝내고 헌법초안 채택, 군대 창설까지 다 끝내놓은 정부가 이미 들어서 있는 상태였다. 김일성은 명분상 약속은 지켰다. 국가설립이라는 문패는 남한단독정부가 들어선 뒤에 내걸었기 때문이다.

김구는 또한 감옥에 있는 한독당 당원들을 석방시켜달라고도 했다. 김일성이 답했다. '그들은 한독당 당원이라서 체포한 게 아니다. 테러분자들이기 때문에 체포했다.' 김구가 테러를 위해 보낸 한독당원들이라는 걸 뻔히 알면서 노골적으로 거절한 것이었다. 김구는 하릴없이 '테러분자라면 석방하지 않아도 된다.'고 대답할 수밖에 없었다. 이어서 김구는 조만식에 대해 이야기했다. '북한에서 남조선사람들에게는 조만식과 면담조차 허용하지 않는다. 조만식을 데려가게 해달라'. 김일성이 웃으며 답했다. '나도 그렇게 하고 싶다. 하지만 그건 소련이 허락하지 않는다. 어쩔 수 없다.' 이렇게 나오니 김구도 더 할 말이 없었다.

허망한 이야기는 계속 오고갔다. 김구가 이어서 송전 문제를 거론했다. 해방 이전부터 일본은 북한 지역에 공업 시설을 몰아놓았다. 반면에 남한은 농업지대로 만들어 놓았다. 그래서 해방 이후에도 남한 지역은 북한으로부터 전기를 받아서 써야했다. 그런데 만약 분단이 된다면 북한으로부터 송전이 중단될 위험이 컸다. 중요한 문제였다. 그와 함께 김구는 38선 이북에 있는 수리조합의 물도 다시 내려보내 달라고 요구했다. 김일성은 호탕하게 단수와 단전은 없을 거라 약속했다. 김구는 나중에 돌아와 김일성의 이 '약속'을 성과로 선전하기까지 했다. 하지만 지켜진 것은 없었다. 5월 14일 대남송전은 중단되었고 연백평야로부터 물도 전혀 내려오지 않았다. 하지만 김구는 이에 대해 반성하지 않았다.

김구는 문제적인 발언도 내뱉었다. 김구는 김일성에게 남한의 공산주의자들을 맹렬히 비난했다. "북조선 공산주의자들과는 대화가 됩니다. 그러나 남조선 공산주의자들과는 말이 안 통합니다. 내가 비록 늙었지만 그들은 나를 귀하게 여겨야 해요. 그런데 도무지 예의가 없습니다. 그들은 그저 얼굴을 붉힐 때까지 논쟁만 하지요." 김일성을 추켜세우려 한 말이었겠지만 안타까울 뿐이었다.

김구의 발언은 계속 이어졌다. 자신의 장래활동과 관련해 김일성에게 물었다. "만일 미국인들이 나를 탄압한다면 북조선에서 나에게 정치적 피난처를 제공해 줄 수 있나요? 내가 남쪽으로 돌아갔다가 정말 활동하기 어려우면 북으로 오겠습니다. 그때는 과수원이나 하나 내주세요. 그걸 가꾸면서 여생을 보냈으면 합니다." 이런 김구의 말은 이후 북한에서 두고두고 써 먹는 일화가 되었다.

놀라운 것은 당시 평양에 갔던 남북협상파 가운데 70명 정도의 인사들이 북한에 잔류했다는 사실이다. 홍명희, 이극로, 이만규, 이용, 권태석, 장권, 손두환, 강순, 김성규 등 많은 사람들이 서울로 귀환하지 않았고 북한에 남아 북한정권의 공식화에 참여했다. 이런 사실은 당시 남북협상운동에 북한공산주의자들의 공작이 상당부분 작용했다는 점을 보여준다. 중도파 중 상당수는 중도파로 위장한 공산주의자였거나 김일성의 프락치였던 것이다. 이 중 108인 성명을 주도했던 홍명희는 소설 『임꺽정』으로 유명한 문인이었고 백남운은 당대 최고의 경제학자였다. 이 둘은 나중에 북한 정권의 실세가 되었다.

1948년 4월 30일 밤 '남북조선 제정당 사회단체 공동성명서'가 채택됐고 참가한 사람들이 서명함으로써 남북협상의 일정은 모두 끝이 났다. 김구와 김규식은 5월 5일 서울로 돌아왔다. 돌아와서 공동성명을 발표하며 이런저런 희망섞인 성과를 늘어놓았지만 결과적으로 말하면 빈손이었다. 38선을 베고 죽을망정 가야한다며 떠난 김구의 북한행은 안타깝게도 소련과 북한에게 '남북협상을 추진했다'는 명분을 줬다. 남한 단선반대투쟁을 기획한 남로당에게도 더없는 힘이 되었다. 안타깝게도 김구와 김규식은 서울로 돌아온 뒤에도 이 결정서들을 공개적으로 부정하지 않았다. 묵인한 것이나 다름없었다.

어쨌든 역사는 한 진지한 인물의 선의를 이런 식으로 배반하고 말았다. 안타깝게도 선의와 무지의 결합은 변명을 할 여지를 많이 남기지 않았다.

제12장

대한민국, 마침내 건국되다

- 1948년 5월 10일 : 제헌국회의원 선거
- 1948년 7월 17일 : 제헌 헌법 선포
- 1948년 7월 24일 : 건국 대통령 이승만 취임
- 1948년 8월 15일 : 건국 정부 출범

5.10 선거는 어떻게 진행됐나

김구와 김규식 등 단정 반대파들은 단선에 반대하며 북한을 방문하고 불출마를 선언했다. 한편 남로당은 폭력적 방법으로 5.10 선거를 파탄 내려 시도했다. 하지만 이런 어려움에도 단독선거 준비는 착착 진행되었다. 유엔의 총선 결의는 48년 2월 26일에 있었다. 3월 4일 미군정의 하지는 국회의원 선거법을 곧 제정하겠다고 발표했고 새로운 법이 3월 17일에 발표되었다. 이것은 이미 한 해 전인 47년 여름 과도입법의원에서 통과시킨 보통선거법을 일부 수정한 것이었다.

5.10 선거를 치르는 미군정은 조심스러웠다. 조금이라도 미군정의 외압이나 강압적인 분위기가 선거에 영향을 끼쳤다는 말을 듣지 않으려 최대한 노력했다. 당연한 일이었다. 일단 유엔조선임시위원단 내부에서도 남한총선 실시에 대해 이견이 상당했다. 캐나다, 오스트레일리아, 시리아

대표들이 계속 단독 선거에 대한 반대 입장을 표명했다. 특히 오스트레일리아 대표 잭슨은 본국 정부의 지침과는 상관없이 개인적인 차원에서 남한총선 실시에 대해 비판적이었다. 다행히 나머지 5개 국 대표들이 찬성했기 때문에 간신히 남한단독총선이 진행될 수 있었다. 이런 상황이었기에 미군정으로서는 문제의 소지를 남기지 않는 게 중요했다.

혹시라도 남한 총선이 유엔조선임시위원단 보기에 자유롭지 않고 공명정대하지 못하게 진행되면 그 선거감시결과보고서가 매우 부정적으로 작성될 것은 자명했다. 그럴 경우 최종적으로 유엔총회의 승인을 받지 못할 수도 있었다. 미국이 한반도 문제를 유엔에 이관한 이유는 남한으로부터 최대한 빨리 철수하기 위해서였다. 그런 계획에 차질이 생기면 낭패였다. 미국도 여력이 없었다. 그랬기에 하지는 3월 12일에는 각 도지사와 경찰관, 구청장 등의 연석회의를 소집해서 자유로운 선거분위기 조성을 강조했고, 그 다음날에는 특별성명까지 발표했던 것이다.

"제가 가장 중요하게 생각하는 것은 선거의 자유분위기가 절대적으로 필요하다는 점입니다. 유엔총회와 유엔조선임시위원단은 바로 그 점에 가장 큰 관심을 갖고 있습니다. 자유선거가 아니면 총선거는 아무 쓸모가 없어집니다."

선거법에 의하면 만 스물한 살 이상이면 선거권을 가졌고, 후보자는 만 25세 이상이어야 했다. 자유민주주의적 선거원리에 입각해 선거를 실시하며 입후보자는 해당선거구에서 선거인 등록을 마친 유권자 2백인 이상의 추천을 받아야 후보등록을 할 수 있었다. 선거구는 200개였다. 한반도의 3천만 명 인구를 10만씩 3백 개로 쪼개 300개의 의석을 만들었는데 그중 100개는 북한지역에 배정했다. 그 때문에 남한에서는 200명의 국회의원을 뽑게 된 것이다.

이 날 발표한 선거법에서 주목할 만한 것은 '친일부역자의 선거권 및 피선거권 박탈조항'이었다. 이 조항에 따르면 일본 정부로부터 작위를 받았거나 일본제국의회의 의원이었던 사람은 선거권 자체가 없다고 규정해 놓았다. 또 일제시대 판임관 이상의 경찰관 및 헌병보 또는 고등경찰이었던 사람이나 밀정출신, 중추원 부의장, 고문 또는 참의, 부나 도의 자문 혹은 결의기관의 의원이었던 사람, 일제시대 고등관으로서 3등급 이상의 지위에 있었거나 7등 이상의 훈장을 받은 사람은 피선거권이 없다고 규정되어 있었다. 이 조항을 보면 대한민국이 친일파들에 의해 건국되었다는 주장은 힘을 잃는다. 자주독립국가 건설이 시급했기에 친일파 숙청이 엄격하지 못했던 것은 안타까운 사실이다. 하지만 그걸 과장해서 친일파들에 의해 건국되었다는 말은 진실과는 거리가 먼 주장이다. 그만큼 미군정은 5.10선거를 흠결이 없는 선거로 만들고자 애썼다. 그래야 선거결과를 유엔에 승인받을 수 있을 터였다.

선거법이 확정되고 선거일이 공고됨에 따라 우익진영은 분주해졌다. 각 정당 단체 대표자들이 총선대비 33인 민족대표단을 구성했다. 해야 할 일이 많았고 또 중요했다. 일단 유권자들에게 선거를 가르쳐야 했다. 조선 민족 역사상 처음으로 실시하는 보통선거였다. 선거가 얼마나 중요한 것인지 유권자들이 아직 잘 몰랐다. 그걸 가르쳐야 했다. 게다가 좌익과 중도파, 그리고 김구 김규식 같은 거물 민족지도자들이 총선에 반대하고 있었다. 대중들에게 선거가 반민족적 죄악인 것처럼 인식시키고 있었다. 강력한 계몽이 시급했다.

또 그와 함께 선거를 보호해야 했다. 좌익과 중도파, 우익이탈파들의 단선 파탄을 위한 선전과 정치공작도 막아내야 했지만, 더 심각했던 건 남로당의 물리적 선거파탄공세였다. 당시 미군정은 일반 치안문제에는 개입하지 않았다. 좌익의 산발적인 폭동과 무장공격을 저지하기 위해 미군병력이 직접 개입하면 유엔에 선거가 강압적으로 비칠 우려가 있었기 때문이었다. 그러니 선거보호를 위해 투입될 수 있는 공권력은 한국인 경찰 3만5천 명 정도 뿐이었다. 이들만으로 호적을 보관하고 있는 1천 4백여 개의 면사무소와 유권자 등록 및 투표를 관리하는 1만3천8백여개의 선거등록사무소를 보호할 수는 없었다. 게다가 대중들은 경찰을 싫어했다. 일제시대 경찰 출신의 상당수가 경찰에 그대로 남아있어서 감정이 안 좋았다. 그런 데다가 남로당 세력들도 경찰을 집중적으로 매도했다. 좌익의 투쟁에 있어서 최대의 걸림돌이었기 때문이었다. 반면 국방경비대에는 좌익세력이 많이 잠입해 있어서 오히려 충돌하지 않고 있었다. 경찰만 무력화시키면 되었다.

궁여지책으로 우익진영은 '향보단'을 생각해냈다. 각 지역의 주민들을 행정단위별로 모아 향토방위조직을 구성하고 그들이 경찰과 함께 총선을 보호하도록 한다는 아이디어였다. 미군정은 향보단 아이디어를 수용했다. 미군이 개입하지 않으면서 선거를 보호할 수 있는 거의 유일한 방법이었기 때문이었다.

우익진영은 이렇게 선거의 중요성을 알리고 선거를 보호함과 동시에 당선을 위한 선거운동도 펼쳐야 했다. 좌익과 중도파가 단선반대 단선불참 노선에 따라 아예 참가거부를 했다면 그럴 필요는 없었을 것이다. 그러나 막상 후보등록이 시작되자 중도파에 속하는 사람들이 대거 입후보를 했다. 우익진영의 인사들이 앞다투어 입후보를 하는 바람에 선거구마다 우익후보 난립현상을 보였기 때문이었다. 우익진영 후보들이 서로 표를 갈라먹으면 중도파가 어부지리를 얻을 수 있는 형국이었던 것이다.

이런 상황이었기에 이승만도 틈나는 대로 성명을 발표해서 선거를 계몽하고 선거를 보호했다. '한국역사상 최초로 실시되는 민주선거가 세계의 모범적 선거가 되도록 하자, 그러려면 국민들이 선거에 많이 참여해야 한다.' 이렇게 투표를 독려했다. 선거가 끝나면 미국이 한국의 내정을 좌우할 것이라는 둥, 한국이 유엔의 신탁통치를 받게 될 것이라는 둥, 좌익과 중도파가 퍼뜨린 괴담들도 막아야 했다. "북한에서 많은 공산분자가 상당한 자금을 가지고 남한에 넘어와서 갖은 협잡 등 수단으로 암암리에 활동하여 허위의 악선전으로 민중을 속이고 매사를 방해할 염려가 없지 않으니 깊이 조사하여 주의하라." 그렇게 당부했다.

간첩 성시백

이승만의 당부는 막연한 말이 아니었다. 1997년 5월 26일자 북한의 『로동신문』에 “적(대한민국)들이 성시백을 체포하지 않았더라면, 한국의 역사는 달라졌을 것이다.”라고 단언했던 바로 그 거물간첩 성시백이 당시 암약하고 있었기 때문이었다. 1905년 황해도 평산에서 태어나 서울로 올라와 중학교를 다니다가 3.1운동에 참가했던 성시백은 그 시절 공산주의 사상을 접하고 20년대 중반 공산주의청년회에 가담하게 되었다. 1928년 일제의 탄압으로 조선공산당이 해산되자 상해로 떠난 그는 30년대 초반에 중국공산당에 입당했다. 이후 주은래와 긴밀한 관계를 맺고 국공합작에도 깊숙이 간여했다. 그러면서 그는 중국공산당원 자격으로 중경의 임정 요인들과 친해졌다. 김구, 엄항섭, 장건상, 조완구 등과 광복군의 송호성, 김홍일, 이범석 등과 친밀한 사이가 되었다.

해방이 되자 성시백은 46년 2월 평양으로 와서 김일성에게 충성을 맹세하고 대남관계부서 5호실의 부실장으로 임명되었다. 이 조직은 김일성의 직접 지시를 받는 곳이었다. 김일성은 성시백을 무척 신뢰했다. 저우언라이가 ‘중국공산당의 지하공작에서 상당한 공을 세웠다’고 친필신임장을 써주었기 때문이다. 그런 그를 김일성은 남한에 조용히 보냈다. 남로당이 결성된 46년 12월부터 성시백은 서울에서 본격적으로 활동하게 되었다. 김일성이 남로당 쪽에는 절대 가까이 가지 말라는 지시를 내렸기에 성시백은 남한에서 중간파와 우익에 속한 정치세력들을 북한 김일성의 동조세력으로 포섭하여 통일전선을 결성하는 일에 매진했다. 이승만의 단정세력을 무력화시키려는 김일성의 비밀병기였던 셈이다.

성시백의 무기는 막대한 자금력과 인맥이었다. 48년 2월 남북교역이 중단되기 전까지 성시백은 52차례에 걸쳐 북한산 명태와 카바이트를 남한에 들여와 팔며 당시 돈으로 1억원이 넘는 돈을 공작금으로 뿌렸다. 교역이 막힌 뒤에도 50년 체포되어 사형되기 전까지 3만 9천달러를 몰래 북으로부터 반입해 암암리에 남한의 수많은 인사들을 포섭했다. 북에서 화폐개혁을 한 뒤 환수된 천문학적인 액수의 조선은행권을 아직 그 돈이 통용되고 있었던 남한 사회에 들여와 여러 인사들에게 선사했다는 소문도 떠돌았다. 성시백은 그렇게 막대한 자금력을 바탕으로 과거 인맥을 맺었던 김구, 김규식 등의 우익지도자 측근들을 포섭했다. 김규식 비서실의 권태양과 송남헌, 김구의 비서인 안우생 등과 자주 만나며 영향력을 끼쳤다. 대외적으로는『조선중앙일보』『우리신문』등 10개의 신문사를 경영하면서 남한 사회의 여론조작을 담당했다.

48년 3월 16일 김구에게 김일성의 편지를 전한 인물도 성시백이었다. 둘 사이에는 깊은 인연이 있었다. 과거 상해시절에 프랑스 조계지에 피신해 있던 김구를 성시백이 도운 적이 있었다. 프랑스 총영사의 명령에 따라 김구가 조계지에서 쫓겨날 처지가 됐을 때,『상해일보』기자로 있던 성시백이 신문기사를 통해 프랑스 총영사를 설득했던 것이다. 그 덕에 김구는 조계지에 머물 수 있었다. 만약 그때 조계지에서 쫓겨났더라면 김구는 일본 특무대 헌병에게 즉각 체포되어 처형당할 수도 있는 긴박한 상황이었다.

성시백은 나중에 대한민국 정부가 들어선 뒤에도 '국회 프락치 사건' '5.30 선거 방해 공작' 등을 지속적으로 펼치며 신생 대한민국을 뒤흔들었다. 결국 6.25 남침전쟁이 발발하기 직전인 5월 15일 성시백은 남로당에서 전향한 인물들의 조력으로 체포되었다. 전향하면 살려주겠다는 제안에도 끝내 거절했고 남침전쟁이 발발한 이틀 뒤 6월 27일 오전 5시 즉결처형되었다. 서울이 함락되기 24시간 전이었다. 김일성은 성시백이 죽었다는 소식을 듣고 이렇게 한탄했다고 한다. "그는 당과 수령에 대한 충성심이 가장 높았고 혁명에 커다란 공헌을 한 우리 당의 이름 없는 꽃이었다."

1948년 5월 10일 선거를 앞둔 우익진영은 사면초가의 상황이었다. 성시백 같은 거물간첩이 조종하는 각종 선거방해공작을 막아내는 한편, 사람들을 계몽하기도 하고 남로당의 무장투쟁으로부터 선거를 보호하기도 해야 했다.

4월 16일 후보자 등록이 마감되었다. 선거를 보이코트할 거라는 예상을 깨고 중간파와 한독당 소속 인사들이 무소속으로 대거 입후보했다. 총 948명의 입후보자 중 417명이 무소속이었다. 그 밖에 독촉국민회가 235명, 한민당이 91명, 대동청년당 87명, 기타 군소정당, 사회단체에서 나온 후보자가 118명이었다. 우익진영 후보자 난립현상이 뚜렷했다. 이승만과 김성수가 나서서 우익진영 후보단일화를 권했지만 무력했다. 선거 당일까지 우익진영은 유권자 계몽과 선거보호에서는 성공을 거두었지만 선거운동에서는 별다른 성과 없이 투표일을 맞게 되었다.

총선 결과

선거당일, 우려했던 것보다는 투표가 순조로웠다. 투표일을 앞두고 좌익과 중도파가 연합하여 결성한 '남조선단선단정반대투쟁위원회'는 무장폭동을 선동하는 한편으로 모든 좌익단체에 총선파탄을 위한 총동원령을 내렸다. 하지만 비교적 투표는 원만했다. 투표소에는 정복경관과 사복경관, 향보단원 등이 지키고 있었다. 각지에서 투표소 피습사건과 경찰과 우익인사 피살사건, 파업, 시설파괴, 동맹휴학 등이 일어났지만 투표는 착착 진행되었다. 전국의 투표율은 무려 95.5퍼센트에 달했다.

선거 다음날인 5월 11일 유엔조선임시위원단은 기자회견을 통해 선거는 성공적이었다고 밝혔다. '극히 양호한 선거'라고 논평했다. 인도대표 싱도 '우리는 이곳에 와서 자유분위기가 완전히 보장된 것을 확인했다'고 말했다. 유엔위원단은 13일 공식논평을 냈다. "전체적으로 보아 선거는 매우 원활히 그리고 조직과 효율성의 면에서는 상당히 좋은 수준으로 진행되었다."

5.10 총선을 통해 마침내 198명의 국회의원이 뽑혔다. 200개 선거구 중에서 2명이 빠진 건 제주도에서 무장폭도들의 선거방해로 인해 3개 선거구 중 2개 선거구에서 투표가 제대로 실시되지 못했기 때문이었다. 우익진영의 최고지도자인 이승만은 서울 동대문 갑구에서 단독입후보하여 무투표 당선되었다.

여기서 한가지 에피소드를 밝히고 가자. 5.10 선거를 흠집내려는 사람들은 종종 5.10 총선에서 이승만의 당선에 대해 들먹이며 폄하한다. 그 당시 동대문 갑구에서 이승만의 상대로 '최능진'이라는 인물이 출마하려 했다가 후보자 등록 취소가 된 일이 있었기 때문이었다. 이를 두고 '후보자 등록을 위한 추천을 받을 때 이승만의 추종자들이 방해했다. 간신히 최능진이 후보자 등록을 마치자 이번에는 미군정이 후보자 등록을 취소해버렸다. 이승만을 당선시키기 위해 치졸한 짓을 한 거다. 이렇게까지 한 걸 보면 5.10 선거가 얼마나 부정한 지 알 수 있다.' 이렇게 말한다.

그러나 조금만 상식적으로 생각해보면 너무도 악의적인 해석이란 게 드러난다. 실상은 이렇다. 당시 이승만의 추종자들이 최능진의 후보자 등록을 방해한 것은 그 정도가 현저하지 않았다. 그리고 그럼에도 불구하고 미군정은 욕먹지 않기 위해 그의 후보등록 마감일을 5일이나 연장해줬다. 하지만 민심은 최능진을 후보자로 추천해주지 않았다. 기한 내에 200명의 추천인 서명을 모을 수 없었다. 그러자 최능진은 명의를 도용하고 인감을 위조해 허위로 추천인 명단을 작성해왔다. 그게 선거관리위원회에 적발되어 그의 후보자등록이 취소된 것이었다.

또한 이승만과 최능진이 선거에서 맞붙었을 때 이승만이 낙선할 위험은 전혀 없었다. 이승만은 그 당시 일반대중들로부터도 '국부'로 추앙받고 있었다. 원래 출마할 생각이 없었던 이승만은 독촉국민회측의 강력한 요청에 따라 출마했는데, 그가 출마한다고 알려지자 아무도 입후보하지 않았다. 그토록 난립하던 우익진영 후보들이 '알아서' 비킨 것이었다. 예의상이기도 했고 당선 확률상의 판단이기도 했다. 바로 얼마 뒤 국회의장 선거와 대통령선거에서 이승만이 90% 이상의 득표율을 기록했던 것만 봐도 알 수 있었다.

최능진은 이기겠다고 총선에 나온 게 아니었다. 그는 반이승만 계열의 재미교포단체 재미한족연합위원회와 연결된 인물이었고 남한에 별다른 지지기반이 없는 무명인사였다. 그의 출마목적은 당선이 아니었다. 흑색선전을 통해 이승만을 깎아내리기 위해서였다. 그랬기에 그 당시로서는 아무도 논란을 삼지 않았다. 선거감시를 한 유엔조선임시위원단은 물론이고 좌익세력과 중도파조차 문제 삼지 않았다. 이런 일을 들고 나와 자세한 설명 없이 5.10 선거와 이승만을 깎아내리는 건 억지에 가깝다.

한편 유엔조선임시위원단은 유엔총회에 보고할 최종 보고서를 작성하기 위해 일단 미군정 관할 지역인 남한을 벗어나 상하이로 갔다. 최대한 외압 없이 있는 그대로 보고서를 작성하기 위해서였다. 그리고 6월 7일 한국으로 되돌아왔다. 보고서의 내용은 원래 9월 유엔 총회 때까지 비

미군정 아래서 한국인들은 '대한민국 국민'이 되기 위한 실질적인 첫 걸음으로서 국회의원을 뽑는 선거에 참여했다. 민주공화국이 탄생하기 바로 직전의 모습이다.

밀에 붙이기로 했다. 그러자 한국의 민심이 흉흉해졌다. 유엔조선임시위원단이 선거의 공정성을 문제삼아 선거가 부결되었다는 유언비어가 돌았다. 결국 유엔조선임시위원단은 6월 25일 최종 보고서의 내용을 공개하며 5.10 선거의 공정성을 인정했다. 그리고 6월 30일 임시의장이었던 미겔 바레 필리핀 대표가 국회를 찾아와 위원단의 결의문을 발표했다. 그게 7월 2일 『공보』 제 70호에 실렸다.

"국제연합 조선임시위원단은 1947년 11월 14일 국제연합 총회에서 채택된 결의안에 따라 1948년 5월 10일 조선 내의 가능한 지역에서 시행된 선거를 감시했다. 한국 내의 그와 같은 지역에서는 상당한 정도의 자유로운 분위기가 보장되어 있었고, 언론 출판 및 집회의 자유와 민주주의적인 권리가 인정되고 있었고 존중되고 있었다. 이와 같은 사실은 이미 선언한 바 있다. 그러한 자유 분위기가 선거기간 중에도 유지되었다는 감시반의 보고도 고려했다. 본 위원단이 건의한 선거 절차도 대체로 정확하게 적용되었다. 이 점을 우리 위원단은 만족하게 생각한다. 이에 1948년 5월 10일의 선거 결과는 한국 내의 가능한 지역에 있어서 전 유권자의 자유 의사가 표시되었다고 결의한다. 또한 선거가 시행된 전 지역 내의 주민 수는 전 조선 국민의 약 3분의 2를 구성한다는 본 위원단의 의견을 기록하기로 결의했다."

유엔조선임시위원단은 5.10 총선이 정당한 선거였다는 소견을 명확히 한 것이었다.

제헌국회, 국가의 기틀을 만들다

5.10 총선은 이렇게 성공적으로 마무리 되었다. 그러나 투표 뒤의 한반도는 여전히 어수선했다. 좌익은 원래 계획했던 대로 2단계 전술인 선거무효화 투쟁을 지속했다. 투표일이 지났음에도 경찰관서 습격과 통신 교통 시설의 파괴 등이 산발적으로 계속되었다. 그와 함께 5.10 선거 무효화와 단정반대를 주장하며 시위를 벌였고 전단을 살포하며 선전전을 계속했다. 북한도 가만히 있지 않았다. 김구가 4자 회담에서 당부했고 김일성이 절대 그럴 일 없을 거라 화답했던 '남한에 대한 송전 중단'을 5월 14일 일방적으로 감행했다. 남한 사회의 혼란을 가중시키려는 의도가 분명했다. 김구와 김규식을 지도자로 하는 비좌익 남북협상파들도 5.10 총선의 정당성을 인정하지 않는다는 성명을 발표했다.

이런 뒤숭숭한 분위기 속에서 5월 31일 드디어 제헌국회가 개원했다. 당일 국회의원 198명이 선거를 치러 국회의장과 부의장을 뽑았다. 예상대로 이승만이 198명 재적의원 중 188표의 압도적인 지지로 국회의장에 뽑혔다. 부의장은 신익희와 김동성이 선출되었다. 그렇게 개원한 국회 앞에는 해야할 일들이 산처럼 쌓여 있었다. 헌법을 만들어야 했고 나라 이름을 정해야 했으며 정부형태를 결정해야 했다. 당연히 뜨거운 논의가 뒤따를 수밖에 없었다.

가장 먼저 헌법 전문을 만드는 과정부터 열띤 토의가 이루어졌다. 6월 3일 구성된 헌법기초위원회는 헌법 전문에 대한민국임시정부의 법통을 계승한다는 구절을 넣었다. 건국운동 과정에서 이승만이 임정법통론을 주장하는 김구에게 총선을 통해 정부를 수립한 다음 임정의 법통을 계승하게 하겠다고 한 사항을 이행한 것이었다. 그런데 김구가 이에 대해 반대하고 나왔다. “현재 국회의 형태로는 대한민국임시정부의 법통을 계승할 아무런 조건이 없다.” 그는 정부에 참여하지는 않으면서 정부의 정통성 자체를 부정한 것이었다.

제헌의회가 활동을 시작하자 그 당시 김구도 독자적인 활동을 시작했다. 그러자 조소앙 등의 한독당 핵심간부들은 대부분 빠졌다. 그들은 남북협상에 참여하긴 했지만 실패를 인정하고 정부에 참여하기로 한 것이다. 하지만 김구는 고집스럽게 정부와의 협력을 거부하고 5월 19일에는 5.10 총선거에 참여한 당원들은 모두 당에서 제명해버렸다. 이런 그의 노선은 지나친 감이 있었다. 남북협상의 실패 때문인지, 이승만에 대한 배신감 때문인지는 모르지만 납득하기 어려운 행태였다.

특히 7월 11일 오전에 경교장을 방문한 유엔조선임시위원단 중국대표 유어만 공사와 나눈 대화는 놀랄 만큼 안타까웠다. “내가 남북한지도자회

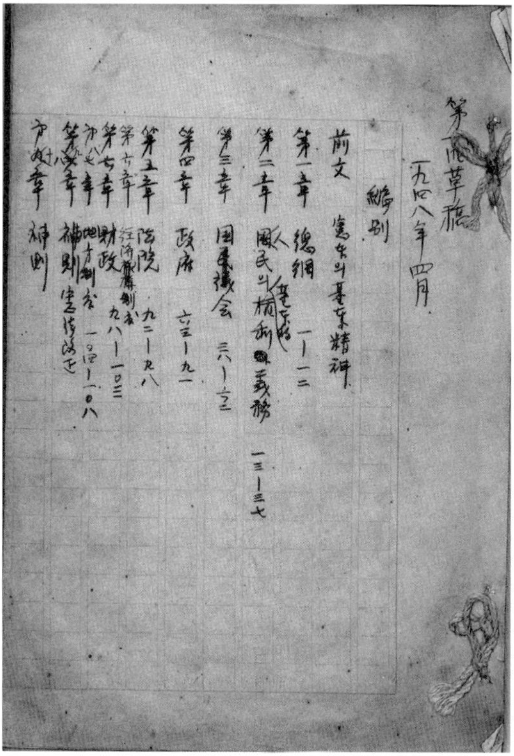

유진오의 헌법 초안. 우리는 건국 헌법을 잘 알아야 할 필요가 있다. 대한민국이 바로 여기에서 출발했기 때문이다. 민주주의와 시장경제가 처음으로 이 땅에 첫 걸음을 내딘 소중한 현장이다.

의에 갔던 동기는 북한에서 실제로 일어나고 있는 일들을 알기 위해서였다. 비록 공산주의자들이 앞으로 3년 동안 북한군의 확장을 중지한다고 해도 공산군의 현재 병력은 대단하다. 그 동안 남한에서 모든 노력을 기울인다 해도 현재 수준의 공산군 같은 병력을 마련할 수 없을 것이다. 소련인들은 비난을 받지 않고 아주 손쉽게 그 병력을 남한으로 내려보낼 것이다. 한 순간에 남한에서 인민공화국이 선포될 것이다." 그는 이런 말을 유어만에게 건넸는데, 이는 김구가 남북협상을 끝내고 내려온 뒤 행한 기자회견에서 한 말을 180도 뒤집는 말이었다. 그는 '김일성 장군이 약속했으니 전쟁은 없을 것이다.' 그렇게 호언장담 했었던 것이다. 실망과 배신감 때문에 펴부은 악담이라고 할 수는 있겠지만, 지금까지 보여온 그의 신실함을 송두리째 뒤엎는 발언이었다. 김구는 이후에도 대한민국 정부를 인정하지 않는 태도를 보이며 비협조적인 자세로 일관하게 된다.

이런 와중에도 제헌국회의 활동은 빠르게 돌아갔다. 6월 7일, 이번에는 국호 문제로 격렬한 논쟁이 벌어졌다. 독촉국민회 의원들은 국호를 '대한민국'으로 하자고 했다. 이청천 의원이 특히 목소리를 높였다. "국회 개회식 때에 의장이 우리는 3.1 운동에 의해 수립된 대한임시정부를 계승한다고 말하자 모두 박수치며 동의했다. 그런데 이제 와서 고려니 조선이니 하며 국호를 바꾸자고 한다. 조변석개도 분수가 있는 것이다." 한민당이 고려공화국을 줄기차게 주장했고 그 외에 조선공화국, 한국 등이 제기됐기 때문에 나온 말이었다. 결국 무기명 투표에 붙여졌다. 대한민국이 17표,

고려공화국이 7표, 조선공화국이 2표, 한국이 1표의 지지를 얻어 마침내 '대한민국'이 국호로 채택되었다. 임시정부의 이름을 지을 때 '대한으로 망한 나라, 대한으로 흥하자'며 붙인 이름이었다. 새 정부가 그 이름을 계승한 것이었다.

그 다음 헌법기초위원회는 6월 16일부터 경제부분의 심의에 들어갔다. 이때는 '노동자 이익 균점권'을 보장하는 문제로 갑론을박이 심했다. 노동자 이익 균점권은 노동과 기술을 자본으로 간주해서 관영, 공영, 사영 일체의 기업에 속한 노동자는 임금 이외에 당해 기업체의 이윤 가운데에서 최저 30% 이상 50% 이내의 이익배당을 받을 권리였다. 이런 권리는 사실상 세계에 유례가 없는 것이었는데 대한독립촉성노동총연맹(대한노총)이 헌법에 포함시켜달라고 청원한 '노동헌장'의 핵심적인 주장이었다. 우파에서는 좌익의 입장이라며 격렬히 반대했다. 쉽게 해결을 볼 수 없었다. 이때 이승만이 나섰다. 그는 놀랍게도 노동자 이익 균점권을 제헌헌법에 포함시키도록 중재했다. 이승만은 좌익하고는 거리가 먼 사람이었지만 그들의 주장 중에서 필요한 것은 포용할 줄 아는 사람이었던 것이다. 국민 대다수가 농민이며 가난한 상황에서 이들의 이익을 적극적으로 보장해주지 않는다면 정권이 힘을 가질 수 없다는 걸 잘 알았기에 가능한 일이었다.

헌법을 제정하면서 가장 충돌이 심했던 것은 '정부형태'였다. 헌법 기초위원회 위원들 중 독촉계열의 의원들은 이승만의 의사에 따라 대통령 중심제를 주장했지만 한민당계열과 다수의 무소속 의원들이 내각책임제를 선호했다. 특히 한민당은 이승만을 대통령으로 세우되 내각은 한민당이 맡고 국정을 한민당 중심으로 운영해나가며 주도권을 가져갈 계획이었다. 그랬기에 내각책임제 정부형태에서 한발도 물러서지 않았다.

그러나 이승만은 생각이 달랐다. 신생독립국에서 의원내각제는 혼란을 가져오기 쉬운 정부형태였다. 둘이 모이면 정당이 세 개 만들어진다고 할 정도로 당시 해방공간에서는 분열이 심했다. 독립운동과정에서도 지긋지긋하게 겪었던 게 분파투쟁이었다. 그래서 이승만은 귀국 후에도 특정 정당에 참여하지 않았고 정당을 만들지도 않았다. 그런 마당에 모든 국민의 단합과 정치안정이 필요한 때에 내각책임제가 도입되면 당파싸움과 엄청난 정치적 혼란을 초래할 것이라 생각했다.

게다가 당시 국회의 다수석을 한민당 등의 지주세력이 차지하고 있었다. 의원내각제를 하게 되면 대지주 중심의 우익들이 권력을 휘두를 게 뻔했다. 민심은 떠나고 혼란이 필연적으로 따라올 것이었다. 이승만은 허수아비 대통령이 되고 싶지 않았다. 그걸 권력욕이라고 부른다면 하는 수 없었다. 그러나 개인적 영달을 위한 '권력욕'은 아니었다.

결국 팽팽한 줄다리기가 계속되자 이승만이 마지막 칼을 꺼내들었다. 6월 21일 이승만은 헌법기초위원회에서 폭탄선언을 했다. "만일 내각책임제를 채택하면 그러한 헌법 하에서는 어떠한 직책에도 취임하지 않고 민간에 남아서 국민운동이나 하겠다." 한민당이 바로 반응했다. 한민당은 이승만이 대통령직을 맡는다는 전제하에서 내각책임제 채택을 밀어붙인 것이었다. 이승만이 대통령직을 포기한다는 생각은 아예 없었다. 그런 이승만이 없어지면 한민당은 사실 아무 힘도 쓸 수 없을 터였다. 결국 한민당은 국회가 국무총리 임명을 인준하도록 하는 내각책임제적 요소를 헌법에 남기는 정도에서 한발 물러섰다. 이승만의 기백에 밀린 것이었다.

마침내 6월 22일 헌법 초안은 정부형태를 대통령중심제로 변경하기로 결의했고 그렇게 정리된 내용이 국회본회의에 상정되었다. 그리고 7월 12일 이 헌법초안은 훗날 국회 프락치 사건에 연루되어 구속된 이문원 의원을 제외한 197명의 찬성으로 국회에서 통과되었다. 우리 민족이 반만년 역사상 처음으로 갖는 민주헌법이 국회를 통과한 것이었다.

국회는 헌법을 통과시킨 뒤 7월 16일 곧바로 정부조직법도 통과시켰다. 그리고 헌법과 정부조직법은 7월 17일 국회의장 이승만에 의해 한반도 전역에 공포되었다. 매년 7월 17일을 제헌절로 지키는 것은 바로 이 날을 기념하기 위해서인 것이다.

역사적인 초대정부의 출범

헌법 제정을 마친 국회는 7월 20일 헌법에 따라 대통령과 부통령을 뽑는 선거를 실시했다. 국회의원 198명이 뽑는 간접 선거였다. 이 대통령 선거에서도 미군정은 이승만을 떨어뜨리려고 공작을 기도했다. 그러나 선거

결과는 그런 기도가 원천적으로 불가능했다는 사실을 숫자로 보여줬다. 이승만은 출석의원 196명 중 180명의 지지를 얻어 대통령에 당선되었다. 김구가 13표, 안재홍이 2표, 서재필이 1표가 나왔을 뿐이었다. 국민들의 전폭적인 지지 뿐만 아니라, 의석을 차지하고 있는 국회의원들 사이에서도 이승만 이외의 다른 대통령을 생각하기 어려웠던 것이다.

이승만이 압도적인 표차로 대통령이 된 건 너무도 자명한 일이었다. 해방공간에서 남한사회를 이끌었던 지도자들 중 시종일관 동일한 노선을 견지한 사람은 이승만 단 한 명이었다. 해방이 된 뒤 천신만고 끝에 한반도에 귀국할 때부터 그는 민족대동단결, 자주적인 정부수립, 공산주의 반대를 한결같이 주장해왔다. 미국정부와 남한의 여러 정치세력들이 상황에 따라 몸을 뒤틀 때도 이승만은 시종일관이었다. 소련과 북한의 간교하고 정밀한 공작과 남한 정치세력들의 이합집산 속에서도 이승만은 국제정치를 꿰뚫는 혜안으로 대한민국이 만들어질 수 있는 유일한 길을 향해 좌고우면하지 않고 나아갔다. 그랬기에 그 살얼음판 같았던 해방공간에서 실낱같은 가능성을 가지고 헤쳐 나와 마침내 대한민국이 탄생할 수 있었다. 당시의 민족지도자들과 국민들은 본능적으로 알고 있었다. 누가 뭐라고 해도 이승만은 해방공간에서 흔들리지 않는 중심이었다.

부통령 선거에서는 이승만이 낙점한 이시영이 당선되었다. 특별한 파벌이 없는 독립운동가 출신의 원로였다. 1차 투표에서도 113표로 최고득표를 했지만 당선정족수에 못 미쳐 2차 투표까지 갔다. 2차 투표에서 133

갓 태어난 정부와 의회는 조심스럽게 걸음을 내딛기 시작했다. 나라 만들기는 이제부터 시작이었다.

표로 당선되었다. 놀라운 것은 총선과 정부수립에 반대했고 정부불참의사를 분명히 밝힌 김구를 국회의원들 중 60여명이 부통령으로 찍었다는 것이다. 그만큼 김구가 정부에 참여해주기를 바라는 마음은 컸다. 당시 정계에서 김구는 여전히 그만큼의 비중을 차지하고 있었다. 이런 결과는 안타까움을 더 크게 한다. 김구가 조금만 마음을 열었다면 이후 대한민국이 조금이나마 순탄하게 자리 잡을 수 있지 않았을까 하는 생각 때문이다. 그렇게 대통령 선거는 끝났다. 그리고 4일 후, 1948년 7월 24일 중앙청 광장에서 드디어 대한민국 초대 대통령 이승만의 취임식이 열렸다.

1948년 8월 15일, 대한민국 건국되다

대통령에 취임한 이승만은 곧바로 내각구성에 들어갔다. 그는 '초당파적인 거국내각'을 염두에 두고 인선을 했다. 내각이 초당파적으로 구성되어야 각계각층의 국민들을 단합시킬 수 있을 것이었다. 반면 강한 정치적 기반을 가진 이가 내각에 있어서는 곤란했다. 대통령 이외의 권력중심이 따로 형성되면 행정부의 권한이 위축되면서 할 일을 하기 힘들 터였다.

이런 이승만의 구상은 일단 국무총리의 인선에서부터 명확하게 나타났다. 한민당이 국무총리가 될 것으로 거의 확신하고 있었던 한민당의 당수 김성수가 국무총리 선정에서 우선적으로 배제됐던 것이다. 어쩔 수 없었다. 김성수가 국무총리가 되면 내각은 곧바로 한민당 내각이 될 수밖에 없었다. 김성수가 갖는 강력한 정치력은 대통령의 권한을 약화시킬 게 분명했다.

마찬가지 이유에서 한독당 출신의 조소앙도 우선적으로 배제되었다. 조소앙은 평양의 남북협상회의에 참석한 뒤 돌아와서 그것이 실패작이었다고 솔직하게 인정하고 새 정부에 참여한 인물이었다. 그가 국무총리가 된다면 한독당 계열을 감싸안으면서 김구의 정치적 영향력을 대폭 약화시킬 수 있었다. 그러나 그렇게 되면 내각은 한민당과 한독당의 싸움판이 되기 쉬웠다.

결국 이승만은 이북에서 월남해 온 목사 출신 이윤영을 국무총리에 지명했다. 국회에 지지기반이 없고 민족주의적인 경력이 분명하며 대통령에게 충성하는 인물이었다. 그러나 이런 인선은 한민당과 한독당 양쪽 국회의원들을 모두 경악하게 했다. 당장 국무총리 임명 인준안을 표결에 붙여 부결시켜 버렸다. 내각 구성 이전에 국무총리의 인선부터 삐걱거리기 시작한 것이었다.

이승만은 8월 2일 이번에는 임시정부의 광복군사령관을 역임했고 귀국 후 민족청년단을 조직해서 이끌어온 이범석을 선임했다. 한민당 소속 의원들이 부글부글 끓었다. 이승만이 자신의 최대 협력자인 김성수를 한사코 거부하고 있는 게 분명했기 때문이었다. 그러나 또다시 국무총리를 부결시킬 수는 없었다. 8월 15일 정부수립이 예정되어 있었고 건국 하자마자 정부의 뒷다리를 잡을 수는 없는 노릇이었다. 결국 이범석이 국무총리로 인준되었다.

이어서 8월 2일부터 4일까지 3회에 걸쳐 내각 각료명단이 발표됐고, 대한민국의 첫 행정부의 구성이 완료되었다. 각료 명단이 발표됐을 때 한민당 사람들 입에서는 이번에도 '악'소리가 나왔다. 말 그대로 한민당은 철저히 배제되었기 때문이었다. 각료 중에서 한민당 사람은 단 1명 뿐이었다. 더 놀라운 건 건국에 크게 기여한 바가 없는 조봉암이 농림부장관으로 임명되었다는 점이었다. 모스크바 대학을 나왔고 박헌영의 조선공산당에서 경기도 지부장을 맡았던 이가 바로 조봉암이었다. 이승만은 토지개혁을 염두에 두고 그 일을 할 적임자로 진보적인 조봉암을 인선한 것이었다. 한민당으로서는 입이 튀어나오지 않을 수 없었다. 한민당은 이런 내각구성에 대해 앞으로는 정부에 대해 '시시비비주의로 임할 것'이라며 노골적으로 불편한 심경을 드러냈다.

이승만은 그러리라 예상하고 있었다. 하지만 그게 최선이라고 믿었다. 이승만은 국무총리 인선과 내각구성에 대한 속내를 48년 9월 10일 오랜 친구였던 로버트 올리버에게 보낸 편지에서 이렇게 밝혔다.

"한민당이 우리를 반대하고 있기 때문에, 동아일보와 기타 신문들의 내각에 대한 공격이 날로 심해가고 있는 중이오. 그러나 귀하에게 내가 말할 수 있는 것은 각료직에 대한 한민당의 추천에 내가 굴복하였더라면 사태는 더 악화되었을 것이라는 점이오. 그때에는 지방의 국민들이 나를 반대하고 나섰을 터이니 말이오. 지금은 다만 서울의 정치인들이 나를 반대하고 있소. 나는 항상 외로운 싸움을 해왔고, 나는 이것을 계속하지 않으면 안되오.”

이게 이승만의 방식이었다. 이승만은 늘 그랬다. 아집이라고 부를 수도 있겠지만 그는 항상 자기가 옳다고 믿는 것을 위해 누구와도 싸울 준비가 되어 있는 사람이었다. 오랜 동지와의 결별도 두려워하지 않았다. 권력욕으로 인해 뜻이 다른 정파와 타협하고 그 보상으로 그들의 뒤를 돌봐야 하는 유형의 평범한 정치가가 아니었다. 이런 인물은 난관을 헤쳐 나가거나 개혁을 주도할 때는 더할 나위 없이 강력하지만 조금만 잘못 되면 독재로 치달을 수 있는 유형이었다.

그렇게 내각 구성을 완료한 대한민국 초대정부는 1948년 8월 15일 중앙청 광장에서 마침내 역사적인 대한민국 정부 수립 선포식을 개최했다. 마침내 대한민국이 건국된 것이었다.

이승만의 건국 선포

건국을 선포하던 이승만의 심회는 남달랐을 것이다. 격동의 시대를 지나온 한반도의 역사가 바로 그의 생애였다. 세계사가 요동을 치던 19세기말 20세기초, 불과 10년여의 기간을 허송세월한 댓가로 한민족은 세계 열강에게 국토와 재산을 뜯기다 망국의 한을 삼켜야 했다. 그 풍전등화 같던 시절, 이승만은 20대의 새파란 청년이었다. 이 땅에 민주주의를 정착시키려다 왕의 미움을 받아 감옥생활을 하며 생사의 갈림길에 섰던 이승만은 1905년 그 왕의 밀서를 들고 나라를 지키기 위해 지푸라기라도 잡는 심정으로 낯선 미국땅을 밟았다. 그때부터 해외로 떠돌며 독립에 미친 늙은이로 산 게 30여 년이었다. 미 국무부를 제집 드나들 듯하며 독립을 청원했던 세월이었다. 까맣던 머리털이 새하얗게 변하고, 새파랗던 청년이 백발 노인이 될 때까지 해방은 오지 않았다. 마침내 도둑처럼 해방이 찾아왔을 때 이제는 새나라를 만들 수 있을 거라 믿었다. 그러나 일제가 물러간 한반도에는 또다시 소련의 공산제국주의라는 그림자가 드리워졌다. 지친 몸을 누일 겨를이 없었다. 건국을 위해 노구를 이끌고 전국을 떠돌고 태평양을 건너야 했다. 동지를 다독이고 적을 물어뜯으며 투사로 살아야 했다.

그 모든 순간 순간이 위기였다. 이때까지의 이승만의 삶은 자주독립을 향한 살아있는 역사 그 자체라고 해도 과언이 아니었다. 그 노력이 결실을 맺은 것이었다. 아마도 이승만이 어느 순간 포기했다면 대한민국은 세워지지 않았을 것이다. 우리 민족의 자주독립국가 건설은 불가능을 가능으로 만든 기적 같은 일이었다. 그러나 이제부터가 또 다른 시작이었다. 이승만은 떨리지만 힘찬 목소리로 입을 열었다.

"8월 15일, 오늘 우리는 우리의 해방을 기념하는 동시에 우리 나라가 새

광복절이냐 건국절이냐의 논란이 있다. 1945년 8월 15일은 반쪽짜리 광복이었다. 진짜 광복은 1948년 8월 15일의 건국으로 완결되었다. 당연히 건국절이 옳다. 지금이라도 건국 기념일을 제정하는 것이 마땅하다.

로 탄생한 것을 함께 축하하려 이 식을 거행합니다. 동양의 오래된 나라가 대한민국 정부가 회복되길 바라며 40여 년을 두고 꿈꾸며 투쟁해온 노력이 결실을 맺는 날입니다."

짤막하게 덧붙이는 후기.

1948년 8월 15일 이 날 자정을 기해 미군정은 공식 폐지되었다.

대한민국 정부는 1948년 9월 1일 17개 자유우방국에 대통령 특사를 파견해 대한민국 정부 승인을 요청하도록 했고, 프랑스 파리에서 열리는 제3차 유엔총회에 장면을 수석대표로 하는 대표단을 파견했다.

그리고 대한민국의 독립승인안이 48년 12월 12일 유엔총회에 상정되었다. 48대 6(기권 1)으로 가결되었다. 유엔은 대한민국 정부가 한국국민의 대다수가 거주하는 지역에 대해 교화적인 지배와 관할권을 가진 합법정부이며, 한반도에서 '유엔조선임시위원단'의 관할 하에 선거인의 자유의사에 의한 선거로 수립된 유일한 정부임을 선언했다.

이승만 대통령 취임 연설

여러 번 죽을 뻔했던 이 몸이 하나님의 은혜와 동포들의 사랑으로 지금까지 살아 있었습니다. 그러다 오늘처럼 영광스럽게 대통령으로 추대를 받았습니다. 너무도 감사하고 감격스럽습니다. 그런 한편으로 감당하기 어려운 책임을 지게 되어 두렵기도 합니다.

기쁨이 지극하면 웃음이 바뀌어 눈물이 된다고 책에서 읽었습니다. 요즘 내게 축하하러 오는 사람들은 모두 눈물을 훔치며 고개를 돌립니다. 수많은 축전을 받으면 나 역시 눈물을 참기 어렵습니다. 나는 원래 내 감상에 빠져 다른 사람들을 울리는 말은 하지 않으려 애쓰는 사람입니다. 그렇지만 요즘은 뼈에 사무치는 눈물을 멈추기 어렵습니다. 40년 전에 잃었던 나라를 다시 찾았고 죽었던 민족이 다시 살아났기 때문입니다.

오늘 나는 대통령 선서를 하는 이 자리, 하나님과 동포들 앞에서 나의 직책을 다하기로 결심하며 맹세합니다. 여러 동포들도 오늘 한층 더 분발했으면 좋겠습니다. 각자 자신의 안위를 잊고 민족 전체의 행복을 위해 대한민국의 시민된 영광스럽고 신성한 직책을 다하도록 맹세하시기를 바랍니다.

여러분이 나에게 맡기는 직책은 한 사람의 힘으로는 성공할 수 없는 것입니다. 나는 이 중대한 책임을 내 기능이나 지혜를 믿고 맡는 것이 아닙니다. 애국적인 사람들이 합심하고 협력함으로써만 수행할 수 있습니다. 나는 그렇게 믿습니다.

이번 총선거의 대성공에 대해 모든 우방들이 칭찬합니다. 이는 우리 애국적인 사람들이 나라를 사랑하는 한마음으로 각자의 할 일을 다했기 때문에 가능했습니다. 그 결과로 국회는 완전무결하게 민주적으로 조직될 수 있었습니다. 두서너개의 정당이 그 안에서 대표가 되었습니다. 무소속과 좌익 색채로 지목받는 대의원들도 여럿 있게 되었습니다.

이전의 경험을 바탕으로, 이 같은 국회의원들이 사상적인 충돌로 분열할까 염려하는 사람들이 많았을 것입니다. 그러나 중요한 문제에 대해서는 격렬한 논쟁이 있었지만 표결에 부치면 모두 다 공정하게 자기 의견을 표시했습니다. 그리고 순리적으로 진행했습니다. 헌법과 정부조직법도 다수결로 통과된 뒤에는 아무 이의 없이 모두 복종했습니다. 그렇게 이 중대한 일들이 빠르게, 원활하게 처리될 수 있었습니다. 그래서 오늘 이 자리까지 이르게 된 것입니다. 국회의원 일동과 전문위원 여러분들의 애국심과 성실함에 우리 모두는 감복하지 않을 수 없습니다.

이에 나는 국회의장의 책임을 사면합니다. 국회에서 다시 의장을 선거할 것입니다. 만일 국회의원 중에서 정부 부처장으로 임명될 분이 있을 것입니다. 그 후임자는 각기 소관투표구역에서 선거를 해서 뽑을 것입니다. 보결선거가 원활하게 끝난 뒤 의장을 선거하게 될 것입니다. 그 동안은 부의장 두 분이 국회의장의 사무를 대행할 것입니다. 지금까지 국회의장인 저를 보좌해서 각 방면으로 도와 협의를 진행시켜 준 부의장 두 분께 감사의 마음을 전합니다.

국무총리와 국무위원 조직에 대해서는 그간 여러 가지 낭설이 유포되었습니다. 모두 다 추측에 불과합니다. 며칠 안으로 결정되어 공포될 것입니다. 추측과는 다를 것입니다. 떠도는 낭설에 크게 신경쓰지 말길 바랍니다.

우리가 정부를 조직하는데 제일 신경 쓰는 것은 두 가지입니다. 첫째는 일할 수 있는 기관을 만들 것입니다. 둘째는 이 기관을 견고하게 세워서 흔들리지 않게 할 것입니다. 그러므로 사회적인 명망이나 정당의 세력, 개인 간의 관계에 흔들리지 않고 능력 있는 일꾼들이 함께 모여 앉아 국회에서 정하는 법률을 국민들의 뜻대로 해나가는 기관이 되어야 할 것입니다. 우리는 그렇게 할 수 있는 분들을 찾는 중입니다. 어떤 분들은 그릇이 너무 커서 작은 자리를 채울 수 없는 분도 있습니다. 또 어떤 분들은 그릇이 너무 작아서 큰 자리를 채울 수 없는 분도 있습니다. 그러나 정말 그릇이 큰 사람은 큰 자리를 채울 수도 있고 작은 자리를 채울 수도 있습니다. 진정으로 큰 사람은 작은 자리를 차지하기를 부끄러워하지 않습니다. 이렇게 진정으로 큰 인물들이 있어서 무슨 책임을 맡기든 크고 작음과 높고 낮음을 구별하지 않아야 합니다. 작은 데서 성공하여 점점 큰 자리에 오르기를 도모하는 분들이 많아야 합니다. 그래야 우리의 목적이 금방 달성될 수 있을 것입니다.

이런 분들이 함께 책임을 분담하고 일해 나가면 우리 정부에서 하는 일들이 잘 돌아갈 것입니다. 기적 같은 일들을 이루어 낼 것입니다. 세계가 우리를 믿을 것입니다. 그렇기 때문에 우리가 수립하는 정부는 특정 계층이나 특정 지역에 한정되지 않을 것입니다. 온 민족의 뜻대로 전국을 대표한 정부가 될 것입니다.

앞에서도 말했지만 민주정부는 백성들이 나서지 않으면 정권이 모리배들과 파당의 손에 떨어지고 맙니다. 그렇게 되면 온 나라가 위험에 빠지게 됩니다. 국민들은 모두가 자기 본분을 다해야 합니다. 우선 우리 정부를 사랑하고 보호해야 합니다. 내 집을 내가 사랑하고 보호해야 합니다. 그렇지 않으면 남이 주인 노릇을 하게 됩니다. 우리는 과거 40년 간의 경험을 잊지 말아야 합니다. 의로운 자를 옹호하고 불의한 자를 물리쳐야 합니다. 의로움이 제대로 서고 사악함이 물러가야 합니다. 예전에는 일하는 사람이 소인배를 가까이 하고 현명한 이를 멀리하면 나라가 위태롭다고 했습니다. 지금은 백성들이 중요합니다. 백성들이 의로운 사람과 불의한 사람을 명백히 구별해야만 합니다.

우리 정부의 승인 문제는 그 권리가 우리에게 있는 것이 아니어서 선불리 판단할 수는 없습니다. 그러나 우리가 앞에서 이야기한 것처럼 해나간다면 모든 우방들이 알아줄 것입니다. 그리고 금방 승인해 줄 것으로 믿습니다. 그러나 우리가 정말 신경써야 하는 건 승인을 얻느냐 못얻느냐에 있지 않습니다. 먼저 국권을 단단히 세우는 데 있습니다. 모든 우방들이 기대하는 것을 져버리지 않는 데 있습니다. 우리가 잘만 해나간다면 우리가 요청하기도 전에 자발적으로 후원해 줄 것입니다. 우리 하기에 달린 일입니다.

9월에 개최되는 유엔총회에 파견할 우리 대표단은 매우 중요하고 긴급한 임무를 부여받고 파리로 떠나게 됩니다. 외교에 가장 적합한 인물을 택해서 파견할 것입니다. 아직 공포하지는 않았습니다. 그러나 몇몇 인격 높은 인물들로 내정이 되고 있습니다. 정부조직을 끝마친 뒤 조만간 완전히 정해서 공포하겠습니다.

우리의 대표로 레이크썩세스에 가서 많은 성과를 내고 있는 임영신 여사에 대해서 우리 모두 감사히 생각합니다. 재정을 후원해주지도 못했고 통신상으로도 많이 돕지 못했습니다. 그런 중에도 그렇게 중대한 일을 그만큼 진척시킨 것에 대해 우리는 영원히 기억할 것입니다.

이북 동포 중에서 공산주의자들에게 권합니다. 우리 조국을 남의 나라 밑에 두자는 충성스럽지 못한 이상을 가지고 공산당을 빙자해 국권을 파괴하려는 자들은 우리 온 민족이 원수로 대우하지 않을 수 없습니다. 다른 나라의 선동을 받아 자기 나라를 망가뜨리려는 반역의 행동을 버리십시오. 남북이 정신적으로 한데 뭉쳐 우리 강토를 회복하고 조상들이 남긴 유업을 이루어냅시다. 우리끼리 마음을 합하여 국민의 뜻에 따라 행하는 것이 좋을 것 같습니다. 공산이든 무엇이든 괜찮습니다.

예전에도 누누이 말했습니다. 우리는 공산당을 반대하는 것이 아니라 공산당의 매국주의를 반대합니다. 이북의 공산주의자들은 이를 명확히 깨닫길 바랍니다. 모두 마음을 돌려 우리와 같이 함께 보조를 취해 나갑시다. 하루바삐 평화적으로 남북을 통일해서 정치와 경제상의 모든 권리를 다 같이 누리게 합시다. 부탁드립니다.

대외적으로 말하면 우리는 세계 모든 나라와 친하게 지낼 것입니다. 평화를 증진할 것입니다. 외교와 통상에 있어서 이익을 함께 누리도록 할 것입니다. 만일 다른 나라와의 관계에서 멀고 가까운 구별이 있다면 그건 우리가 시작하는 것이 아닙니다. 다른 나라가 먼저 시작했기 때문일 것입니다. 다시 말하자면 어느 나라든 우리에게 친하고 선하게 대한 나라는 우리도 그렇게 대할 것입니다. 우리에게 친하고 선하게 대하지 않는 나라는 우리도 잘 대우할 수 없을 것입니다. 과거 40년 간에 우리가 국제사회에서 제대로 대우를 받지 못한 것은 세계 모든 나라와 우리가 접촉할 기회가 없었기 때문입니다.

일본사람들의 선전만 듣고 여러 나라들은 우리를 판단해 왔었습니다.

지금부터는 우리 우방국가들의 도움으로 우리 자리를 찾게 되었습니다. 우리 말을 할 수 있고 우리 일도 할 수 있게 됐습니다. 세계 모든 나라들은 다른 나라의 말을 듣고 우리를 판단하지 말길 바랍니다. 우리가 하는 일을 보고 우리의 가치를 제대로 매겨주기 바랍니다. 우리 정부와 국민들은 다른 나라들의 선전을 중요하게 생각합니다. 자유와 평화를 사랑하는 각국 남녀들에게 우리의 실정을 알릴 것입니다. 친밀하게 사귈 것입니다. 우리의 이익 때문만은 아닙니다. 이것이 세계평화를 보증하는 방법이기 때문입니다.

새나라를 만드는 데는 새로운 헌법과 새로운 정부도 필요합니다. 그러나 새 백성이 아니면 어렵습니다. 부패한 백성으로는 신성한 새나라를 만들지 못할 것입니다. 그러니 매일매일 새로운 정신과 새로운 행동으로 낡은 관습을 버려야 합니다. 새로운 길을 찾아 매일 매일 분발하고 전진해야 합니다. 그래야 지난 40년 동안 잃어버린 세월을 다시 회복할 수 있습니다. 세계 문명국들 사이에서 경쟁할 수 있습니다. 나의 사랑하는 3천만 국민 여러분. 오늘부터 더욱 열심히 노력해서 매일매일 새로운 국민이 됩시다. 이를 통해 새로운 국가를 만년이 가도 흔들리지 않도록 반석 위에 세웁시다. 그렇게 결심합시다.

대한민국 30년 7월 24일

대한민국 대통령 이 승 만

부록2

이승만 대통령 건국기념 연설

8월 15일, 오늘 우리는 우리의 해방을 기념하는 동시에 우리 나라가 새로 탄생한 것을 함께 축하하려 이 식을 거행합니다. 동양의 오래된 나라가 대한민국 정부가 회복되길 바라며 40여년을 두고 꿈꾸며 투쟁해온 노력이 결실을 맺는 날입니다.

이에 맞춰 우리가 지켜야만 할 조건들을 간단히 말하고자 합니다.

민주의 실천_ 민주주의를 전적으로 믿어야 됩니다. 우리 국민 중에는 독재제도가 아니면 이 어려운 시기를 헤쳐나갈 수 없다고 생각하는 이도 있습니다. 또한 공산분자의 파괴적 운동을 해결할 지혜와 능력을 아직 갖추지 못해서 독재권이 아니면 방법이 없다고 생각하는 사람도 있습니다. 우리는 이런 생각이 유감스럽습니다. 역사의 거울이 우리를 되비추고 있습니다. 바로 지금이 우리가 30년 전부터 민주주의를 채용하기로 하고 결정하고 실행해온 것을 멈추지 말고 실천해야 할 때입니다.

민권과 자유_ 모든 개인의 인권과 자유를 보호할 것입니다. 민주주의 체제의 핵심은 개인의 근본적인 자유를 보호하는 것입니다. 정부와 국민은 항상 개인의 언론과 집회와 종교와 사상의 자유를 적극적으로 보호할 수 있도록 관심을 기울여야 합니다. 우리가 40여년 동안을 왜적에게 학대받으면서 우린 말과 행동만 제약받았던 것이 아닙니다. 생각까지도 자유롭지 못했습니다. 우리는 개인의 자유활동과 자유판단을 내릴 수 있는 권리를 위해 쉬지 않고 싸웠던 것입니다.

자유의 인식_ 자유의 뜻을 바로 알고 존중해야 합니다. 또한 자유는 일정한 한도 내에서 행해야 할 것입니다. 어떤 나라에서든지 자유를 사랑하고 진보적인 사상을 가진 청년들은 정부가 차근차근 절차를 밟아 진행하는 일을 종종 비판하곤 합니다. 그런 폐단이 있습니다. 그러나 사상의 자유는 민주국가의 기본적인 요소입니다. 우리는 자유권을 사용해 다른 사람과는 반대되는 의견을 말하는 사람들을 포용해야 합니다.

자유와 반동_ 우리 국민은 인권과 자유를 보호해야 합니다. 그러나 우리 정부에 불복하거나 우리 정부를 전복하는 권리는 그 누구도 허락한 적이 없습니다. 만약 우리 정부에 불복하거나 정부를 전복하려 하는 불충한 사람이 있다면 결코 좌시하지 않을 것입니다. 공산분자인지의 여부를 막론하고, 개인이나 무리를 지어 정부를 전복하려는 사실이 증명됐을 때는 결코 용서가 없을 것입니다. 극히 주의해야 할 것입니다.

근로자 우대_ 우리 정부는 도시에서든 농촌에서든 열심히 일하며 고생하는 동포들의 생활을 개량하기 위해 최우선적으로 전력을 다할 것입니다. 노동을 우대할 것입니다. 법률 앞에서는 일하는 사람들을 다 동등하게 보호할 것입니다. 이것이 이 정부의 결심입니다. 과거에는 스스로 자신들의 형편을 개량할 수 없었던 농민들과 노동자들에게 이 사실을 특별히 알립니다.

상업과 공업_ 우리 정부는 또한 나라간의 통상과 공업을 우리나라의 필요에 따라 발전시키고자 합니다. 우리가 우리민족의 생활을 눈에 띄게 향상시키려면 모든 공업을 발전시켜야 합니다. 우리나라의 농장과 공장에서 만들어진 소출을 외국에 수출해야 합니다. 우리에게 없는 물건은 수입해야만 합니다. 그렇기 때문에 공장과 상업과 노동은 서로 함께 가야 합니다. 경영자들은 노동자들을 이용만 하지 못할 것입니다. 노동자는 거꾸로 자본가를 해롭게 하지 못할 것입니다.

경제적 원조_ 우리가 가장 필요를 느끼는 것은 경제적 원조입니다. 과거에는 외국의 원조를 받는 것은 그 나라에 위험했습니다. 그 위험을 각오하지 않을 수 없었습니다. 그러나 지금은 국제 세계가 변했습니다. 각 나라 사이에서 큰나라 작은나라 상관없이 서로 의지해서 살아야 합니다. 전쟁과 평화, 화와 복, 안전과 위험을 함께 겪게 되었습니다. 이런 이치를 전 세계가 알게 되었습니다. 작은 나라의 자유와 건재함이 모든 큰 나라들에게도 똑같이 중요해졌습니다. 그래서 그 우방들이 우리에게 많은 도움을 주는 것입니다. 앞으로도 계속해서 도움을 줄 것입니다. 그러나 거기에는 사욕이나 제국주의적인 야망이 없습니다. 오직 세계 평화와 친선을 증진할 목적일 뿐입니다.

통일의 방략_ 우리 온 나라가 기뻐하는 이날 북한을 돌아보면 안타깝습니다. 북한의 1천만 동포들이 우리와 함께 나라만들기를 같이 진행하고자 했었습니다. 남북이 다 원했지만 유엔 대표국을 소련군이 막아서 못하게 됐습니다. 그러니 우리는 장차 소련에게 정당한 조치를 요구할 것입니다. 세계대중의 양심에도 호소할 것입니다. 아무리 강한 나라라도 약한 이웃의 영토를 무참히 점령케 해서는 안 됩니다. 그게 안되면 세계의 평화를 유지할 수 없습니다. 소련은 우리나라와 붙어있는 이웃나라입니다. 우리는 그 큰 나라와 더불어 평화와 친선을 유지하고자 합니다. 우리는 그 나라가 자유롭게 사는 것을 원합니다. 그 나라도 우리가 자유롭게 살기를 원할 것입니다. 우리가 원하는 바를 소련도 원한다면 우리나라는 세계 모든 자유국가들과 잘 지내는 것처럼 소련과도 사이좋게 지낼 수 있도록 노력할 것입니다.

결론

역시 가장 중요한 건 국민들의 충성심과 책임감, 그리고 굳센 결심입니다. 우리는 그것을 믿습니다. 국민을 믿고 우리는 모든 어려운 일을 주저하지 않고 문제를 해결하겠습니다. 장애를 극복하겠습니다. 이 정부가 대한민국의 맨 앞에 서서 끝까지 변함없는 모범적인 민주주의 정부임을 세계에 알리도록 최선을 다할 것을 선언합니다.

대한민국 30년 8월 15일

대한민국 대통령 이승만

참고문헌

대한민국 건국에 관련된 주요 쟁점들에 대해서 다음의 저서가 특히 계몽적이다. 이정식 교수는 청소년기를 만주와 북한에서 보내다 6.25 남침전쟁 당시 피난, 미군의 도움으로 미국으로 유학을 간 인생 역정을 거쳤다. 미국에서 활동하는 정치학자답게 현실적이고 국제적인 시야에서 20세기 초중반의 한반도를 탁월하게 설명하고 있다.

이정식, 『대한민국의 기원』 일조각

이정식, 『21세기에 다시 보는 해방후사』 경희대출판부

조선말부터 현대사에 이르기까지 기존의 역사관을 탈피해 새로운 이야기를 시도한 선구적인 업적을 남긴 이영훈 교수의 저술은 특히 중요하다. 그의한국 현대사서술은 경제사학자의 입장에서 조선 후기로부터 이어지는 한반도의 역사를 일관되게 설명하려고 평생을 노력한 업적의 결과이다.

이영훈, 『대한민국 이야기』 기파랑

이영훈, 『대한민국 역사』 기파랑

'나라 만들기'의 관점에서 미국이 어떤 역할을 했는가를 논의한 책으로는 다음의 책이 있다. 미국에 우호적인 입장에서 씌어졌으므로 걸러서 볼 필요가 있기는 하지만, 미국을 제국주의로 단정하고 적대적인 증거만 보는 책보다는 훨씬 더 많은 걸 가르쳐 준다.

그렉 브라진스키, 『대한민국 만들기 1945-1987: 경제성장과 민주화, 그리고 미국』 책과함께

이 책을 준비하는 과정에서 영향을 많이 주셨던 김일영 교수(성균관대 정치학과)가 작고하셨다. 그분의 책 역시 정치사의 관점에서 현대사를 바라보는 좋은 준거가 되었다. 논문 하나하나에 이 땅에 합리적인 정치가 자리잡기를 바란 김일영 교수의 뜻이 담겨 있다.

김일영, 『한국 현대 정치사론』 논형 (유고집)

이승만과 김구에 관해서는 한 원로 언론인의 12년에 걸친 역작이 필독서이다. 아직 전 10권 중 1부 3권만 나왔지만, 월간지에 실린"손세일의 비교평전 – 이승만과 김구" 연재물은 완료되었다. 가장 방대한 자료를 충실하게 소화하려고 한 책이다. 이승만의 역할에 대해 보다 호의적인 책으로는 유영익과 이한우의 저술이 있다.

손세일, 『이승만과 김구』 나남
유영익, 『건국대통령 이승만: 생애, 사상, 업적의 새로운 조명』 일조각
이한우, 『우남 이승만, 대한민국을 세우다』 나남

우파의 관점에서 대한민국 건국 과정을 정리한 책으로는 다음의 책이 일목요연하다. 무엇보다 정치적 입장이 선명하기 때문에 모호한 구석이 없다.

양동안, 『대한민국 건국사: 해방 3년의 정치사』 현음사

최근 한국 현대사를 재평가하려는 움직임이 많이 있었다. 그 중 몇 가지만 소개한다. 주로 논문이나 짧은 글을 모은 책들이다.

차하순 외, 『한국 현대사』 세종연구원
이인호 외, 『대한민국 건국의 재인식』 기파랑
전상인 외, 『대한민국 건국 60년의 재인식』 기파랑

이주영 외, 『한국 현대사 이해』 경덕출판사

그 외 주요 참고 자료는 다음과 같다.

김일영, 『건국과 부국』 기파랑
김학준, 『북한의 역사』 1-2권, 서울대학교 출판부
로버트 올리버, 『이승만 없었다면 대한민국 없다』 동서문화사
박지향 외, 『해방 전후사의 재인식』 책세상
안병직 편, 『한국 민주주의의 기원과 미래』 시대정신

월남한 기독교인으로 6.25 남침전쟁에 대한민국을 지키기 위해 싸운 고 박윤식 목사가 쓴 『대한민국 근현대사』 연작 4권은 반공의 기치를 든 애국주의 기독교도의 관점에서 쓴 뜨겁고 열정적인 책이다.

박윤식, 『대한민국 근현대사』 총 4권, 도서출판 휘선

참고로, 현재 대한민국 역사학계와 대중적인 이해를 지배하고 있는 현대사관은 다음과 같은 책을 통해서 알 수 있다. 저자들은 역사학계에서 지도적인 연구자들이다.

강만길, 『20세기 우리 역사: 강만길 교수의 현대사 강의』 창작과비평사
서중석, 『한국 현대사 60년』 역사비평사

좀 더 대중적인 관점에서 중도적 해석을 의도한 책으로는 다음과 같은 책이 있다. 저널리즘으로 다져진 저자의 자료 활용이 돋보인다.

강준만, 『한국 현대사 산책 – 전 18권』 인물과사상사

젊은 대한민국사: 건국

펴낸날 초판 1쇄 2015년 4월 19일
초판 2쇄 2020년 4월 3일

지은이 김원
펴낸이 김광숙
펴낸곳 백년동안
출판등록 2014년 3월 25일 제406-2014-000031호

주소 경기도 파주시 광인사길 30
전화 031-941-8988
팩스 070-8884-8988
이메일 on100years@gmail.com

ISBN 979-11-86061-17-6 04300

※ 값은 뒤표지에 있습니다.
※ 잘못 만들어진 책은 구입하신 서점에서 바꾸어 드립니다.

이 도서의 국립중앙도서관 출판시도서목록(CIP)은 서지정보유통지원시스템 홈페이지(http://seoji.nl.go.kr)와 국가자료공동목록시스템(http://www.nl.go.kr/kolisnet)에서 이용하실 수 있습니다.(CIP제어번호: CIP2015010536)